# 深圳勘察设计25年

周光召

2005年8月26日

## 勘察与岩土工程篇

中国建筑工业出版社
CHINA ARCHITECTURE & BUILDING PRESS

图书在版编目(CIP)数据

深圳勘察设计25年(勘察与岩土工程篇)／魏万信主编．
北京：中国建筑工业出版社，2006
ISBN 7-112-08284-6

Ⅰ．深…　Ⅱ．魏…　Ⅲ．①建筑设计－概况－深圳市
②岩土工程—地质勘察—概况—深圳市Ⅳ．F426.9

中国版本图书馆CIP数据核字(2006)第036380号

责任编辑：张振光
责任校对：张景秋　关　健

深圳勘察设计25年（勘察与岩土工程篇）

魏万信　主编

中国建筑工业出版社出版、发行（北京西郊百万庄）
新华书店经销
设计：闻英　叶楠
中华商务联合印刷（广东）有限公司印制

开本：635×965毫米　1/16　印张：12　字数：1200千字
2006年8月第一版　2006年8月第一次印刷
定价：**108.00**元
ISBN 7-112-08284-6
　　（14238）
**版权所有　翻印必究**
如有印装问题，可寄本社退换
（邮政编码100037）
本社网址：http://www.cabp.com.cn
网上书店：http://www.china-building.com

# 深圳勘察设计 25 年

**高级顾问：** 罗昌仁　李传芳　周长瑚

**主　　任：** 何家琨

**副 主 任：** 李荣强　张旷成　孟建民　陈宜言　王庆扬
　　　　　　何　昉　陈燕萍　杨仁明　田玉山

**编　　委：** 方援朝　盛　烨　李维信　马思文　单增亮
　　　　　　任炳文　吴志伟　李国威　兰长青　赵　宏
　　　　　　邓　磊　千　茜　林泰兴　刘德荣　魏万信
　　　　　　丘建金　刘都义

**总 编 辑：** 张一莉

深圳市勘察设计协会编

# 深圳勘察设计 25 年(勘察与岩土工程篇)

顾　　问：李荣强　张旷成　沈孝宇

编撰主任：朱荣根

主　　编：魏万信

执 笔 人：

　第一章　总 论：魏万信

　第二章　岩土工程勘察：张　镇　邓文龙　刘都义　杨少红　蒋召晖

　　　　　　　　　　　陈　鸿　曾德清

　第三章　岩土工程设计与治理：周洪涛　金亚兵　王贤能　丘建金

　　　　　　　　　　　　　　　李爱国　杨志银　彭　勇

　第四章　水文地质勘察和工程降水：刘大海　魏万信

　第五章　环境地质与地质灾害防治：陈加红　李　杰　龚淑云　南　凌

　第六章　城市与工程测量：王双龙　方门福　杨又新

　第七章　工 程 物 探：耿光旭　肖　兵　余海忠

　第八章　深圳地区技术标准的编制：张旷成　魏万信

　附　　录：魏万信　朱荣根　张　镇　巫资硕　武一翔　巢民强　齐瑞忱

　　　　　　洪东生

深圳市勘察设计协会编

# 序

25年，对人类历史来说只是一瞬间，对一个城市的发展来讲也仅仅是一个片断。但有这么一个城市，在短短的25年里走完了普通城市需要几百年才完成的历程，成长为一座现代化的大都市，创造了人类工业化、现代化和城市建设史上的一个奇迹。这就是深圳，中国南海之滨的一颗璀璨明珠。

25年前，当中央决定成立深圳经济特区时，深圳还是一个只有两三条小街道，城区人口不过三万的边陲小镇。如今的深圳，已是一座人口超过千万、经济繁荣、环境优美、功能完善，综合实力位居全国前列的新兴现代化城市，先后获得了"国际花园城市"、联合国环境保护"全球500佳"、首批"全国文明城市"等荣誉。宏伟繁华的高楼大厦，规划严整的工业厂区，人流如织的商业闹市，多姿多彩的文化中心，风情万种的旅游景点，配套完善的住宅小区，宽广美丽的林荫大道，四通八达的现代交通……凡此种种，如魔术般地出现在这片神奇的土地上，奏出了一曲现代化的城市立体交响乐。这些成就的取得，是党中央、国务院和广东省委、省政府英明领导的结果，是历届市委市政府和深圳人民艰苦奋斗、开拓创新的结果，同时也离不开广大勘察设计工作者的辛勤劳动和聪明智慧，深圳的每一幢建筑、每一项建设都凝聚着他们的心血和汗水。

在白纸上描绘城市建设的壮丽画卷，对勘察设计工作者来说，既是一项巨大的挑战，也是一次充分发挥聪明才智、创造力、想像力的机遇。25年来，海内外的优秀勘察设计人才纷纷来深发展，带来了各自的设计经验和作品，极大地丰富了深圳建筑设计的思想和理念，形成了勘察设计行业百花齐放、百家争鸣的格局。以上海宾馆、罗湖口岸联检大楼、国贸大厦、电子大厦、市委大院及孺子牛雕塑、莲花山广场邓小平雕像、深圳博物馆、地王大厦、深圳大学主体建筑、世界之窗世界广场深圳十大历史性建筑为代表的深圳建筑，浓缩了特区25年的发展风云，汇集了世界上不同类型、不同流派的建筑风格，充分体现了深圳建筑实验性、示范性、多样性的特点，展示了深圳海纳百川、生机勃勃的风采，在国内外产生了极大的影响力。《深圳勘察设计25年》专辑真实地再现了深圳勘察设计工作者筚路蓝缕，在草棚烛光中绘制蓝图的艰苦创业历程，展示了他们的辉煌业绩，令人对当年的创业者肃然起敬，更加珍惜来之不易的现在。专辑图文并茂，内容丰富，汇集了数百项优秀勘察设计作品，堪称25年深圳勘察设计的集大成之书，不仅对勘察设计工作者和从事相关专业的科研、教学人员有很高的参考价值，也为广大市民和海内外朋友了解深圳、熟悉深圳提供了一条极好的途径，是一部具有较高收藏价值的优秀图书。

目前，深圳正全面落实科学发展观，积极转变发展模式，努力建设和谐深圳、效益深圳和国际化城市。具有雄厚实力和大量优秀人才的深圳勘察设计业是深圳重要的无形资源之一，是深圳实施"文化立市"战略，打造"设计之都"的生力军。希望借本书出版的东风，激励广大勘察设计工作者更加积极地投身于伟大时代的伟大事业之中，为全面建设小康社会的宏伟工程，为创造深圳经济特区的新辉煌，为实现中外文化的借鉴融合作出更大的贡献。

深圳市市长：

原城乡建设与环境保护部部长、建设部常务副部长叶如棠题词

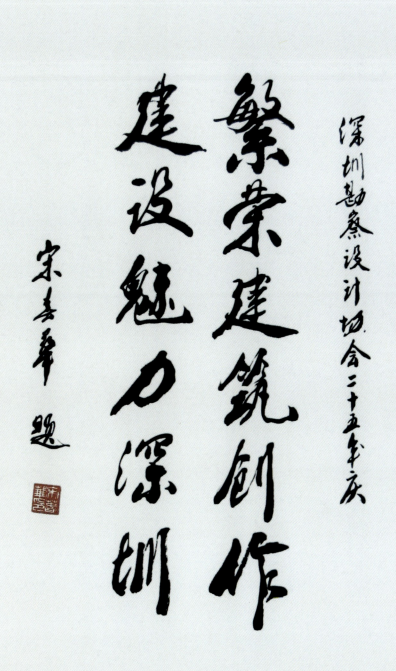

原建设部副部长宋春华题词

原建设部副部长赵宝江题词

贺本书发行

艰辛创业精品集
城美宜居天下扬

丙戌年春节 吴奕良

**中国勘察设计协会理事长吴奕良题词**

# 《深圳勘察设计 25 年》总目录

建筑设计篇

勘察与岩土工程篇

市政交通工程篇

风景园林(景观)篇

# 目 录

### 第一章 总 论 ----- 1
一、以草棚为家，艰苦创业阶段(1980~1991年) ----- 2
二、"开拓、创新"阶段(1992~2001年) ----- 4
    1. 从单纯的工程勘察向岩土工程勘察、设计和施工等拓展的经营战略 ----- 4
    2. 推行科技进步，走科技兴业的道路 ----- 5
    3. 推行全面质量管理和《基本标准》，提高管理水平 ----- 5
三、持续发展逐步与国际接轨(2002至今) ----- 6
    1. 进行体制改革，推行现代企业制度 ----- 6
    2. 推行ISO9000标准，建立先进的质量管理体系 ----- 6
    3. 构建合理的技术结构，提高从业人员的水平 ----- 6
    4. 继续推行科技进步，实现信息化管理 ----- 7
    5. 以诚信和质量赢得市场 ----- 7

### 第二章 岩土工程勘察 ----- 11
一、概论 ----- 12
(一) 深圳岩土工程勘察发展历程 ----- 12
(二) 深圳地质概况 ----- 14
    1. 地貌 ----- 14
    2. 地层 ----- 14
    3. 地质构造 ----- 15
(三) 深圳主要工程地质问题 ----- 16
    1. 断裂与挤压破碎带问题 ----- 16
    2. 强风化岩的桩端承载力问题 ----- 16
    3. 花岗岩残积土问题 ----- 17
    4. 软土问题 ----- 17
    5. 岩溶问题 ----- 18
    6. 深厚填土问题 ----- 18
    7. 基坑支护问题 ----- 18
    8. 地质灾害和环境保护问题 ----- 19
二、典型项目 ----- 20
(一) 国家级优秀工程勘察项目 ----- 20
    1. 深圳市赛格广场岩土工程勘察 ----- 20
    2. 深圳市海滨大道（海堤、道路）岩土工程勘察 ----- 21
    3. 深圳市国际贸易中心大厦工程勘察 ----- 23
(二) 高层建筑工程勘察 ----- 23
    1. 深圳市中国银行国际金融大厦详勘 ----- 23
    2. 深圳市地王商业大厦场地详勘 ----- 24

  3. 深圳市长安大厦详勘 ------ 24
  4. 深圳市群星广场工程勘察 ------ 25
  5. 深圳市荔都大厦详勘 ------ 25
  6. 深圳市贤成大厦（鸿昌广场）勘察 ------ 25
  7. 深圳市世贸中心岩土工程勘察 ------ 26
  8. 深圳市中海华庭岩土工程勘察 ------ 26
  9. 深圳东海商务中心场地岩土工程勘察 ------ 26
 (三) 深圳大面积软基加固处理勘察 ------ 27
  1. 深圳市皇岗口岸软基加固工程详细勘察 ------ 27
  2. 深圳福田保税区地基加固处理工程勘察 ------ 27
  3. 深圳机场航管楼详细勘察 ------ 28
 (四) 立交桥勘察 ------ 28
  1. 深圳市深云立交桥详勘 ------ 28
  2. 深圳市雅园立交桥详勘 ------ 29
 (五) 市重点工程项目勘察 ------ 29
  1. 深圳市五洲宾馆勘察 ------ 29
  2. 深圳水库流域污水截排工程初步设计阶段工程地质勘察 ------ 29
  3. 深圳国际会议中心（一期工程）详细阶段岩土工程勘察 ------ 30
  4. 深圳体育场勘察 ------ 31
  5. 深圳市福田开发区工程地质勘察 ------ 31
  6. 深圳市下坪垃圾填埋场勘察 ------ 31
  7. 深港西部通道口岸旅检大楼岩土工程勘察 ------ 32
  8. 深圳市盐坝高速公路B段详勘 ------ 32

# 第三章 岩土工程设计与治理 ------ 33
## 一、概论 ------ 34
### (一) 地基处理技术的发展历程 ------ 34
### (二) 深基坑支护技术的发展历程 ------ 35
  1. 概述 ------ 35
  2. 主要方法及其发展进程 ------ 35
  3. 基坑支护新技术的应用 ------ 37
### (三) 边坡支护技术的发展历程 ------ 37
## 二、典型项目 ------ 38
### (一) 地基处理 ------ 38
  1. 排水固结法对福田保税区进行大面积地基处理 ------ 38
  2. 深圳机场扩建停机坪大面积地基处理设计与施工
    ——强夯块石墩复合地基首次大面积应用 ------ 39
  3. 深港西部通道填海及地基处理工程设计 ------ 40
  4. 深圳市绿色满庭芳复合地基处理工程设计 ------ 40
  5. 龙岗文体中心LC桩复合地基设计与施工 ------ 41
  6. 深圳市宝安新中心区裕安路动力排水固结软基加固设计 ------ 41
  7. 深圳市后海湾填海及软基处理工程设计 ------ 41
  8. 宝安新中心区海堤工程设计 ------ 42

  9. 南玻浮法玻璃生产线地基处理 ---------- 42
### (二) 基坑支护 ---------- 43
  1. 深圳市赛格广场大厦深基坑支护工程设计 ---------- 43
  2. 深圳商报社编审综合大楼基坑、桩基及地下室土建工程 ---------- 43
  3. 深圳新银座深基坑支护工程 ---------- 43
  4. 深圳世纪村三期基坑支护工程 ---------- 43
  5. 深圳香蜜三村5号楼基坑支护工程 ---------- 44
  6. 深圳罗湖汝南大厦基坑支护工程 ---------- 44
  7. 深圳会展中心基坑支护工程 ---------- 44
  8. 罗湖区司法综合大楼深基坑支护工程设计 ---------- 44
  9. 中国移动——江胜大厦基坑支护工程 ---------- 44
  10. 深圳市市民中心基坑支护工程设计 ---------- 45
  11. 中海深圳湾花园（现名中海深圳湾畔）基坑工程设计 ---------- 45
  12. 国际文化大厦深基坑支护设计 ---------- 45
  13. 深圳市中心城基坑支护设计 ---------- 46
  14. 长城畔山花园基坑支护设计 ---------- 46
  15. 赛格大厦基坑支护设计 ---------- 47
  16. 长城盛世家园（二期）基坑支护设计 ---------- 47
  17. 深圳艺丰广场基坑支护设计 ---------- 48
  18. 华侨城锦绣苑会所抗浮锚固工程设计 ---------- 48
  19. 皇达花园基坑支护 ---------- 48
### (三) 边坡支护 ---------- 49
  1. 国家工商行政管理总局行政学院场坪及边坡整治工程设计 ---------- 49
  2. 东方尊峪边坡治理工程 ---------- 49
  3. 深圳(亚太)国际学校边坡支护 ---------- 49
  4. 下洞油库高边坡支护设计 ---------- 50
## 三、岩土工程新技术的发展应用 ---------- 50
### (一) 地基处理 ---------- 50
  1. 强夯置换法 ---------- 50
  2. 堆载预压排水固结法 ---------- 50
  3. 低强度素混凝土桩复合地基 ---------- 51
### (二) 深基坑及边坡支护 ---------- 51
  1. 复合土钉墙技术 ---------- 51
  2. 预应力管桩在基坑支护结构中的应用 ---------- 51
  3. 扩大头锚杆（索）施工技术 ---------- 52
  4. 自钻式锚杆的应用 ---------- 52
  5. 可拆芯式锚杆技术 ---------- 52
  6. 钢塑拉筋带加筋土挡墙技术 ---------- 52
  7. 钻孔过程监测仪（DPM） ---------- 52
# 第四章 水文地质勘察和工程降水 ---------- 53
## 一、概论 ---------- 54
## 二、典型项目 ---------- 54

- (一) 供水水源地勘察 ········································································· 54
  - 1. 大沙河水资源评价 ··································································· 54
  - 2. 长岭皮河谷区供水水源地勘察 ··················································· 54
- (二) 矿泉水勘察 ············································································· 55
  - 1. 上步岭矿泉水（益力矿泉水） ··················································· 55
  - 2. 东湖矿泉水（梧桐山矿泉水） ··················································· 55
- (三) 地热勘察 ················································································ 56
  - 1. 罗湖地热勘察 ········································································ 56
  - 2. 宝安公明玉律地热勘察 ···························································· 56
- (四) 工程水文地质勘察 ···································································· 57
  - 1. 深圳火车新客站水文地质勘察 ··················································· 57
  - 2. 深圳市观澜、龙华地区隐伏岩溶及富水断裂水文地质勘察 ················ 57
- (五) 工程降水 ················································································ 57
  - 1. 深圳市白沙岭住宅区1、2、3栋高层住宅基础施工降水 ···················· 57
  - 2. 深圳市渣打外资银行中心大厦基础施工降水 ································· 58
  - 3. 深圳市国际信托大厦基础施工降水 ············································· 58
  - 4. 海湾广场基坑降水 ·································································· 59

## 第五章 环境地质与地质灾害防治 ···························································· 61

- 一、概论 ··························································································· 62
- (一) 深圳市地质环境条件概述 ····························································· 62
- (二) 深圳市地质灾害特点 ··································································· 62
- (三) 深圳市地质灾害防治工作现状 ······················································· 63
- 二、典型项目 ····················································································· 63
- (一) 环境地质 ················································································ 63
  - 1. 深圳市区域稳定性评价 ···························································· 63
  - 2. 深圳市罗湖断裂带活动性和主要建筑物与地面形变监测及其变化趋势预测研究 ······ 65
  - 3. 深圳水库溢洪道两侧场地断裂活动性及地面裂缝稳定性与建筑适宜性评价 ········ 66
  - 4. 深圳市黄贝岭F8断层微量位移监测研究 ······································ 67
  - 5. 深圳市罗湖建成区断裂带现今活动性与地应力监测研究 ··················· 69
  - 6. 深圳河（湾）流域环境地质调查 ··············································· 70
  - 7. 深圳市龙岗区鹏茜大理岩矿矿山地质环境影响评价 ························ 70
  - 8. 《深圳市海域矿产资源开发利用与地质环境保护规划》（2000～2010） ··· 71
  - 9. 深圳市盐田区三洲田——梅沙片区地质环境评价 ··························· 72
- (二) 地质灾害 ················································································ 73
  - 1. 深圳市龙岗区岩溶塌陷灾害勘察 ················································ 73
  - 2. 深圳市南山区大南山滑坡地质灾害勘察 ······································· 74
  - 3. 深圳市罗芳气化站边坡勘察 ······················································ 75
  - 4. 深圳市大南山山体滑坡治理工程 ················································ 75
  - 5. 深圳市罗湖区莲塘决岭山崩塌及滑坡地质灾害勘察、治理工程施工图设计 ··· 76
  - 6. 深圳市盐田区大梅沙地区规划用地地质灾害危险性评估 ··················· 77
  - 7. 深圳市城市轨道交通二期建设用地地质灾害危险性评估 ··················· 78
  - 8. 深圳市梅林关口羊宝地山滑坡地质灾害勘察 ································· 79

9. 深圳职业技术学院越华采石场边坡勘察与治理 ---------- 80
10. 深圳市下坪固体废弃物填埋场进场道路西侧边坡工程地质灾害危险性评估 ---------- 80
11. 深圳市景亿山庄东侧边坡工程地质灾害危险性评估 ---------- 81
12. 深圳市龙岗区人工边坡调查 ---------- 82
13. 深圳市龙岗区人工边坡信息管理系统 ---------- 83
14. 深圳市宝安区平南铁路樟坑村段滑坡地质灾害勘察和治理设计 ---------- 84
15. 国家工商行政管理总局行政学院建设用地地质灾害危险性评估和边坡治理设计 ---------- 85
16. 深圳华侨城盐田旅游项目建设用地地质灾害危险性评估 ---------- 85
17. 深港西部通道深圳侧接线工程建设用地地质灾害危险性评估 ---------- 85

三、结束语 ---------- 86

# 第六章 城市与工程测量 ---------- 87

## 一、概论 ---------- 88

### (一) 城市与工程测量概述 ---------- 88

### (二) 深圳测绘的创建与成长历程 ---------- 89
1. 城市测量基准的建立与现代化 ---------- 92
2. 基本图测量与数字化 ---------- 94
3. 精密工程测量与自动化、智能化 ---------- 95

### (三) 结束语 ---------- 95

## 二、典型工程项目 ---------- 96

### (一) 城市测量 ---------- 96
1. 深圳市二、三等三角测量及三、四等水准测量 ---------- 96
2. 深圳市精密水准测量 ---------- 96
3. 深圳市城市测量控制网改造工程 ---------- 97
4. 深圳市连续运行卫星定位服务系统（一期工程）---------- 97
5. 深圳市高分辨率高精度似大地水准面 ---------- 98
6. 城市控制网测量控制点调查清理、维护及测量控制点加密工程 ---------- 98
7. 深圳市前、后海蚝田 1:1000 地形测量 ---------- 99
8. 深圳市西丽测区 1:1000 数字化地形测量 ---------- 99
9. 深圳市行政区域界线勘界测绘 ---------- 100
10. 深圳市盐田区地籍调查和建立地籍信息管理系统 ---------- 100
11. 深圳市罗湖、盐田区 1:1000 地形图数字化动态修测 ---------- 101
12. 深圳市坪地测区加密重力测量 ---------- 102
13. 深圳市南山区 1:1000 数字化地形图动态修测 ---------- 102

### (二) 工程测量 ---------- 103
1. 深圳市二线公路勘测 ---------- 103
2. 深圳河治理工程测量 ---------- 104
3. 深圳市罗湖区水贝测区地下管线探测 ---------- 104
4. 治理深圳河第三期地形测量 ---------- 105
5. 皇岗路改造及过境货运通道工程、梅观路改造工程测量 ---------- 105
6. 深圳地铁一期工程土建施工第三方监测 ---------- 106
7. 广东LNG站线项目输气干线工程大中型河流勘察工作工程测量 ---------- 106
8. 深圳湾公路大桥首级控制网测量 ---------- 107

  9. 深圳市(15测区)2003年地下管线修补测工程 --- 108
  10. 深圳游泳跳水馆工程泳池测量与复测 --- 109
  11. 深圳机场第二条跑道填海及软基处理工程测量 --- 109
  12. 东深供水工程沿线水工建筑物变形观测 --- 110

## 第七章 工程物探 --- 111
### 一、概论 --- 112
### 二、典型项目 --- 114
#### (一) 探地雷达探测 --- 114
  1. 深圳市盐田港二期工程1号泥塘中心区探地雷达探测 --- 114
  2. 深圳地铁天岗区间建筑物基础结构轮廓无损探测 --- 115
#### (二) 瑞雷波法 --- 115
  1. 深港西部通道口岸填海及地基处理工程内隔堤填石及下伏淤泥层探测 --- 115
  2. 深圳会议展览中心强夯地基检测 --- 117
#### (三) 浅层地震法 --- 118
  1. 深港西部通道深圳湾公路大桥工程地球物理勘探 --- 118
  2. 深圳水库溢洪道两侧场地断裂探测 --- 119
### 三、新技术新方法 --- 120
#### (一) 浅层地震勘探 --- 120
#### (二) 探地雷达 --- 120
  1. 探地雷达方法原理及深圳地区应用特点 --- 121
  2. 深圳地区探地雷达典型的工程应用——深港西部通道海堤形态探地雷达探测 --- 122
  3. 小结 --- 122
#### (三) 瑞雷波法 --- 122
  1. 瑞雷波检测原理及深圳地区应用特点 --- 123
  2. 深圳地区瑞雷波法典型的工程应用——深圳某配送中心强夯地基瑞雷波检测 --- 123
  3. 小结 --- 124

## 第八章 深圳地区技术标准的编制 --- 125
### 一、《深圳地区钢筋混凝土高层建筑结构设计试行规程》(SJG 1－84) --- 126
### 二、《深圳地区建筑地基基础设计试行规程》(SJG 1－88) --- 126
### 三、深圳市标准《深圳地区地基处理技术规范》(SJG 04－96) --- 127
### 四、深圳市标准《深圳地区建筑深基坑支护技术规范》(SJG 05－96) --- 127
### 五、深圳市标准《深圳地区夯扩桩技术规定》(SJG 03－96) --- 128
### 六、深圳市标准《深圳地区基桩质量检测技术规程》(SJG 09－99) --- 128

## 附录 --- 129
### 附录一 深圳市历次优秀工程勘察评选及获奖项目 --- 130
### 附录二 深圳市工程勘察单位历届党、政领导及总工程师名录 --- 137
### 附录三 深圳市勘察设计行业2005年度优秀企业简介（岩土工程勘察）--- 139
### 附录四 深圳市勘察设计行业2005年度优秀院长(总经理)、优秀总工程师简介(岩土工程勘察) --- 143
### 附录五 中国工程勘察大师在深圳 --- 149
### 附录六 深圳市部分工程勘察单位发展历程 --- 150
### 附录七 深圳市岩土工程勘察大事记 --- 169
### 附录八 参编单位名单 --- 171
## 编后语 --- 172

# 第一章

# 总　论

# 第一章 总 论

## 万厦的基石 无名的丰碑

——记深圳勘察与岩土工程25年发展历程

万丈高楼平地起,工程勘察是设计的依据,是城市规划、建设的基础工作,只有查明了建筑场地的岩土工程特征,才能正确设计基础类型,使建筑物坐落在安全可靠的地基上。因此,工程勘察是工程建设过程中的重要环节。其质量的好坏,直接影响到建设项目的投资效益、环境效益和社会效益。深圳特区成立25年来,勘察与岩土工程行业与城市共同成长。深圳从一个边陲小镇,发展成一个现代化大都市,勘察与岩土工程行业也从无到有,逐步发展成目前20多家2000余人的专业工程勘察队伍。深圳的每一项建设、每一幢建筑都有工程勘察人员的心血和汗水。工程勘察是为大厦奠基的无名英雄,人们往往只记得建筑物的建设单位、设计单位、施工单位,而无人知道还有一支为保证大厦安全而默默奉献的工程勘察队伍。正像建设部常务副部长叶如棠给深圳市勘察研究院建院10周年题词一样,工程勘察是:"万厦的基石、无名的丰碑"。深圳在前进、深圳在发展、深圳在腾飞。在高楼林立、热闹、繁华的商业街漫步之时,有谁能想到当年特区建设者住草棚,点蜡烛,风餐露宿的艰辛。在隆重纪念深圳经济特区建立25周年之际,记下为特区建设做出贡献而默默无闻的工程勘察者辛勤劳动、艰苦创业的历程,激励广大工程勘察人员倍加珍惜现在,发展未来,为和谐深圳、效益深圳做出新的、更大的贡献。

深圳勘察与岩土工程行业的发展大致分为艰苦创业、开拓创新、持续发展三个阶段:

### 一、以草棚为家,艰苦创业阶段(1980~1991年)

深圳特区刚成立时,没有工程勘察队伍,1980年冶金工业部长沙勘察公司(简称长勘)来深承担工程勘察,完成了深圳国际贸易中心大厦、罗湖大厦、南洋大厦和笋岗立交桥、泥岗立交桥等工程勘察项目。其中国际贸易中心大厦(53层)工程勘察获国家优秀工程勘察银质奖。

1981年"长勘"与深圳市建委成立"深圳市勘察设计联合公司勘察经理部","长勘"的赵锡山任经理,技术负责林杰勋(长勘),卢汉(市建委人员)任副经理。此后在联合经理部基础上成立了"深圳市勘察测量公司",卢世然任经理,卢汉任副经理。此时总共不过二三十人,地质技术人员只有7~8人,这就是深圳市工程勘察队伍的前身。

1982年12月,基建工程兵徐副参谋长带领912团政委周振喜、参谋长朱汉光、副主任工程师魏万信来深圳考察。与此同时,深圳市勘察测量公司经理卢世然去912团考察。1983年6月,912团派出以参谋长张纯寅为首,主要技术人员谢克高、邓文龙、张运标、林尚泉等40余名干部战士来深与深圳市勘察测量公司共同工作。1983年10月10日,国务院、中央军委以国发[1983]157号文件,命令基建工程兵第912团进驻深圳。同年12月23日,深圳市人民政府以深府[1983]249号文件,决定基建工程兵第912团集体转业改编与市勘察测量公司合并，成立改编合并领导小组，王振辉（912团团长）任组长，卢世然任副组长。1984年12月5日，经深圳市府党组第四十四次会议研究决定，把市勘察测量公司按原建制分成两个单位（深府复[1984] 690号）。原基建工程兵第912团组成深圳市工程地质勘察公司，简称"工勘"，王振辉任经理；深圳市勘察测量公司，简称"深勘"，卢世然任经理，两公司均直属深圳市政府基本建设办公室。1990年，市政府调整二个公司领导班子，深圳市工程地质勘察公司杨仁明任经理，党委书记朱荣根；深圳市勘察测量公司吴照荣任经理兼党委书记。（1994年6月根据深圳市机构编制委员会，深编[1994]82号文件，为规范事业单位名称两公司分别更名为深圳市勘察研究院和深圳市勘察测绘院）。

勘察设计联合经理部分家后，"长勘"于1984年独立在深成立"长沙有色冶金勘察公司深圳经理部"，由高振奎担任经理（后更名为中国有色金属工业长沙勘察设计研究院深圳分院），2001年6月长勘改制，成立"深圳市长勘勘察设计有限公司"，张建民任公司总经理。1980年广东省地质矿产局在深成立"广东省深圳水文工程地质公司"，1981年10月改为深圳市地质局，1985年1月其主体改建为"深圳地质勘探开发公司"（后更名为深圳地质建设工程公司），主要承担地质矿产勘查及水文工程地质勘察。1980年，冶金部建筑研究总院（简称冶建院）由北京调出20多位技术骨干和仪器设备，支持深圳组建了深圳市质量监督检验站，1985年，随着质监站向深圳市政府的交接，冶建院在蛇口浅龙湾成立深圳技术部（1988年改为分院），主要推广应用岩土工程和钢结构工程新技术。中国建筑西南勘察设计研究院、中南勘察院、建设部综合勘察研究院等也先后在深成立分支机构，承担工程勘察任务。

创业初期，工作、生活条件十分艰苦，当时深圳没有一栋像样的建筑，遍地荒芜，乱草丛生，百业待兴。各勘察单位用茅竹和油毡搭起办公兼住宿用的竹棚，晚上蚊叮虫咬，白天酷热煎熬，不用说空调，电风扇都没有，饮水也靠自己打井开掘地下水。1983年9月一场台风将竹棚摧毁，勘察人员只有躲避到在建工程的地下室或搭起雨布工作和居住。1984年5月，一场大火又将地质局的油毡宿舍化为灰烬。"深勘"、"工勘"虽为事业单位，但率先实行企业化管理，自主经营、自负盈亏。当时只有几台旧解放牌汽车，对外进行业务联系的惟一交通工具就是自行车，在到处都是黄泥巴的路上，其艰苦情况可想而知。

为了求生存、求发展，"深勘"、"工勘"等市属勘察单位，除在全国各地引进各类专业技术人才，接收和培养大学毕业生充实自己的专业队伍外，并与成都地质学院、武汉地质学院、铁道部第四勘察设计院、上海第20冶金工程公司等建立技术协作关系，用借鸡下蛋的方法发展自己，提高自身的技术能力。苦练内功，增强内力，进行内部改革，压缩非生产人员，试行"经济承包责任制"，激励职工的生产积极性。"工勘"自筹资金，编制了"深圳地区工程地质系列图"（简称工程地质图系）、"南头半岛规划地质图"、"华侨城旅游区规划地质图"等，既为深圳整体规划建设提供科学依据也借以提高单位的知名度。"深圳工程地质图系"获广东省和深圳市科技成果三等奖。深圳市勘察测量公司在白沙岭高层住宅施工降水中，运用地下水数学模拟逐节点反求参数及自动优选参数的新方法，经过反复研究和计算井及井群的极限降深和最大出水量，结合场地工程及水文地质条件，合理布置降水井，使地下水位降到了人工挖孔桩底板以下，安全顺利地完成了基坑开挖和人工挖孔桩基础的施工任务，取得了深圳地区首次大面积、大降深工程降水的成功经验。此项目获广东省优秀工程勘察一等奖。

1981年地质局在供水井勘察中发现了上步岭矿泉水（今益力矿泉水），1985年在罗湖断裂勘察时又发现东湖矿泉水（今梧桐山矿泉水），为深圳开发利用矿泉水打下了基础。1987年，深圳地质局配合地矿部水文地质工程地质司对深圳市区域地壳稳定性进行研究。通过对罗湖区附近晚更新世以来断裂活动的调查研究、勘探、验证，采用地质力学的思路、观点和方法，以地应力场的研究为重点，配合介质稳定性和地面稳定性研究，对深圳市区域地壳稳定性进行了综合评价。消除了当时认为深圳有产生破坏性地震可能的疑虑，稳定了国内外对深圳投资的信心。

20世纪80年代后期，各勘察单位分别自筹资金建起了办公、宿舍综合楼，改善工作和生活条件。更新仪器设备，将原来的100型、300型旧钻机和老的经纬仪，更换成金刚石自动油压高速钻机、红外仪、高精度电子水准仪。添置静(动)力触探仪、静动两用二轴仪、载荷试验、旁压仪、管线探测仪等先进的勘察、测试、测量仪器设备，极大地提高了工程勘察技术水平和生产能力。1987年"工勘"、"深勘"、"长勘"均由建设部颁发了全国第一批工程勘察甲级资质证书。

1987年5月，在市建设局黎克强总工程师领导下，完成了深圳地方标准《深圳地区建筑地基基础设计试行规程》(SJG 1-88)的送审稿，"深勘"、"工勘"、"长勘"均是该规程的编制成员。"工勘"编制的《深圳地区工程地质图系》中的"土体工程地质类型图"和"岩体构造及工程地质类型图"被纳入该规程（附录二和附录三）。1987年12月邀请国内专家在深圳开会，审查通过本规程送审稿，1988年3月试行，1989年11月深圳市人民政府正式批准本规程。该规程是深圳第一个也是全国第一个建筑地基基础设计地方性技术标准。该规程在对花岗岩风化带的划分、花岗岩残积土的定名及野外鉴别方法、花岗岩残积土地基承载力及变形研究、桩侧阻力和端承力的确定等方面，都处于国内领先水平，以后被国家、行业以及省级相关规范引用并在全国推广。此时期全市共完成数百项工程勘察任务，先后获省、部级优秀工程勘察奖30余项。其中代表性工程项目有：广深珠高速公路深圳段工程勘察（英国奥雅纳设计，勘察按英国5930规范，测试按英国1377规范）、白沙岭高层住宅施工降水、深圳机场选址工程勘察（部分为海上作业）、深圳金融中心工程勘察、新都大酒店工程勘察、皇岗口岸软基处理工程勘察、深圳新火车站工程及水文地质勘察、深圳河治理工程测量等。深圳市工程勘察行业，终于站稳了脚、扎下了根。

## 二、"开拓、创新"阶段(1992~2001年)

邓小平南巡之后，深圳进入高速发展时期。随着深圳特区的建设与发展，大批勘察队伍进入深圳或在深成立分支机构，既增加了深圳特区建设的勘察力量，也使市场竞争更加激烈。

1993年，大升高科技工程有限公司成立。1995年经深圳市建设局批准，成立深圳市协鹏工程勘察有限公司。有色冶金长沙勘察院深圳分院、深圳地质建设工程公司、深圳龙岗地质技术开发公司（后更名为深圳市岩土综合勘察设计有限公司）、蛇口华力工程公司、南华建材勘探公司等均实行了属地化管理，为市属单位。其他系统的勘察人员，也陆续进入深圳承担建筑工程勘察任务。市场竞争异常激烈，优胜劣汰、强者生存的严峻现实，迫使勘察单位不得不努力探索生存之路——开拓、创新。

### 1. 从单纯的工程勘察向岩土工程勘察、设计和施工等拓展的经营战略

根据建设部工程勘察向岩土工程转化的决策，"深勘"、"工勘"从80年代后期便相继成立了具独立资质的"深圳市基础工程公司"、"深圳市岩土工程公司"、"深圳市环宇岩土工程公司"（后更名为深圳市工勘岩土工程有限公司）和"深圳市深勘基础工程有限公司"。其他勘察单位也相继开展了岩土工程业务。通过引进岩土工程新技术、新工艺，吸收大量岩土工程设计与施工管理技术人才（包括一批国内知名专家、教授和博士、硕士等高学历人员），购置插板机、强夯机、锚杆钻机、旋喷桩机、深层搅拌桩机和钻（冲）孔桩机、人工挖孔桩机等岩土工程设备，积极开展地基处理、边坡与深基坑支护、桩基础和建筑物纠偏加固等岩土工程设计与施工项目，极大地拓展了勘察单位的生存空间。深圳市重大的地基处理工程项目，如深圳机场、福田保税区、皇岗口岸、深圳湾填海、深圳盐田港、妈湾港填海、宝安新中心区、海上田园风光等地基处理工程的设计与施工都有勘察单位的参与或主持。各种建筑地基处理，特别是强夯法，搅拌桩复合地基等的设计与施工主要由勘察单位

承担。自1992年以来，深圳绝大多数深基坑和高边坡的支护设计与施工也是由勘察单位完成的。另外，在建筑物纠偏与加固、桩基检测以及土体原位测试等岩土工程项目中也有勘察单位的参与。

1996年6月1日和8月7日，在市建设局何家琨总工程师领导下，由深圳市勘察研究院与深圳市环宇岩土工程公司主编的《深圳地区地基处理技术规范》(SJG 04－96)和深圳市勘察测绘院与深圳市岩土工程公司主编的《深圳地区建筑深基坑支护技术规范》(SJG 05－96)，被深圳市建设局批准为强制性地方标准，分别自1996年7月1日和12月1日起实施。该二规范对各种地基处理和深基坑支护方法的设计、施工、质量检验和监测等都作了具体规定。其中强夯置换法、土钉墙支护技术、支护结构监护标准、邻近荷载对土压力影响的计算方法等内容，都是首次列入技术标准。《深圳地区建筑深基坑支护技术规范》为全国第一本深基坑支护技术规范，规范的技术内容在总体上达到国内领先水平，获深圳市科技进步二等奖，《深圳地区地基处理技术规范》的部分内容达到国内领先水平，获深圳市科技进步三等奖。

此时，深圳各勘察单位已完全摆脱了单一的工程地质勘察，开展了岩土工程勘察、岩土工程设计、岩土工程治理、岩土工程监测、岩土工程检验和工程咨询、场地安全性评价、防震减灾等业务。深圳勘察单位在岩土工程领域的开拓与发展方面走在了全国的前列。

## 2．推行科技进步，走科技兴业的道路

在岩土工程勘察方面，引进了"荷兰锥"三桥静力触探、MaZier"三套管"真空薄壁取土器、井中无线电波应用技术、井中声波CT系统、探地雷达和瑞雷波法等。尤其是在岩溶勘察中引进的跨孔CT彩色录像技术，能清晰显示出溶洞的空间位置。大升高科技工程公司运用探地雷达在深圳和珠江三角洲地区开展检测项目，获得了良好的声誉，并被作为深圳市建设局1998年度科技成果推广项目。"工勘"和"深勘"开发研制的工程勘察制图软件，在建设部山东省淄博市召开的"全国城市勘察计算机应用经验交流评比会"上，分别被评为建设部优秀科技成果二、三等奖。"工勘"开发研制的"工程勘察制图与分析系统"软件，经深圳市科技局组织，市建设局主持，邀请国内有关专家鉴定认为，在国内处于领先水平。已被省内外数十家勘察单位引进应用。

在软基处理方面，针对深圳地区滨海淤泥层、开山填海和场地平整出现的大量深厚填土和龙岗岩溶等特点，国内外许多好的岩土加固技术都在深圳得到应用与发展，如预压法、强夯法、搅拌桩、砂石桩和CFG桩等复合地基法等。强夯置换、软土地基的动、静力联合排水固结法等技术更是在深圳得到发扬光大，率先列入深圳市和广东省地基处理技术规范中，为岩土加固技术的发展作出了应有的贡献。在深基坑支护的复合土钉墙技术方面也走在了全国的前列。

在工程测量方面，部分勘察单位添置了TCA1800（智能机器）全站仪、NiDi12精密电子水准仪、GPS/信标合一接收机、数字测深仪、数字化仪、HP9500N彩色激光打印机等高精度仪器和设备，引进了GPS卫星定位系统。勘察研究院开发研制了具有独立版权的数字化自动采集、电脑自动成图的测绘e系统。测绘e系统包括测绘e (CHe) 数字化成图系统、PDA掌上电子平板CHe-CE、水下地形导航测量GPSSH2.0以及地下管网测量系统CHeGX3.0等子系统，实现了地形地籍野外数据自动化采集和内业数据一体化处理。经中国城市规划协会组织国内有关专家组成的鉴定委员会鉴定，一致认为：测绘e系统，是全中文内外业一体化数字测图系统；具有技术先进、功能齐全、使用方便等特点。社会效益和经济效益明显，在国内处于领先水平。

## 3．推行全面质量管理和《基本标准》，提高管理水平

1992年深圳市甲、乙级勘察设计单位推行全面质量管理（TQC），并通过广东省建委组织的TQC达标验收和复查。1997年为规范全市勘察设计单位的质量管理，市建设局委托勘察设计协会编制了《深圳市勘察设计单位实施质量管理基本标准》（简称《基本标准》），作为强制性地方标准。1998年5月，建设局以"关于印发《深

圳市勘察设计单位实施质量管理基本标准》的通知"(深建技[1998]16号)，正式发布《基本标准》，规定"凡在深注册的甲、乙级勘察设计单位必须贯彻执行本标准，丙、丁级单位可参照执行"。到2000年全市勘察设计单位均按《深圳市勘察设计单位实施质量管理基本标准》建立了质量保证体系，并通过建设局组织的检查验收。

此时，深圳工程勘察队伍技术力量雄厚，仪器、设备先进，已达到省内领先、国内先进水平，部分技术方法处于国内领先水平。除承担深圳市建设工程勘察外，并向珠三角辐射，用先进的技术和手段、一流的服务和管理方法，完成了一批市外和省外的工程勘察项目。我市技术人员先后在全国性技术刊物上发表论文100余篇，仅在"全国城市勘测论文选编"中，就入选论文10余篇。深圳市勘察研究院、深圳市勘察测绘院分别出版了《科技论文选》和《深圳地区岩土工程的理论与实践》等专集。对岩土工程勘察、岩土工程设计与施工、边坡工程、基坑工程、地基与基础工程、城市与工程测量、软件及开发等从理论上进行了全面的分析与总结。张旷成、樊颂华、姜云龙、李荣强、邓文龙、刘小敏、丘建金、刘官熙、张文华、杨志银、李子新等技术人员多次参加广东省和国家技术标准规范的编制，如国家标准《岩土工程勘察规范》、《地下铁道、轻轨交通岩土工程勘察规范》、《建筑深基坑支护技术规范》、《高层建筑岩土工程勘察规程》，广东省标准《建筑地基基础设计规范》和岩土工程丛书《岩土工程勘察设计手册》、《岩土工程监理手册》及《实用桩基工程手册》、《岩土工程手册》等。深圳工程勘察已跨入全国工程勘察队伍的先进行列，深圳市勘察研究院、深圳市勘察测绘院先后进入全国勘察设计综合实力百强，杨仁明、田玉山先后被评为全国勘察设计院优秀院长，高振奎、李荣强被评为享受国务院特殊津贴的优秀专家。

## 三、持续发展逐步与国际接轨(2002至今)

2001年之后，随着我国经济的持续快速发展和对外开放，来自境外的勘察设计对国内的冲击愈来愈强烈，加之我国已加入WTO，不远的将来勘察设计市场竞争将更为激烈。这对勘察设计单位提出了更高的要求，必须长远考虑，转变观念，加快体制改革步伐、继续推行科技进步和科技创新，不断探索先进的管理体制，增强自身技术储备、增强企业的活力。通过技术和质量、服务和信誉来赢得市场、赢得发展。并尽快熟悉和掌握国际标准、规范，与国际岩土工程勘察行业接轨。

### 1．进行体制改革，推行现代企业制度

自2001年至2005年，除个别驻深勘察单位外，市属勘察单位基本完成了体制改革，由国营企事业单位改为股份制的有限责任公司。开始推行产权清晰、权责明确、政企分开、管理科学的现代企业制度。通过体制改革和内部组织结构的调整，进一步增强了企业的活力和市场竞争能力，并逐步从体制上与国际市场接轨。

### 2．推行ISO9000标准，建立先进的质量管理体系

至2005年，深圳绝大部分勘察单位已通过了GB/T19001－2000 ide ISO9001:2000质量管理体系认证。深圳市勘察研究院、深圳市勘察测绘院、工勘岩土工程公司、协鹏工程勘察有限公司等部分甲级勘察单位还通过了ISO14001环境管理体系认证和GB/T28001职业健康安全管理体系认证。其他勘察单位也已按ISO9000标准建立了质量管理体系，编好文件，进行试运行。勘察单位的实验室，基本都通过了广东省技术监督局计量认证，获得了国家实验室认可证书和广东省计量认证证书。深圳市工程勘察行业已全面走上规范化、标准化的管理轨道。

### 3．构建合理的技术结构，提高从业人员的水平

目前深圳市20多家工程勘察单位，2000多人的勘察队伍中，工程技术人员1500余人，占职工总数的70%以上。其中具高级技术职称的260余名、中级职称的400余名、初级职称的800余名，硕士以上学历的有100余人，其中博士后3名，勘察大师1名，特许注册土木工程师（岩土）3名，初始注册土木工程师（岩土）93名，技术结构合理。通过举办技术讲座、技术培训、对外交

流等活动,提高技术人员的技术水平,为深圳市岩土工程勘察行业的发展作好了技术储备。

### 4. 继续推行科技进步,实现信息化管理

近几年来,深圳勘察单位自主开发和引进了大批先进、适用、经济、可靠的专有技术和新技术;研制开发出一批水平较高的岩土工程勘察、设计、计算和项目管理软件。如深圳市勘察测绘院引进的德国"铁藤"牌自钻式锚栓钻机及自钻式锚栓技术。利用这种技术,无论是多复杂的地质条件,都可快速、高效地完成锚索(杆)、土钉、微型桩、静压灌浆、爆破成孔、旋喷预钻孔等作业,并给锚杆提供数倍于常规锚杆的抗拔力,尤其是在软土边坡或含大量块石、卵砾石的复杂地质条件下,这种锚杆可节约大量资金。深圳市勘察研究院引进了北京华勘科技有限公司研制的全自动系统土工试验仪器,包括全自动固结仪、全自动三轴仪和物理性质数据采集卡。使用该系统可自动完成固结和三轴试验的数据采集,还可自动采集含水率、液限、塑限、相对密度、密度等物性试验的称量数据,经过处理可输出土工试验各种图形曲线。该套系统稳定性好,准确率高,自动化处理效率高,克服了传统土工仪器的薄弱环节和人为影响因素,能快速准确地进行大批量的土工试验,特别是固结和静三轴等特殊试验,大大加快了土工试验的速度,提高了测定土的物理力学参数的准确性,减轻了试验人员的劳动强度,该系统在全国土工试验界属一流先进仪器。

深圳市勘察研究院开发研制的具有自主知识产权的数字化勘察信息处理软件"勘察e系统",于2004年9月8日,由建设部科技司主持召开了鉴定会,一致认为:勘察e系统是一个具有自主知识产权的数字化勘察信息处理软件,该软件技术先进、功能齐全、使用方便、通用性强(与AutoCAD图文兼容,提供对数据库SQLserver和数据文件的支持),具有明显的社会效益和经济效益。该软件在国内处于领先水平,在复杂地层连线、地层标识、图文编辑等技术方面,达到国际先进水平。建议在工程勘察行业大力推广应用。

目前深圳多数勘察单位建立了局域网和勘察信息管理系统,做到资源共享和网上传递图纸资料,实现了自动化、信息化管理。

### 5. 以诚信和质量赢得市场

为了确保勘察设计质量,加强行业自律,市勘察设计协会开发软件,在"深圳建设"网上开辟专栏,建立《深圳市勘察设计行业信息管理系统》和《勘察设计单位诚信档案》。全市勘察设计单位签署了《深圳市勘察设计行业诚信公约》,承诺坚持科学发展观,坚持以人为本的原则,坚持诚信服务的宗旨。遵守国家和行业制定的各项市场竞争和运行规则,主动创造公平竞争的市场环境,履行合同,信守承诺,自觉遵守职业道德和行规、行约,共同监督执行。以质量、诚信和服务赢得市场,加强了行业自律和市场约束机制,促进了企业自身质量和技术水平的提高。2004年全市工程勘察总营业收入达75795.52万元,人均产值超过30万元。获得国家级优秀工程勘察金奖一项、银奖三项,打破了深圳没有工程勘察金奖的记录。

25年不是终点,而是新的起点。深圳市岩土工程勘察行业必须进一步加强内部建设,继续发扬艰苦创业的优良传统,坚持科学发展观,推行科技进步,坚持改革、创新。保持企业的持续、稳定发展,适应加入WTO后的市场新形势。

昔日"深勘""工勘"共用的办公草棚和
今日"深勘"的办公大楼

昔日"工勘"的工作现场和今日"工勘"的办公环境

昔日"长勘"的业务广告和今日"长勘"的办公环境

今日深圳地质建设工程公司大门及会议室

冶建院深圳分院今日办公环境

# 第二章

# 岩土工程勘察

# 第二章　岩土工程勘察

## 一、概论

春回大地，万物齐发，十一届三中全会之后，全国人民满怀巨大的热情，迎接经济建设高潮的到来。党中央关于建立经济特区的决定像一颗神奇的种子播种在深圳这片土地上。今天，这颗神奇的种子使深圳变成了枝繁叶茂的大花园。

### （一）深圳岩土工程勘察发展历程

25年前，展示在人们眼前的深圳仅仅是一个小渔村，火车站东西广场，除了五层的华侨大厦外，只有几幢低矮建筑。建设路是一条窄窄的小路，路东是一片开阔的农田和菜地，是罗湖村的属地。向北到了深圳旅店才有了破旧低矮的房屋。铁路西侧的和平路，靠近铁路一侧是串珠状水塘，一直延伸到解放路。短短的东西向解放路和南北向人民路十字交叉形成了所谓的老街。蔡屋围是解放路的西端。再往西除了零星的自然村外，满眼只有长满杂草的小丘和荒芜的田地。人口超过1000人的大村只有上步、岗厦、福田、皇岗、梅林等。通心岭、园岭、白沙岭、八卦岭都是小山丘的名字。在东门路以东、湖贝路以南的大片菜地里长满了空心菜。黄贝岭以南的大片菜地名为牛屎湖。通往蛇口惟一的福华路只是一条弯弯曲曲只有双向单车道的乡间小路。当时蛇口除了蛇口人民公社的渔业大队及数个小村庄外，只有招商局的几栋平房。南头镇虽然是1953年前宝安县政府所在地，也只有一条小街。见图"经济特区成立之前之宝安县城（1953～1978年）"就可对25年前的罗湖、福田的情形有所认识。至于远郊各村镇，是历史形成的自然村落，稍大一点的作公社所在地，没有上规模的工商业。

当时的深圳人口主要是农业人口，从事农业、渔业、养殖业。境内交通不便，人们出行主要是步行或骑自行车。如果到稍远一点的地方，比如到平湖，只有到东门汽车站去坐车。

1979年12月27日，深圳火车站走出了刚下火车的三名中年男子，他们是冶金部长沙勘察公司孟金铭带领的先遣小组，应深圳市罗昌仁副市长的邀请来深圳考察的，为长沙勘察公司进入深圳开展工程勘察业务做前期准备。

1981年长沙勘察公司与深圳市建委和国内部分设计院（所）组成了深圳市勘察设计联合公司，开展工程勘察业务。此后，在勘察设计联合公司勘察经理部基础上成立了"深圳市勘察测量公司"（简称深勘），他们在通心岭上搭建茅棚，挖水井，建基地，惟一的一幢活动板房是办公场所。1983年基建工程兵912团进驻深圳，集体转业成立"深圳市工程地质勘察公司"（简称工勘）。同勘察测量公司同为市属单位（1994年深圳市勘察测量公司和工程地质勘察公司分别更名为深圳市勘察测绘院和深圳市勘察研究院，2003年改制为勘察测绘院有限公司和勘察研究院有限公司）。1987年"深勘"和

1978年前的宝安县城

"工勘"均由建设部定为全国工程勘察甲级单位。

1984年冶金长沙勘察公司成立了深圳经理部（简称长勘），1993年更名为中国有色金属工业长沙勘察设计研究院深圳分院。1998年更名为中国有色冶金长沙勘察设计研究院深圳院。2001年改制成立深圳市长勘勘察设计有限公司。

深圳市地质局成立于1981年10月，其前身是广东省深圳水文工程地质公司，属广东省地质矿产局领导。1985年其主体改建为深圳地质勘探开发公司，2000年1月更名为深圳市地质建设工程公司。

深勘、工勘、长勘、地质建设公司及以后成立的深圳市大升高科技工程有限公司，深圳市协鹏工程勘察有限公司、深圳龙岗地质技术开发公司（后更名为深圳市岩土综合勘察设计有限公司）、蛇口华力工程公司、南华建材勘探公司等，是随着深圳的开发、发展和繁荣同步发展和壮大的。与此同时，国内部分工程勘察单位相继在深圳设立分公司（分院），如建设部综合勘察院深圳分院、中建西南勘察院深圳分院、中南勘察院深圳分院等，也积极参与深圳的建设，为深圳的发展繁荣作出了贡献。

深圳的山是绿的，水是清的，大地如同一张白纸。工程建设者们将在其上浓彩重抹，绘出绚丽的图画。在深圳建立经济特区的地域优势是非常明显的。它毗邻香港，祖宗同脉，一水之隔，山水相连。跨越罗湖桥，方便快捷，商机无限。在深圳建厂房开工厂、投资房地产是香港资金的首选项目。

工程勘察是工程建设不可缺少的一个重要内容。1980年，大面积开发首先在罗湖区的中心地带展开，大量的商住楼和办公楼相继立项、批地、开工建设。罗湖大厦是首先进行工程勘察的高层建筑。随之的国贸大厦、金城大厦、湖心花园、海丰苑、振华大厦、友谊大厦、德兴大厦、翠竹楼相继进行勘察。1982年，上步的高层建筑：电子大厦、统建办公楼、统建商住楼、红岭大厦也前后进行了工程勘察。随着时间的推移，罗湖、上步、南头、蛇口的高层建筑勘察不胜枚举。地标建筑如国贸大厦、鸿昌大厦、联合广场、加福大厦、地王大厦、赛格广场、招商大厦，也陆续开工建设。这些至今为人们称颂的建筑，每一幢都有工程勘察人员的智慧和汗水。

在高层建筑大量开工的同时，通心岭、园岭、南园、滨河、下步庙、鹿丹村等大面积的住宅小区开始开发建设，使参加深圳建设的全国各地的移民，有了自己舒适的住房。

工业区的建设从建特区开始就是勘察工作的一个重要内容。上步、八卦岭、水贝、蛇口等工业区及笋岗仓库区几乎同时开工。大片的标准厂房整齐划一，建成后非常漂亮和壮观。

凡是在勘察过后不久的场地上，必然是塔吊屹立，机器轰鸣，一派轰轰烈烈使人热血沸腾的场面。过不了多久，一幢幢巍峨的大楼、一栋栋漂亮的厂房，一排排整齐的住宅，就会展现在人们的面前。效率之高，速度之快，为世人所称颂。国贸三天一层楼的建设速度国人耳熟能详。深圳第一个商品住宅小区——湖滨新村在1980年进行勘察，到1981年初已经售楼入住了。

20世纪80年代后期至今，深圳大规模的交通改造和建设一直是主要工程项目之一。深南大道、北环大道、滨海大道、广深高速、梅观高速、机荷高速、盐坝高速、水官高速、清平高速相继建成通车，使深圳的道路网四通八达。七十余座互通式立交桥就是网上结点。而在此之前，勘察人员在山坡上钻探，在水塘中钻探，在大海上钻探，在烈日下，在风雨中，为道路建设探明地下情况。他们的工作使道路更平更顺畅。

深圳机场1985年开始筹建，最早选择的场址是在白石洲附近的后海，当时进行了可行性研究的工程勘察工作。后综合考虑空域条件、噪声及后期发展等因素，选择了黄田场址（后改称深圳宝安机场）。深圳宝安机场是在海边滩涂区及海上填石、填土修筑的，跑道、联络道、候机楼对工程勘察的技术要求很高，工作量很大。工程勘察单位克服了场地条件的困难，查明了复杂的地质条件，为机场建设提供了合格的勘察资料。

25年来，深圳工程勘察人员用自己的双脚丈量这片土地，用双手抚摸这片土地，用眼光欣赏这片土地，用大脑研究这片土地，用汗水浇灌这片土地。他们在荒野一片、蚊虫肆虐的环境中生存，经受了1983年9月9日的12级台风正面吹袭的考验，在烈日下劳作，在风雨中拼搏。他们一路风雨、一路凯歌，创造了今天的辉煌。

25年来，深圳工程勘察从业人员从几十人到几百人，到现在的2000多人，勘察单位从一家发展到数家，到现在的20多家。他们分分合合，竞争与合作共存，发展与壮大同步。由国家事业单位转变成国营企业单位，又改制成股份制企业。从计划经济到市场经济，思想观念发生了刻骨铭心的变化，经历了改革开放的全过程。

25年来，随着工程建设的发展，勘察单位由单一的工程地质勘察作业，逐渐发展成为岩土工程勘察、地基处理设计与施工、基坑支护设计与施工、地质灾害评估与治理、环境地质、检验与监测等领域有足够实力的企业，业务范围已由深圳扩展到广州、东莞、中山等珠江三角洲的广大地区。他们编制规范、撰写学术论文，不断取得技术进步。已经形成了勘察单位在"岩土工程"这一行业中占主导地位的格局。

25年来，深圳市的建设吸引了全中国以至全世界的目光。深圳工程勘察行业同样受到全国同行的重视。1986年，香港地质学会在李作明会长的带领下与深圳地质学会一起考察了深圳地质。1988年中国勘察设计协会思想政治工作研讨会在深圳成立，1993年3月"软土地区土工和抗震国际会议"在深圳召开。2001年"深圳地区岩土工程的理论与实践研讨会"在金沙湾酒店召开。2002年"全国工程勘察总工程师论坛"在西丽湖召开。

## （二）深圳地质概况

### 1. 地貌

深圳呈东西宽南北窄的狭长形，地势总的是东北高、西南低。区内地貌类型可分为低山、丘陵、台地、阶地和平原五类。其中以丘陵分布最广，其次为平原和台地，再次为低山和阶地。依据地貌类型的分布和组合，可分为东部沿海山地区、西北部丘陵谷地区和西南滨海台地平原区等三个地貌区。

东部沿海山地区：呈东西向展布于田螺坑断裂以东的梧桐山——梅沙尖一带，属粤东莲花山山脉的西南段，主要为中生代火山岩和花岗岩组成的低山和丘陵地貌。

西北部丘陵谷地区：呈东西向展布于田螺坑断裂以西的北部，丘陵与谷地相间，主要由花岗岩、变质岩和沉积岩组成。谷地由南北向河流切割所形成。

西南滨海台地平原区：呈东西向展布于田螺坑断裂以西的南部沿海一带，主要地貌类型为花岗岩与变质岩组成的台地和冲积及海积平原，包括大沙河下游台地平原和深圳河下游台地平原两个地貌小区，其间分布着若干低丘。台地分四级，以第一级和第二级较发育，一级台地高程5～15m，二级台地高程20～25m，台面平缓，小于6°。

### 2. 地层

深圳地层发育有震旦系、泥盆系、石炭系、侏罗系、白垩系、第三系和第四系。

震旦系地层分布于深圳水库以西，受复变质作用，主要岩层有：下部为混合质细粒黑云母斜长片麻岩、混合质黑云母斜长变粒岩夹变质含砾石英砂岩。中部为混合质黑云母变粒岩、混合质石英云母片岩、混合质黑云母片岩夹石英岩。上部为混合质变粒岩、变质中细粒石英砂岩、局部为混合质变质砂岩。

泥盆系地层分布于大鹏半岛核电站及盐田坳附近。组成岩石经断裂动热变质作用形成了石英云母片岩、云母石英片岩夹片状石英砂岩、角岩、粉砂岩，局部见钙质粉砂岩。

石炭系地层分布于横岗与田螺坑断裂之间，含石磴子组和测水组。石磴子组由结晶灰岩、白云质灰岩夹砂岩、大理岩组成。测水组按岩石组合自下而上可划分为两段：第一段下部为云母石英岩、石英云母片岩及含砾石英砂岩，上部为中—厚层状粉砂质板岩及变质泥质粉砂岩、泥岩、炭质页岩（测水煤系）。第二段底部以砾岩或含砾砂岩与第一段分界，下部以变质石英砂岩为主，夹砾岩，上部为板岩和长石石英砂岩。

侏罗系地层分中上两统。中统塘厦群分布在铜鼓钮至沙湾一带，按岩石组合自下而上可分为三段：第一段底部为含砾砂岩或砾岩，其上以中、厚层状细粒、中细粒长石石英砂岩、石英砂岩为主，夹泥质粉砂岩和粉砂质泥岩。第二段以薄—中厚层状细粒、中细粒长石石英砂岩、粉砂质泥岩和泥质粉砂岩为主，夹流纹质凝灰岩及多层含砾砂岩和复成分砂岩。第三段以厚层状细粒、中细粒石英砂岩及粉砂质泥岩为主，夹泥质粉砂岩、复成分砾岩和流纹质凝灰岩等。上统高基坪群分布于梧桐山一带，由一套陆相火山碎屑岩和熔岩组成。按喷发旋回自下而上分为两段：第一段主要为含角砾或异源集块的流纹质凝灰岩，夹少量流纹岩。第二段主要为深灰至灰白色流纹质凝灰岩、流纹质凝灰熔岩夹流纹岩。

白垩系地层仅是上统南雄群，仅分布于崖鹰山，由花岗质砾岩和花岗含砾砂岩组成。

第三系下统丹霞群主要分布在坪山、坑梓和秤头角，由砾岩夹含砾石英砂岩组成。

深圳地区的侵入岩相当发育，在全市范围内广有分布，生成时期为加里东期和燕山期，主要有细粒花岗岩、细粒斑状花岗岩、中粗粒黑云母花岗岩、细粒斑状黑云母二长花岗岩、混合花岗岩。

第四系地层根据地层、岩性及 $C^{14}$ 同位素年龄值对比划分为更新统和全新统。

(1) 中更新统，主要为残积层，分布在中部及西部残丘、台地。花岗岩残积层为含石英颗粒的砾质黏性土、砂质黏性土和极少含石英颗粒的黏性土。其他岩石的残积土多为粉质黏土。

(2) 晚更新统冲洪积相主要分布在冲积阶地、沟谷地段和全新统下部，由卵石（漂石）、砂、黏性土组成。湖沼相主要分布在台地凹部和古冲沟，由含泥炭黏性土和淤泥质土组成。同位素年龄值 $(18750 \pm 550) \sim (32610 \pm 120)$ 年。

(3) 全新统冲洪积相主要分布在区内各河流两侧的冲积平原。由卵石、砂、黏性土组成。局部夹含淤泥质黏性土。同位素年龄值 $(640 \pm 70) \sim (2150 \pm 90)$ 年。海陆交互相地层主要分布在泻湖、平原及冲积、海积平原的交界地段，由砂、黏性土及淤泥质土组成。海相地层主要分布在古砂堤、海滩、干出滩、近海，由砂（古砂堤）、淤泥及淤泥质土组成。同位素年龄值 $(480 \pm 50) \sim (7080 \pm 100)$ 年。

此外，由于大面积挖填形成的人工填土在深圳是很普遍的，由机械堆填方法施工，大量的建筑场地多有分布，主要由黏性土、砂、碎石、块石组成。在填海工程中，水力吹填是常用的施工方法。

### 3. 地质构造

深圳地区处在广东省主要构造——高要至惠来东西向断裂带南侧，北东向莲花山断裂的南西段。五华至深圳断裂斜贯全区，是区内的主要构造。本区断裂常成组、成带产出，可分为北东向、北西向和东西向三组。北东向断裂规模较大，深圳断裂是区内最宏大的主干断裂，走向北60°东，由深圳断裂束及其两侧的安托山至赤湾断裂束和盐田断裂束组成。深圳断裂束由企岭吓至九尾岭断裂组、横岗至罗湖断裂和石井岭至田螺坑断裂三条大致平行的北东向断裂组成。断裂具明显的碎裂特征。深圳断裂束的轴心是横岗至罗湖断裂，该断裂西南段通过罗湖区中心。北西向断裂的发育程度仅次于北东向断裂，走向北30°~60°西。自西向东有蛇口、杨柳岗、沙湾、太和圩及大鹏断裂束。北西向断裂对本区的沟谷、溪流及泉群有明显的控制作用。北西向断裂形成较晚，切割了北东向及东西向断裂组。区内东西向断裂不甚发育，主要见于晚侏罗世火山岩和燕山期花岗岩类分布区。由于受其他断裂的切割，断裂显示断续产出特征。

深圳地区的三组断裂，均为压扭性断裂，加之随断裂产生的次级构造，对岩体的挤压破碎和裂隙发育有明显的控制作用。

深圳地区属东南沿海地震带的外带，在历史上未发生过破坏性地震。在1567~1770年间有六次有感地震的记录，1970~1986年，广东地震台和深圳地震台记录有23次微震。绝大多数震级小于2级。

1985~1988年，由原地质矿产部水文地质、工程地质司主持，广东省地质矿产局牵头，深圳市地质局、中国地质科学院城市与工程场地稳定性研究中心、中国地质科学院地质力学研究所、地矿部水文地质工程地质方法研究队、成都地质学院、广东省地矿局所属区域地质调查大队、水文地质工程地质二大队、地球物理探矿大队、地质科研所等单位参加编制了"深圳市区域稳定性评价",于1991年正式出版。在"深圳市区域稳定性评价"一书中,对区域稳定性评价有以下内容:

(1) 深圳市位于莲花山断裂带的北西支的南西段、粤东沿海的西部,在区域上处于构造现今活动较弱的部位。

(2) 虽有北东向的深圳断裂束斜贯全区,但其现今活动性较弱;区内东西向断裂不发育,不具备与北东向断裂复合而发生 $M_S > 5$ 级地震的构造背景。

### (三) 深圳主要工程地质问题

地质体的多样性、不均质、各向异性是它明显区别于其他材料的特点。深圳地区复杂的地质条件,给工程勘察带来了许多地域性的问题,需要业内逐渐了解它、熟悉它。25年来的勘察历程直至今后的实践,其主要目的依然是研究、查明以下问题:

#### 1. 断裂与挤压破碎带问题

深圳建市初期,主要开发在罗湖中心区,深圳断裂的西南段正好通过该区。从长安大厦向西直至深圳旅店有数十条挤压破碎带向西南延伸。勘察发现,长安大厦、鸿昌大厦、远东大酒店、金城大厦、国贸大厦、友谊大厦、德兴大厦等多栋高层建筑场地都有数条挤压破碎带通过。挤压作用使岩石破碎呈碎裂状、碎块状、糜棱状和泥状,并造成周边岩石裂隙发育,使岩石的强度和承载能力降低。此外断裂的活动性如何,破碎带的强度如何确定,对场地稳定有何影响,是摆在勘察人员面前亟待解决的问题。专家和政府有关部门对这一问题非常重视,就深圳断裂的抗震稳定性问题经过许多专家的认真论证分析,认为罗湖中心区的"深圳断裂"从抗震角度看整体是稳定的,可以不考虑其活动、错动的影响。对于区内的其他断裂亦持同样的看法,这给以后的持续开发解除了疑虑。25年的工程实践证明,这种判断是正确的,深圳断裂不属于发震断裂。

作为地基不均匀问题,断裂所形成的挤压破碎带是需要认真对待的,它破坏了岩石的完整性,降低了强度,加大了地基的不均匀性,不仅给基础(桩基)设计增加了难度,基础施工也将遇到很多麻烦。要把挤压破碎带的走向、倾向、倾角、厚度、带中物质及其强度搞清楚不是一件容易的事。工程勘察人员在实践中认真地研究已有资料,详细观察野外钻探岩样,以区域构造为框架,分析构造体系,把所遇挤压破碎带与区域构造联系起来。在判断挤压破碎带性质、状态等方面,总结了不少的经验,对挤压破碎带的认识逐渐清晰起来。行业内同意挤压破碎带(未胶结)的强度与强风化岩相当,从而有了解决挤压破碎带工程问题的思路和办法。

断裂及其次级构造是制约自然边坡坡度和人工边坡稳定性的重要因素。倾向顺坡且倾角小于坡角的结构面(断裂面、层面、节理裂隙面)及裂隙中水,都会造成斜坡的整体不稳定或楔块的不稳定。因此,对斜坡工程来讲,弄清岩体的空间构造形态对稳定的重要程度要比岩石强度大得多。

#### 2. 强风化岩的桩端承载力问题

在《工业与民用建筑地基基础设计规范》(TJ7-74)和《工业与民用建筑灌注桩基础设计与施工规程》(JGJ4-80)中,都没有对这一课题作出确切的规定,说明当时的实践经验和工程范例非常缺乏,是深圳的地质条件促使建筑工程界作出了这一选择。金城大厦的工程实践开创了这一选择的先河。

金城大厦为六幢26层的商品住宅建筑群,1981年进场勘察。场地地层复杂,有七条挤压破碎带通过。破碎带倾角约70°,视厚度很大,局部钻穿到较完整岩石超过50m。当时一些施工的高层建筑均采用以微风化岩为桩端持力层,直径1m的冲孔灌注桩。如果金城大厦也采用这种桩型,必将增加投资和延长施工时间。经过详细的施工方案比较,决定采用香港当时流行的人工挖孔桩基础,以强风化岩为桩端持力层,此时的桩长在13~27m左右。由于当时国内对强风化岩的原位载荷试验不多，可引用的数据极少，因此决定进行三处现场大直径挖孔桩底、深度为19.5～21.2m的强风化岩载荷试验。三处试验点下的岩层裂隙极其发育，裂隙间充填泥状物质，压板面积为0.1225～0.1250m²。试验结果表明，当压力达2400kPa时，沉降值为1.8～5.2mm，其变形模量为117～409MPa。该试验有力的支持了强风化岩作为桩端持力层的选择，对这一选择出具了可靠的技术保证。较高的承载能力是人们事先没有想到的。这一成果编入了《深圳地区建筑地基基础设计试行规程》(SJG1-88)中，继而引编至其他规范中。

在花岗岩地区，如福田、大沙河下游和南头的某些地段，岩石风化剧烈，自地面下30～40m才遇强风化岩，而较硬的中等风化、微风化岩顶面深达50～60m甚至100m。这样的地层条件建高层建筑，如果将桩端放在硬岩石上，其资金投入和施工难度将是非常大的。有了金城大厦的经验后，不少高层建筑的桩端持力层选择强风化层，至今这一选择仍在继续。

### 3. 花岗岩残积土问题

深圳地区大面积分布花岗岩（广义）。特区内宝安路以西北环路以南及西丽镇均为花岗岩分布区。

建市初期，勘察行业对花岗岩残积土的认识是不完全的。野外观察花岗岩残积土呈灰白、肉红、褐黄等杂色，矿物中的长石、云母已风化成粘土，坚硬的石英基本以原有的状态保留在黏土中，形成了黏土含砂、含砾的外观。砂砾含量极高，达50%以上，且粒组不均匀、级配不良、缺少中间颗粒是花岗岩残积土的特点。进行常规土工试验，得出其含水量高、孔隙比大、压缩模量小，属于高压缩性土的结果。但是，花岗岩残积土的工程特性并非如此。1982年，勘察大师黄志仑开始对花岗岩残积土进行系统的研究。采用各种技术手段如野外载荷试验、旁压试验、标准贯入试验、静力触探试验、室内三轴试验和直剪试验以及物理性试验，分别对残积土的物理性和力学性进行相关分析，给出了花岗岩残积土以含砾量定名及天然含水量的计算公式；以标准贯入锤击数来确定变形模量及$E_0=2.2N$的简单、适用公式，以及承载力经验值等诸多的定量办法。得出了花岗岩残积土工程特性良好、承载力高的结论，使花岗岩残积土作为高层建筑天然地基成为现实（上海宾馆、长城大厦等）。这些成果编入了《深圳地区地基基础设计试行规程》(SJG1-88)，部分内容后来又纳入国家和行业规范。以修正后的标准贯入锤击数大于50击作为花岗岩强风化的界限也是那时提出来的。在以后的勘察项目中，对花岗岩残积土的判断基本上是遵循了上述标准的。这一套办法和经验对全国在这一特殊性土的认识和判断上有重要贡献。

花岗岩残积土（全风化岩、强风化岩）中，往往存在有未风化的花岗岩球体，俗称风化球。这一现象在花岗岩分布区非常普遍，给基础选型和施工带来很多麻烦。虽然在实践中不断摸索解决这一难题的办法，但是至今尚无理想的措施，仍需勘察与设计、施工一起，加深这方面的探讨。对勘察来讲，详细查明球体的分布是解决问题的第一步。

### 4. 软土问题

《岩土工程勘察规范》(GB50021-2001)中软土的定义是：天然孔隙比大于1.0，且天然含水量大于液限的细粒土应判定为软土，包括淤泥、淤泥质土、泥炭、泥炭质土等。一般来讲，淤泥及淤泥质土是在静水或缓慢流水的环境中沉积的。

淤泥、淤泥质土、泥炭和泥炭质土在深圳地区均有分布。泥炭和泥炭质土多呈零星分布，有时以团块状存在于其他土层中，比较典型的泥炭沉积在鹅地山塘一带。淤泥和淤泥质土是深圳工程建设研究的重点。

深圳地区的淤泥和淤泥质土多分布在西部沿海地区和伶仃洋东岸，如深圳河口、后海、前海、西乡、福永、沙井、面积约60km²，一般厚度3～10m，最大厚度20m以上。海滩地貌的淤泥多现于地表，上部含水量可高达100%以上，基本呈流动状态。在海水浸没地段顶部尚存絮状浮泥。埋藏于海积平原的海陆交互相沉积的淤泥质土，含水量一般在40%～60%，呈流塑状态。淤泥和淤泥质土多属于欠固结土，固结变形量多达20%～31%，具易流动、低强度、大变形、固结慢的特性。

自福田保税区开建以来，就展开了对大面积淤泥和淤泥质土的勘察和研究。继而深圳机场、妈湾港、滨海大道、高科技园南区、西部通道、前海和宝安的填海造地都是在大面积软土上进行工程建设，这就突显出对软土研究的迫切和重要。

勘察工作的难度在于水上钻探和如何保持土样的原始状态。需要获得的重要工程参数是：软土在地下的展布情况、天然含水量、抗剪强度、固结系数等。

通过大量的工程实践，勘察行业已掌握了一整套成功的水上钻探工艺，运用先进的工具，采取了数量不菲的土样作了大量的试验，用数理统计的方法得出了软土的各项指标的经验数据。现在可以说，软土勘察已经不是一件使人头痛的事情了。

从上述可看出，深圳地区地层条件是相当复杂的，真可谓"软硬兼施"，软者有含水率大于100%的淤泥，硬者有单轴抗压强度大于60MPa的花岗岩。深圳地区的勘察工作者在25年的工程实践中摸索了一套对付它们的办法和经验。

### 5. 岩溶问题

岩溶是一种地质现象和地质作用，是可溶岩——碳酸盐岩石在水的作用下产生各种现象的总称，它包括地表的溶沟、溶槽、石芽、落水洞、地下的溶洞以及上覆土层中伴生存在的土洞。岩溶化的岩体有良好的地下水通道，地下水非常丰富。龙岗中心区及其附近村镇是碳酸盐岩石分布的地区。

自龙岗区大规模开发建设开始，岩溶地质就一直困扰着工程建设的各个环节。钻探中发现龙岗岩溶区的土洞和溶洞的见洞率是比较高的，这一现象给建筑物基础选型和施工造成极大的麻烦。有不少工程实例因为岩溶问题不得不多次修改设计、改变施工方法，甚至减少建筑物高度。岩溶上覆土层中的土洞亦是工程建设中的隐患，地下水位的变动和上覆压力的增加都会造成土洞塌陷。西坑塌陷就是典型的例子。也有搅拌桩施工完后，桩体自动下落而证明土洞存在的现象。

如何尽量查明岩溶的埋藏情况是勘察工作的重中之重。除了运用先进的物探手段外，增加钻孔密度是最有效的办法。岩溶地质是母体，钻孔资料是子样，从统计学的角度看，只有子样足够多，才能反映母体的全貌。

对岩溶地区进行大面积的普查工作，判断岩溶发育的程度，据此划分岩溶发育区、较发育区、不发育区对指导工程建设的前期规划是非常有意义的。龙岗区在这方面已经做了大量的工作。

### 6. 深厚填土问题

自深圳建市起，挖填整平施工就没有停止过。随着用地量的急剧增加，大面积的挖填整平造地已呈遍地开花之势。按照科学的办法，填方区要进行地形测量，填料应该有所选择，密实程度应该有所控制，施工应该规范而有序。但是事实是除填海区和部分道路是有序施工外，大量的是无序填土，这给填土性质的判断造成很多不定因素。堆填时间、填料成分、是否压实，都是决定填土工程性质的关键。老地形图所反映的原始地形地貌也是判断填土厚度变化的重要资料。

深圳是个微地貌发育的地区，一个面积不大的场地就极有可能一边是挖方，一边是填方，道路路基更是如此。有些地方的填土超过30m。崩岗（暴流）地貌更造成填土厚度的巨变。对填土的勘察不仅需要查清填土的范围、深度、填料是何种物质，判断是否完成自重固结，还要根据填土的各种条件提出地基和基础选型的建议。当填土的状况成为建（构）筑物的规划、投资、安全的决定性因素时，填土勘察要做到比常规地质勘察更细致、更具科学性。在这方面勘察业内做了大量的工作，积累了不少经验，但因每一块填土的性质随时间、填料、施工工序不同而有较大差异，规律性的东西很难掌握，所以对填土的勘察、对填土性质的判断尚需不断的深化、改进和加强。

### 7. 基坑支护问题

建市初期，很多建筑物并未设地下室，基坑开挖和支护没有形成普遍的工程现象。从20世纪90年代起，由于建筑功能和人防的需要，大量的高层建筑开始设计地下室，基坑开挖和支护形成了普遍的一道设计、施工环节。地铁（站）的修建，更把基坑开挖和支护推向了高潮，对工程勘察提出了新的要求。现在的基坑深度一般在10~15m，深者已超过25m。规范规定：深度超过5m已算深基坑了。深基坑的勘察除了对基坑周边一定深度内的土性和地下水进行判定外，尚需对周边环境如道路、管线、相邻建筑物的基础类型和埋深等有比较详细的了解和说明，甚至要对不同工况的条件变化对基坑安全的影响作出预测。

1996年，深圳市标准《深圳地区建筑深基坑支护技术规范》(SJG05-96)颁布施行，这是全国第一部关于基坑支护的地方性规范。规范规定了基坑支护勘察、基坑设计、施工、监测各方面的技术要求和力学计算方法。这一规范改变了深圳基坑开挖和支护无序的现状，使基坑开挖和支护的技术行为有章可循，有着重要的现实意义。在此之前，基坑开挖和支护的理论和实践都在探索阶段，设计不规范，施工亦有盲目之嫌，事故多发。有了规范之后，随着规范的执行、技术的逐渐成熟和不断的积累经验，基坑的安全事故大大减少了。

### 8. 地质灾害和环境保护问题

环境岩土工程目前所涉及到的问题有两大类，其一是由自然灾害引起的，如地震灾害、洪水等，其二是人类的生活、生产和工程活动引起的环境破坏，如城市有害废弃物对环境的危害，水土流失，滑坡、崩塌、泥石流、开山采石对大地绿色植被的破坏和对人类生命财产造成的威胁。工程建设如打桩、强夯、基坑开挖对周边环境的影响，过量抽汲地下水引起的地面沉降等。

自然边坡的稳定和人工边坡安全角度的确定，为挡土结构设计提供参数，从有勘察行业起，就是其服务的一项重要内容。滑坡、崩塌、泥石流等现象早期称之为不良(物理)地质现象(作用)，而现在称之为地质灾害。

进入21世纪，对地质灾害的治理和对环境的保护，成了工程勘察及岩土工程的热门话题。治理和保护是不可分的。

深圳是个多山地区，工程建设又出现大量人工边坡，大雨和台风对边坡的稳定是个严重的考验。深圳边坡失稳较早的实例是1987年深圳布心路某厂区在削坡整平场地时，发生较大面积的滑坡。该滑坡在第一次治理后仍未保证其稳定，发生第二次滑坡，最后用抗滑桩解决了这一问题。随后有松泉山庄滑坡及上述厂的后山滑坡。施工过程中的边坡失稳多为地质条件不明、坡度设计不合理所致。已建成的边坡失稳多为雨后，多为支护结构设计不合理、排水措施不足造成的。25年来关于边坡(滑坡)的勘察和治理一直是业内的一项重要工作。

边坡稳定（不稳定）的地质因素很多，如土质岩性及其强度、节理裂隙的发育程度、构造面的方向、倾角、地下水的作用、地表形态和植被等。勘察工作除要详细查明上述因素外，选择合适的边坡稳定性分析的理论模型也是非常重要的。深圳勘察业内在这方面已经掌握了先进的勘察手段和设计软件，积累了丰富的实践经验。现在深圳市国土与房产管理局正组织有关单位进行深圳市地质灾害调查及编制地质灾害防治规划，由深圳市勘察测绘院有限公司、深圳市勘察研究院有限公司和深圳市地质建设工程公司三家正联合着手进行地质灾害调查及编图工作。

工程勘察行业不仅直接为灾害治理服务，对环境保护的项目也起到了重要作用。2005年，在市政府的直接领导下，深圳市勘察测绘院有限公司与市地质学会一起，组织力量，扎实工作，编制了翔实而有说服力的资料，成功申报了"七娘山国家地质公园"，使深圳的文化内涵增加了又一丰富的内容，为东部的开发和环境保护建造了一个高质量的平台。

25年来，工程勘察人员在深圳这片朝气蓬勃的土地上拓荒、耕耘，为深圳市的工程建设立下了鲜为人知的功勋，工程勘察乃大厦的基石。深圳的工程建设日新月异，地铁、轻轨、泛珠江三角洲交通网，越建越高的大厦都需要勘察人员去奠基，摆在工程勘察人员面前的事业仍然是艰巨的、挑战性的。这个行业是不可或缺的。让我们继续为深圳的建设贡献智慧和力量吧！

## 二、典型项目

### （一）国家级优秀工程勘察项目

**1. 深圳市赛格广场岩土工程勘察**

工程名称：深圳市赛格广场

建造地点：深圳市华强路与深南路交汇处

工程规模：地上72层、地下4层，高358m

勘察单位：深圳市勘察研究院

勘察时间：1996年1月

获奖情况：深圳市、广东省、建设部优秀工程勘察一等奖、国家第八届优秀工程勘察金奖

**工程勘察概况及特点：**

深圳市赛格广场大厦位于全国闻名的商业旺地——华强北商业街南部的深南大道与华强北路交汇处的东北角，该广场大厦为地上72层、地下4层，高358m，集商业、公寓、办公于一体的大型建筑，其平面呈八角形，结构采用芯筒外框体系，裙房地上10层，设在主塔楼的西、南两侧，总建筑面积163470m²，采用独立的钢管混凝土及型钢组合梁框筒结构体系，是世界上钢管混凝土结构体系最高的建筑，在世界建筑中高度排名第26位。

本工程体积大，体形复杂，高度大，基坑深度大，最深可达-24.5m，建筑荷载大且各部位建筑荷载差异大，单柱荷载23000~250000kN。

建筑对沉降或不均匀沉降要求高；场地地处闹市，离周围建筑2~6m，其南侧地下室外墙距8层电子配套市场大楼为2.0m，最近处仅0.2m，施工期间必须保证该市场正常营业，对基坑支护和基础施工要求高；地质条件复杂，地基土层变化大，土层结构复杂，地表无放坡条件，必须垂直开挖，支护难度大；地下水埋深浅，建筑物抗浮、防水以及施工降水对周边的影响大。

针对工程设计特点和主要难点，合理布置勘察工作量，采用综合多样的勘察方法和手段，围绕解决深基坑支护、桩基础的设计与施工、地下室的施工等问题而展开。采用了钻探、静力触探、标准贯入试验、群孔抽水试验，地震安全性评价，室内水、土、岩样试验、综合分析计算、工程类比等。查清了场地的工程地质条件、地质构造、水文地质条件，为该工程施工图设计和深基坑支护设计提供了可靠的岩土工程勘察资料。桩基础方案建议合理可行，建议采用人工挖孔桩，桩端持力层方案选用微风化基岩，用单桩单柱，可不采用封闭式井点降水，地下连续墙与内衬墙组成复合墙，作为地下室的永久性外墙结构，同时取消建筑物边桩，地下连续墙起着分担裙楼部分荷载作用。地下室"全逆作法"施工。被投资方和设计院采纳，大大减少了挖孔桩的施工难度，缩短了部分桩长，节约了投资。

经数据分析和详细计算地下室基坑开挖深度17.5m时土层最终沉降量小于51.5mm，作出不会影响周边建筑物的正常使用的结论。建筑物在建筑和使用一年期间，经实测最大沉降15.88mm，一般为8~10mm，相邻点间沉降差最大为11.62mm，符合有关规范要求；且未对四周建筑物的正常使用造成任何影响。周边建筑物最大实测沉降量33.46mm，与计算值比较接近。

本项目采用挖孔桩节约基础投资20%，约300万元；不用封闭式井点降水，在基坑设集水井，桩孔直接排水即可，节约降水费用100余万元；地下连续墙作为围、截水结构，利用地下室内部的梁板体系作围护结构的支撑体系，综合效益共节约投资近二千万元人民币；采用地下连续墙、全逆作法施工，完全保证了距地下室边线仅0.2~2.0m的八层电子配套市场的正常营业，为业主争得了该大厦建设期4年4个月（1996.1.1~2000.5.15）的经营利润，预计近亿元，同时也为业主留住了千余户电子产品供销商，确保了全国最大的电子配套市场的地位，为赛格广场大厦留住了巨大的客源和无形资产，总体工期比正作法施工缩短工期近一年，经济效益显著，获得业主好评。

## 2. 深圳市海滨大道（海堤、道路）岩土工程勘察

工程名称：深圳市海滨大道（海堤、道路）

建造地点：滨海大道西起南油路，东与滨河路相接

工程规模：全长9.7km，宽120m

勘察单位：深圳市勘察测绘院

获奖情况：深圳市、广东省、建设部优秀工程勘察一等奖、国家第八届优秀工程勘察银奖

工程勘察概况及特点：

（1）工程概况

滨海大道西起南油路，东与滨河路相接，全长9.7km，宽120m，是深圳市南环快速干线的重要组成部分，其中中段8km处于后海湾潮间带，横切深圳湾，最远处离海岸线1.6km，软土厚度大，地层结构复杂，工程总投资超过30亿。

（2）工程地质分区与淤泥的工程性质

1) 工程地质分区

滨海大道跨越低台地、古砂堤、海湾潮间带及海积平原，工程地质条件复杂，根据地形、地貌、地层结构及工程地质条件复杂程度，将全线划分为工程地质三个大区(见场地位置及工程地质分区示意图)。

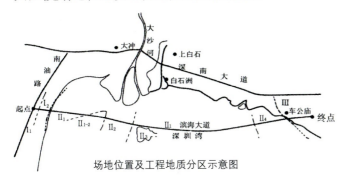

场地位置及工程地质分区示意图

Ⅰ区地貌单元为低台地及古砂堤。其中$I_1$为低台地，坡、残积土已裸露，$I_2$为古砂堤。

Ⅱ区地貌单元主要为海湾潮间带，潮差3m，淤泥层厚度一般3～12m，空间分布很不均匀，有较强的地域性。该段较长且淤泥层的工程性质同淤泥的生成环境及外界条件变化关系密切。鉴于此，将Ⅱ区进一步划分为四个亚区。在平行海岸线方向，$Ⅱ_1$及$Ⅱ_3$亚区厚度一般5～7m，$Ⅱ_4$亚区厚度一般3～4m，大沙河出海口$Ⅱ_2$亚区厚度一般9～12m，其上有1～2m的砾砂混淤泥质黏土；垂直海岸线方向由陆向海逐渐增厚之趋势。$Ⅱ_3$亚区下伏地层中有冲、洪积淤泥质土分布。

Ⅲ区主要为鱼塘，原始地貌为海积平原，有薄层的淤泥分布，埋深也较浅。

2) Ⅱ区软土的工程性质

Ⅱ区表层普遍分布之淤泥层，属滨海相浅湾沉积，淤泥层厚度一般在3～12m间变化。据放射性碳($C^{14}$)测龄资料，淤泥层沉积速度平均约300年1m。本区淤泥层黏粒的含量一般＞30%，该区淤泥为灰～灰黑色，含大量贝壳，欠固结，饱和，流塑状态。淤泥的主要物理力学性质见表2-1。

（3）地基处理方案的选择

软基处理方法较多，每种方法都有其特定的适用条件，适用于大面积软基处理的方法主要有：①土工布＋抛石(预压固结法)；②拦淤堤封闭式换填土法；③插塑料板排水堆载预压法。

方法一由于地基土强度太低，对路基是不安全的；方法二各技术指标虽能完全满足要求，但需清淤，填筑土、石方，工程造价昂贵，且大量淤泥清除后的堆放场地也是一个大问题。综合二者长处，我们提出拦淤堤封闭式堆载预压的方法。具体施工程序如下：先在道路中心两侧构筑两条适当宽度的拦淤堤及横隔堤，将淤泥封围，使其形成类似于室内试验有侧限的环境，然后根据每一小单元中淤泥层的厚度插塑料排水板堆载预压处理。拦淤堤有足够宽度及强度，足以抵抗淤泥所产生的侧向滑动，淤泥层的变形只是竖向的。

1) 拦淤堤的形式与施工方法

拦淤堤的构筑实际上是抛石体挤淤的过程，其思路与软基处理的思路有很大不同，在软基处理中，我们要

淤泥层物理力学性质情况表  表2-1

| 分区 | 常规物理力学指标 ||||||  直剪快剪抗剪强度 || 有机质 (%) | 原位测试成果 ||| 十字板剪切试验 || 渗透固结性 $C_h \times 10^{-4}$ (m/s²) |||
|---|---|---|---|---|---|---|---|---|---|---|---|---|---|---|---|---|
| | 天然含水量 $w$(%) | 天然重度 $\gamma$ (kN/m³) | 孔隙比 $e$ | 塑性指数 $I_P$ | 液性指数 $I_L$ | 压缩系数 $a_{1-2}$ (MPa⁻¹) | $c$ (kPa) | $\phi$ (°) | | 静力触探 || 厚状 $c_u$ | 扰动 $c_u'$ | 50 kPa | 100 kPa | 200 kPa |
| | | | | | | | | | | 锥头阻力 $q_c$ (kPa) | 侧壁阻力 $f_s$ (kPa) | | | | | |
| II₁ | 92 | 14.9 | 2.51 | 28.3 | 2.00 | 2.31 | 3.5 | 1.85 | 3.0 | 330 | 3.30 | 3.01 | 1.67 | 3.67 | 4.54 | 5.98 |
| II₂ | 75 | 15.8 | 2.03 | 25.6 | 1.71 | 1.79 | 5.4 | 2.80 | 3.0 | 484 | 3.60 | 3.11 | 1.69 | 4.77 | 5.27 | 7.11 |

不同淤泥厚度的排淤法一览表  表2-2

| 分区 | 淤泥层厚度（m） | 施工方法 | 接地情况 |
|---|---|---|---|
| II₄ | 3~4 | 抛石挤淤：抛填的石渣和上部大型车辆机械压力已大于淤泥的极限承载力，在淤泥中不断产生连续滑动面，堆石在淤泥两侧隆起时下沉 | 抛石挤淤沉底 |
| II₁ | 5~7 | 超高填抛石挤淤：采用超过设计的抛石面标高抛石填筑以加大挤淤的载荷，超高值一般2~3m | 挤剩淤泥层厚度控制在淤泥层厚度的10%~15% |
| II₂ | 8~12 | 爆炸排淤填石法：将炸药包布置在抛石体坡脚前的淤泥中，通过爆炸排开抛石体前端淤泥，使抛石体填补空腔，置换淤泥 | 挤剩淤泥层厚度应控制在1.5~2.0m |

尽量利用淤泥的强度，过大加荷速率是软基处理的大忌；但挤淤的过程恰好是淤泥地基不断失稳的过程，填土中滑裂面越深的失稳，则挤出的淤泥就更多更深，因此，填土的速率对挤淤填海来说却是有益的施工手段。

填筑体被整体挤入淤泥中，除与淤泥接触的面层外，填料中不混有淤泥，根据填筑体接底情况不同，可分为悬浮式，接底式及侧向约束式三种结构形式。以接底式稳定性最好，还可承受一定的内外高差，兼起挡淤作用。堤身接地情况主要由淤泥厚度及稳定计算决定。

如何使堤沉底，即同淤泥下良好的持力层相接触，通常有压载、振动、强夯、卸荷、爆破、射水置换六种挤淤沉底法。

由于线路长、淤泥层厚度大，采用何种施工方法是本工程关键的技术问题。根据淤泥的厚度，分别采用抛石挤淤、超高填抛石挤淤、爆炸排淤填石法，分区建议及实际排淤工法见表2-2。

海堤施工于1995年完工，经多种方法检测，其堤身质量、剩余淤泥质量，均符合设计要求。

2) 堤底淤泥的性质

抛石体被挤入淤泥后，通过同淤泥的混合作用，改变了堤底淤泥的性质，通过钻探取样发现淤泥的性质有了很大变化。①在垂直方向有如下规律：邻近堤底2m范围内的淤泥变化较大，以下淤泥性质改善不大；②堤底2m范围内淤泥的物质成分普遍变为砾砂混黏土，颗粒成分具两头大，中间小的规律，粗颗粒主要为抛石体的石渣，细颗粒为淤泥的原有含量，粗颗粒普遍被细颗粒包裹，按国标颗粒成分定名为砾砂，按细颗粒的可塑性定名为黏土；③土的物理力学性质大为改善，含水量为

软基处理代表性地段沉降观察成果简表

单位（mm） 表2-3

| 里程(m) | 淤泥厚度 $h$ | 理论沉降量 $s_1$ | 实测沉降量 $s_2$ | 推算最终沉降量※ $s_3$ | $s_3/h$ (%) |
|---|---|---|---|---|---|
| 0+698.5 | 5370 | 1390 | 1123 | 1190 | 22 |
| 2+100 | 7400 | 1840 | 1836 | 1928 | 26.1 |
| 3+000 | 9600 | 2200 | 2151 | 2271 | 23.7 |
| 4+100 | 5500 | 1410 | 1305 | 1397 | 25.4 |
| 5+000 | 5100 | 1490 | 1529 | 1593 | 31.2 |
| 6+000 | 7490 | 1820 | 1791 | 1884 | 25.2 |
| 6+900 | 5000 | 1490 | 1419 | 1481 | 29.6 |

※按施工期间实测值推算的最终沉降量。

13.9%～62.8%，抗剪强度平均 $c$ 为22kPa，$\phi$ 为21°。

3）淤泥超载预压的沉降分析

拦淤堤的构筑使被围淤泥形成类似于室内的侧限条件，可根据每个单元的淤泥厚度，采用合理选择插板间距和超载大小的堆载预压法。

场地除Ⅱ$_2$亚区淤泥下伏地层透水性较好，可按双面排水考虑外，其余地段地层渗透性较差，宜按单面排水考虑。

根据详勘所提供的淤泥的压缩指标及压缩曲线，计算道路的总沉降量与后来施工中实测的沉降量吻合程度较高，软基处理中进行了详细的沉降观察，按各种公式对总沉降量进行预测，推算最终沉降量占淤泥层厚度的比值在22%～31.2%，平均26.2%(表2-3)；根据报告所提的固结系数设计的塑料排水板堆载预压处理的方案，经工程中期、终期检测固结度均满足设计要求；根据本报告所提的次固结系数估算的工后沉降量成为加载土卸载的重要依据，经3年的使用证明，效果良好，滨海大道已成为深圳一道亮丽的风景线。

**3.深圳市国际贸易中心大厦工程勘察**

工程名称：深圳市国际贸易中心大厦

建造地点：深圳市人民南路罗湖商业中心

工程规模：主楼共53层，高160m

勘察单位：深圳市长勘勘察设计有限公司

勘察时间：1981年

获奖情况：1986年被中国有色金属工业总公司评为优秀勘察工程二等奖、1987年荣获国家优秀勘察银质奖

工程勘察概况及特点：

深圳市第一座超高层建筑，曾号称中国内地第一高楼，大厦位于繁华的罗湖商业区中心地段，主楼共53层，高160m，中南建筑设计院设计，1985年大厦竣工，1986年被深圳市评为全优工程。

为正确评价场地各地层土的性质，勘察单位采用了当时国内最先进的钻探设备用于钻探，并应用多种测试手段对场地内各岩土层参数进行测试，为设计提供了准确可靠的场内各岩土物理力学指标，勘察报告客观公正地评价了场地内工程地质和水文地质条件，并提出了合理的设计建议。

**（二）高层建筑工程勘察**

**1.深圳市中国银行国际金融大厦详勘**

工程名称：深圳市中国银行国际金融大厦

建造地点：深圳市罗湖区建设路

工程规模：38层，高140m

勘察单位：深圳市勘察测绘院

勘察时间：1984年9月

获奖情况：深圳市建设局优秀工程勘察一等奖、1989年度广东省建委优秀工程勘察二等奖

工程勘察概况及特点：

建筑物为38层，高140m。主、副楼均采用桩基础。单桩荷载约10000kN。场地位于深圳市罗湖区建设路，原始地貌单元为海积平原，经人工填土整平。分布地层：人

工填土、植物层，第四系海积淤泥质粉质黏土、淤泥质细砂，第四系冲积粉质黏土、黏土、粉细砂、砾砂，第四系残积粉质黏土，基岩为侏罗系硅化凝灰质细砂岩，基岩遭受较强的蚀变硅化作用，岩石坚硬、性脆。场地广泛分布构造岩，构造岩为糜棱岩和角砾岩。场地内发育5条断层破碎带，倾向北西、倾角陡立。真厚度在0.5～5.96m。

建议中指出：可采用人工挖孔灌注桩，基础持力层可选择中风化带。采用挖孔桩时应进行人工井点降水，并提出计算排水量时的渗透系数值。

### 2. 深圳市地王商业大厦场地详勘

工程名称：深圳市地王商业大厦

建造地点：深圳市深南中路、解放中路、宝安南路交汇的三角地带

工程规模：高88层，3层地下室

勘察单位：深圳市勘察测绘院

勘察时间：1993年2月～1993年8月

**工程勘察概况及特点：**

本工程场地位于深南中路、解放中路、宝安南路交汇的三角地带，拟建办公大楼由88层塔楼和综合楼（裙楼）组成，有3层地下室。整个场地原始地貌属剥蚀残丘。工程地质条件相对简单，主要分布的地层是第四纪土层和粗粒花岗岩。但因建筑物为超高层，荷重大是本工程首先考虑的问题。

根据建筑物修筑的特点，场地布设钻孔39个，总进尺1729.7m，取土样226件进行了土的物理力学性质试验，取水样2件进行了水质对混凝土侵蚀性的分析，取岩石试料7组，进行了极限抗压试验，标准贯入试验417次，地震参数测定3处，并且利用了6个钻孔资料。

根据场地岩土工程条件及建筑特点，勘察报告对该场地存在主要岩土工程问题分别进行论述，思路清晰。提出结论和建议时考虑了天然地基、沉管灌注桩、打入式预制桩、钻孔桩、冲孔桩和挖孔桩多种基础施工方式进行分析论证，各种图表齐全，计算数据可靠，结论合理。

在勘察设计、施工的全过程同设计密切配合，认真做好开挖边坡后及基础施工的检验工作。

根据现场施工情况反映，所提出地质资料与实际状况相吻合，建筑修筑后，场地整体稳定，环境优美，并成为深圳市的标志性建筑。

### 3. 深圳市长安大厦详勘

工程名称：深圳市长安大厦

建造地点：深圳市罗湖区文锦路与深南东路交汇处

工程规模：主楼18层，副楼4层

勘察单位：深圳市勘察测绘院

勘察时间：1982年2月

获奖情况：获1987年度广东省优秀工程勘察三等奖

**工程勘察概况及特点：**

主楼为高层建筑层数18层，副楼为多层建筑层数4层，对差异沉降敏感。布置钻孔49个。

场地位于深圳市罗湖区文锦路与深南东路交汇处，原始地貌单元为深圳河二级阶地。分布地层：人工填土、植物层，第四系冲积淤泥质粉质黏土、粉质黏土，第四系冲洪积黏土混砂（卵石）、淤泥质粉质黏土，第四系残积粉质黏土，基岩侏罗系变质凝灰质砂岩，基岩遭受较强的变质作用，局部挤压破碎。场地东南1km存在深圳大断裂带，场地中钻孔内揭露有一条挤压破碎带穿过。

建议中指出：上部冲洪积淤泥质粉质黏土不宜作为天然地基持力层，其下各层作为天然地基持力层时，应进行试验，下卧基岩风化带顶面起伏变化较大，对建筑物产生不均匀沉降，应对建构筑物作长期沉降观测。

### 4. 深圳市群星广场工程勘察

工程名称：深圳市群星广场

建造地点：深圳市华强路与红荔路交汇处

工程规模：主体由一幢40层写字楼及两幢32层商住楼组成，裙楼4层，局部8层。

勘察单位：深圳市勘察研究院

勘察时间：1998年8月

获奖情况：获深圳市、广东省优秀工程勘察一等奖

工程勘察概况及特点：

该工程位于深圳市黄金商业地带——华强北商业街北端，华强北路与红荔路交汇处东南端，主体由一幢40层高的写字楼及两幢32层商住楼组成，裙楼4层，局部8层，设三层地下室，建筑结构采用框架—剪力墙—核心筒结构，建筑平面为东西展布的长方形(200m×50m)。

该项目有体形复杂，属超高层建筑，建筑结构荷载大且差异大，单桩荷载10000～152500 kN；建筑物对沉降或差异沉降要求高；工程场地附近商铺林立，南侧仅7m处即为9～10层的小高层建筑群，均采用天然地基，四周不具备放坡开挖的空间。

针对上述建筑特点和难点，采用有针对性的勘察工作，采用了钻探、标准贯入试验、多孔抽水试验、地震安全性评价、孔内载荷试验、超重型动力触探试验、旁压试验、室内水土岩样试验及综合分析计算、工程类比等各种技术手段，查明了场地的工程地质条件、地质构造、水文地质条件，特别是根据场地强风化岩比较厚，中等风化、微风化岩埋藏较深的特点，有针对性地对强风化的不同深度、不同性状的地段进行孔内载荷试验和重型动力触探试验，将强风化岩自上而下分为土状、砂砾状、块状三个带，并根据不同试验的成果，综合提出了各段的桩基设计参数，突破了现行国家、地方和行业规范的局限，使40层高的写字楼采用挖孔桩，以强风化带中部（砂砾状）作持力层，满足了设计要求。建成后使用一年的沉降观测表明，最大沉降量为32 mm，一般为20～25mm，短轴方向的沉降差仅6mm，符合规范要求。

本项目的勘察充分挖掘了强风化花岗岩承载力的潜力，为业主节约了近500万元人民币的投资。

### 5. 深圳市荔都大厦详勘

工程名称：深圳市荔都大厦

工程规模：30层，高96 m

勘察单位：深圳市勘察测绘院

勘察时间：1992年1月

获奖情况：深圳市优秀工程勘察一等奖

工程勘察概况及特点：

拟建荔都大厦30层，高96 m，一层地下室。框架-剪力墙结构，最大单桩荷载26000kN。原始地貌单元为二级冲积阶地。分布地层：人工填土、植物层，第四系冲积粉质黏土、中砂、圆砾，第四系残积黏土，基岩为中侏罗系凝灰质砂岩，受后期构造影响，局部见碎裂结构，节理裂隙发育，蚀变现象普遍。钻探揭露广泛分布构造岩，岩性为糜棱岩，强度相当于强风化带。揭示场地分布7条断裂构造，产状：走向N42°E、倾向NW、倾角75°～85°。地质条件复杂。建议采用人工挖孔灌注桩，并以基岩微风化带作为桩基持力层。本工程主要问题是验桩过程中，发现桩孔中有难以挖穿的陡倾角构造糜棱岩，后经研究建议以糜棱岩与微风化岩的等代强度换算，适当增加桩径，并在桩底铺设钢筋网的措施，减少了挖桩深度，节省了造价，缩短了工期。

### 6. 深圳市贤成大厦（鸿昌广场）勘察

工程名称：深圳市贤成大厦（鸿昌广场）

建造地点：深圳市深南东路

工程规模：55层，总高度208.8m

勘察单位：深圳市勘察研究院

勘察时间：1991年

获奖情况：获深圳市优秀工程勘察二等奖、广东省优秀工程勘察三等奖

工程勘察概况及特点：

该工程高55层，总高度208.8m，主楼平面呈八角形，筒中筒结构，两层地下室，埋深约13m。共完成钻孔68个，取土样77组，岩石点荷载试验样39件，水试料6件，标准贯入试验126次/26孔，静力触探试验8孔，旁压试验4孔，群孔抽水试验2组，剪切波速测定4孔。

进行地震安全性评价。通过勘察查明了场地地质构造、地层岩性，各地层的物理力学性质，并系统地收集了场地附近的地质构造资料和邻近已建成的高层建筑岩土物理力学性质试验成果和沉降观测资料，进行工程类比分析，提供了准确的岩土设计参数。特别是根据场地北侧地质构造发育，构造岩比较软弱，作为桩基持力层要加大加长桩，增加工程造价，因此建议将主楼往南移，避开主要断裂构造。同时根据群孔抽水的成果，场地地下水水量较少，不需要采取专门的降水措施，可以在孔桩内排水即可。业主采纳了建议，节约工程造价500多万元人民币。

### 7. 深圳市世贸中心岩土工程勘察

工程名称：深圳市世贸中心

建造地点：深圳市深南西路与农林路交汇处

工程规模：高52层

勘察单位：中国建筑西南勘察设计研究院深圳分院

勘察时间：1996年11月

工程勘察概况及特点：

该工程位于深圳市深南路与农林路交汇处，52层，筒－框结构。本项工程共布置钻孔55个，进行了常规土工试验、水质分析、岩石单轴抗压试验、抽水实验和场地地震安全评价。为提高强风化、中风化岩的岩心采取率，采用了三重管取芯技术。为查清地下水的特征，现场进行了完整的抽水试验。本勘察为设计施工提供了较准确、全面、详尽的岩土工程资料，对该工程地基土进行了合理评价，对

基础选型、基坑支护和地下水处理提出了较好的建议，并被设计部门采用，保证了该项工程的顺利完成。

### 8. 深圳市中海华庭岩土工程勘察

工程名称：深圳市中海华庭

建造地点：深圳市中心区

工程规模：由2栋30层、2栋26层，1栋18层及4栋12层商住楼组成

勘察单位：由中国建筑西南勘察设计研究院深圳分院

勘察时间：1998年

获奖情况：深圳市2000年优秀工程勘察二等奖

工程勘察概况及特点：

该工程位于深圳市中心区，由2栋30层、2栋26层，1栋18层及4栋12层等商住楼组成，框架－剪力墙结构，勘察等级属一级。本项工程共布置钻孔53个，钻探2200延米，进行了波速测试等原位试验。该项勘察，目的明确，工作量布置合理，所提供资料齐全，数据准确可靠，能针对不同拟建物的基础选型及基坑支护提出合理的建议，并被设计部门采用。

### 9. 深圳东海商务中心场地岩土工程勘察

工程名称：深圳东海商务中心

建造地点：深圳市深南大道

工程规模：占地总面积约11296.80m²，高175m

勘察单位：深圳市大升高科技工程有限公司

勘察时间：2004年10月至11月

工程勘察概况及特点：

深圳东海商务中心北靠东海花园一期，东傍招商大

厦，南邻深南大道，占地总面积约11296.80m²。为超高层写字楼，建筑物等级为甲级。设计地下室三层，深度13.50m。裙房三层，建筑主体为两栋扭转45°的八角形塔楼，各36层。地面以上总高度为175m，框架剪力墙结构，单柱荷重48000kN。

本次勘察根据有关规范、规程和设计院布孔方案，共布设钻孔63个，在勘察过程中针对局部基岩顶面起伏过大，并为了准确探清岩土层中孤石的分布，经与建设单位及设计单位协商，增加了4个钻孔，合计共布设钻孔67个（总进尺3165.71m）、采取原状土样47件进行了室内常规土工试验；水样1组（2件）进行了水质简分析和侵蚀性$CO_2$分析、岩石抗压试验样36件进行了单轴饱和抗压强度试验、标准贯入试验765点次/67孔、场地地震安全性评价测试孔2个、群孔抽水试验1组（1个抽水主孔，5个专门观测孔）。

本次勘察查明了拟建场地地层结构，回填土厚度及分布，各岩土层厚度、物理力学性质及各岩土层的承载力特征值，不良工程地质现象和地质构造，对场地稳定性和适宜性作出评价，提供了场地抗震设防烈度及工程场地地震安全性评价报告，判明场地土类型及场地类别。查明了地下水埋藏条件、涌水量、渗透性及其对混凝土的腐蚀性，对基坑开挖、支护和施工降水提出必要的设计参数和方案建议。提供了桩基础所需各岩土层桩周土摩阻力、桩端承载力特征值及预应力混凝土管桩极限侧阻力、极限端阻力标准值等工程地质资料。提供最佳桩基持力层，建议经济合理的桩基类型，提出施工中应注意的问题。

## （三）深圳大面积软基加固处理勘察

### 1. 深圳市皇岗口岸软基加固工程详细勘察

工程名称：深圳市皇岗口岸软基加固工程

建造地点：深圳市皇岗口岸

工程规模：处理面积11万m²

勘察单位：深圳市勘察研究院

勘察时间：1986～1987年

获奖情况：深圳市优秀工程勘察一等奖，广东省优

皇岗口岸软基处理勘察施工现场

秀工程勘察三等奖

**工程勘察概况及特点：**

该项目是对皇岗口岸区11万m²软土地基加固处理而进行的勘察，共完成钻孔256个，取样326件，原位测试采用标准贯入试验、轻型动力触探试验、静力触探试验、载荷试验等，查明了场地的软土分布情况及其物理力学性质，为地基加固处理提供准确的岩土数据。该项目勘察期间，部分钻孔在渔塘中进行，施工条件比较困难，加上场地处于深圳河入海口附近，地质情况比较复杂，软土分布变化较大，室内土工试验项目多。通过钻探、取样试验和现场原位测试综合分析，高质量地按时完成了勘察任务，受到了业主的好评。

### 2. 深圳福田保税区地基加固处理工程勘察

工程名称：深圳福田保税区地基加固处理工程

建造地点：深圳市福田保税区

工程规模：处理面积2.7km²

勘察单位：深圳市勘察研究院

勘察时间：1989年

获奖情况：获深圳市、广东省优秀工程勘察一等奖，

深圳市政府历有为、周溪舞、李传芳等领导为福田保税区奠基剪彩

建设部优秀工程勘察三等奖

**工程勘察概况及特点：**

该工程面积2.7km²，勘察时大部分为鱼塘，软土深厚，施工难度大，并要尽量减少对鱼塘的污染。勘察分东区、西区，由深圳市勘察研究院负责。共完成钻孔555个，标准贯入试验715次、动力触探试验、双桥或三桥静力触探试验3517.8m/248孔，现场十字板剪切试验345次/36孔，轻型动力触探740.31m/51孔，重型动力触探7.60m/4孔，螺旋板载荷试验19次/2孔，旁压试验28次/6孔。采用活塞薄壁取土器取样501件，普通取土器取土245件，扰动土215件。现场群孔抽水试验2组，观测潮水位2月。室内试验进行了高压固结试验、固结流变试验、三轴不固结不排水剪切试验及固结不排水剪切试验、渗透试验、直剪试验、无侧压抗压试验等。工程项目大，所采用的勘察手段多，施工难度大是本项目的显著特点。通过勘察，查明了场地软土的分布情况及其物理力学性质，为软基加固处理设计与施工提供了充分的地质依据和参数。

### 3. 深圳机场航管楼详细勘察

工程名称：深圳宝安机场航管楼

建造地点：深圳宝安机场

工程规模：9层，高45m，建筑面积约1750m²，对差异沉降敏感

勘察单位：深圳市勘察研究院

勘察时间：1990年

获奖情况：深圳市优秀工程勘察二等奖、广东省优秀工程勘察三等奖

**工程勘察概况及特点：**

该工程勘察采用钻探、原位测试与室内土工试验相结合的方法，共完成钻孔19个，双桥静力触探孔76m/8孔，标准贯入试验239次/19孔，室内高压固结试验13组，三轴固结不排水剪切试验14组。通过勘察查明了场地的工程地质条件，确定了软土的性状及其物理力学性质，对残积土按强度划分正常带和相对软弱带，划分上下两段。给出不同深度和层位的单桩轴向承载力，绘制标准试验锤击数30击的等高线图，为合理地进行基础设计与施工提供了充分的地质依据。

## （四）立交桥勘察

### 1. 深圳市深云立交桥详勘

工程名称：深圳市深云立交桥

建造地点：深圳市北环路、深云路

工程规模：分南桥、北桥，跨越北环路、深云路

勘察单位：深圳市勘察测绘院

勘察时间：1992年12月

获奖情况：获1996年度深圳市建设局优秀工程勘察二等奖

**工程勘察概况及特点：**

该立交桥原始地貌单元为低丘、高台地，场地东部为冲洪积漫滩。地面标高在20余米至100m，高差变化较大。分布地层：人工填土、植物层，第四系冲积砾砂、淤泥，冲洪积的漂石，第四系坡积黏土，第四系残积砾质黏土，基岩燕山期花岗岩，基岩风化带顶面起伏很大，分别建议采用人工挖孔桩+岩石锚杆基础或冲孔桩基

础，路基和挡土墙采用天然地基。

**2. 深圳市雅园立交桥详勘**

工程名称：深圳市雅园立交桥

建造地点：深圳市笋岗路与文锦路交汇处

工程规模：立交桥为三层互通式大型立交桥

勘察单位：深圳市勘察测绘院

勘察时间：1992年4月

获奖情况：获1994年度深圳市建设局优秀工程勘察一等奖

工程勘察概况及特点：

该工程勘察分桥梁和挡墙二部分。场地原始地貌单元为属二级台地及台地间洼地。分布地层：人工填土，第四系冲积淤泥质黏土、黏土、砾砂，第四系坡积黏土，第四系残积黏土层，基岩燕山期花岗岩和震旦系混合岩。基岩强风化较厚且风化程度存在差异，因此将该层分为二个亚层，即强风化岩上段、强风化岩下段，并提出其分段依据和强度指标。充分挖掘了强风化岩的强度潜力，建议不以微风化岩而以强风化岩下段作为桥墩（台）的桩端持力层。挡土墙基础建议采用天然地基，局部采用换填处理后的浅基础。这两项建议都为本工程节约了投资。

**（五）市重点工程项目勘察**

**1. 深圳市五洲宾馆勘察**

工程名称：深圳市五洲宾馆

建造地点：深圳市深南大道与新洲路交汇处

工程规模：10层，每层高5m，框剪结构，一层地下室，埋深约4m

勘察单位：深圳市勘察研究院

勘察时间：1995年

获奖情况：获深圳市、广东省优秀工程勘察一等奖，中国城市勘测优秀工程一等奖

工程勘察概况及特点：

本工程场地地貌单元为斜坡，高差变化10m左右，地层主要是花岗岩残积土、全风化、强风化至微风化层，地质条件较好。但建筑物跨度大，单柱承载力要求高。该工程是为迎接香港回归的市重点项目，勘察时间短，任务重，要求高。深圳市勘察研究院仅10天就完成外业，20天提交勘察报告。勘察共完成钻孔58个，在39个钻孔中进行标准贯入试验和取土试料，进行群孔抽水试验一组，波速测试2孔。针对勘察要解决的主要问题是选择合理的基础形式和持力层。特别是采用天然地基的可行性，在勘察时，加大了原位测试的密度，室内土工试验也增加了项目，进行了三轴不固结不排水剪和固结不排水剪试验，压缩试验的垂直压力也加大到400kPa。在分析评价时，采用类比法，分析采用不同标高时可能选择的基础方案的利弊，提供合理的地基基础设计参数。并在地基开挖施工期间进行了载荷试验，验证地基承载力，完成满足设计要求。

**2. 深圳水库流域污水截排工程初步设计阶段工程地质勘察**

工程名称：深圳水库流域污水截排工程

建造地点：北起平湖镇良安田，南至深圳市区莲塘西岭下污水处理厂，全长13km

工程规模：工程包括拦污闸坝、排污输水隧洞、管道及箱涵、污水处理厂及河道整治

勘察单位：深圳市勘察测绘院

勘察时间：1999年1~5月

获奖情况：获广东省和深圳市优秀工程勘察一等奖

工程勘察概况及特点：

深圳水库是供深港两地1200多万市民生活饮水主要供水水源，近10年来随着深圳市工业高速发展，农村城市化，水库流域水污染严重，影响供水水质，为确保深港两地市民生活用水水质，深圳市政府决定兴建深圳水库流域污水截排工程。工程包括拦污闸坝、排污输水隧洞、管道及箱涵、污水处理厂及河道整治。同时还增加清水供应量，并修建一条引水隧洞注入水库。是深圳市政府为民办实事和重点投资项目之一。项目建成投产后，水库流域上游污水全部通过截排污工程流至西岭下污水处理厂。对水库水质明显改善。为深港两地市民生活质量提高办了好事和实事。

该项目具有以下特点：

①项目大，线路长。该工程涉及建（构）筑物多，勘察范围包括七个建筑物（或工程段），包括拦污闸坝、排污输水隧洞、管道及箱涵、污水处理厂及河道整治，清水引水隧洞等。并涉及多个方案比选的。其中清水引水隧洞长2360m，开挖高10.35m，宽7.7m，设计流量78.3m³/s；污水隧洞总长5380m，升挖高度5.9m，宽4.8m，设计流量25m³/s；拦污闸坝坝高约10.5m；另有5580m长污水箱涵、污水管等，线路全长约13km。

②工作区地质、工程地质和水文地质条件十分复杂。全线跨越低山、低丘及台地，沟谷等多个地貌单元；出露地层有下古生界，上泥盆统，下石炭统，侏罗系及第四系；地质构造复杂，位于深圳断裂带，北东向、北西向、东西向三大组方向断裂发育，对工程有影响的大断裂有：莲塘（田螺坑）断裂、横岗断裂、九尾岭断裂、大芬断裂、丹竹～沙湾断裂、大望断裂、伯公坳断裂七条，五十多条中等及小断裂，受构造影响节理裂隙特别发育；水文地质条件复杂，水库流域地表水水系发育，有沙湾河和梧桐山河两条河交汇，地下水受地质构造影响，构造裂隙水发育，地下水对隧洞施工影响大。

③针对工程场地地质复杂，所采用勘察方法和手段多，地表地质调查、水文地质及工程地质测绘、工程物探、钻探、原位测试（压注水试验、钻孔波速测试）及室内岩土物理力学性质测试、岩矿鉴定等。方法得当，布置合理，效果明显。

④通过工程场地地震安全性评价，对场地稳定性与适宜性作出正确评价。

⑤对于闸坝在查明坝址岩土体的地层分布及各地层的岩土工程特征的基础上，重点对坝基稳定、坝基与绕坝渗漏、坝基建基面选择等关键技术问题进行分析。通过综合分析，对上、下坝址条件进行比较，推荐选择上坝址并为设计采用。

⑥对于隧洞，针对隧洞围岩分类及进出洞口稳定等关键性技术问题，采用地质测绘、钻探、原位及室内测试等多种手段进行评价。尤其是隧洞围岩分类，在查明岩石的强度及岩体完整性的基础上，分别采用水利水电及国标的分类系统进行分类，论据充分，并为实际开挖所验证。对于隧洞的涌水量、洞身稳定及岩爆、地热等问题进行预测，内容详实，所提参数、数据准确，可靠，设计所需参数资料齐全，分析有理有据，评价切合实际，达到设计要求。

⑦对于箱涵及管道，在查明涵（管）底的岩土层分布的基础上，重点对涵（管）底基础持力层选择、基坑开挖边坡支护等问题进行评价。报告能根据不同构筑物及岩土体的特点，论述思路明确、论证充分，对于工程设计有较大帮助。

⑧对于工程比选方案，设计基本采用报告推荐方案：如选择上坝址，取消污水1号隧洞，改为沿水库西侧箱涵通过等建议，以及施工中建议和方法均在施工中得以验证是正确的。

⑨工程建成投产后，整个工程运转正常，未出现异常情况。

## 3. 深圳国际会议中心（一期工程）详细阶段岩土工程勘察

工程名称：深圳国际会议中心

建造地点：深圳市银湖旅游中心北面

工程规模：占地约10.25万m²，为40栋接待用房，楼高3层

勘察单位：深圳市勘察测绘院

工程勘察概况及特点：

本工程位于银湖旅游中心北面山麓地带，占地约10.25万m²，为40栋接待用房，楼高3层，单体建筑物占地约400m²。设计为体现环保意图，接待用房依山而建，为使单体建筑物与地形更好结合，尽量不破坏现有

地形和植被,其中23栋采用"架空"的形式。区内道路亦尽量依山修筑,但部分地段形成高路堑和高路堤。整个场地属山地边坡。工程地质条件复杂,修筑前、后的稳定性,是本工程主要岩土工程问题。

根据建筑物修筑的特点,将建筑物类型分为"架空"形式和位于切挖方后修筑的形式,对其存在岩土工程问题分别进行论述,提出了对"架空"式建筑修筑后对边坡稳定性影响的分析、计算方法,同时提出了建筑物桩(墩)基础最小埋深及承载力取值。对于位于切挖方式建筑,对其后壁边坡的稳定性和地基不均匀性进行评价。本报告所提结论与建议均被设计所采纳。

报告根据场地岩土工程条件及建筑特点,对存在主要岩土工程问题分别进行论述,思路清晰,进行论证分析时各种图表齐全,计算数据可靠,并在稳定验算时自己编制程序,利用计算机反复验算,结论合理。

在勘察设计、施工的全过程同设计密切配合,适时提供中间资料,认真做好开挖边坡后及基础施工的检验工作。

根据现场施工情况分析、对照,所提出地质资料与实际状况相吻合,经建筑修筑后,场地整体稳定,环境优美。

### 4. 深圳体育场勘察

工程名称:深圳体育场

建造地点:深圳市笔架山麓

工程规模:高约17m,二层现浇框架结构,带悬挑30m雨篷,能容纳约30000名观众

勘察单位:深圳市长勘勘察设计有限公司

勘察时间:1985年5月至7月

获奖情况:获1996年深圳市建设局优秀工程勘察一等奖

工程勘察概况及特点:

深圳体育场位于风景秀丽的笔架山麓,深圳体育中心的北部。该工程由华森建筑与工程设计顾问公司设计,高约17m,二层现浇框架结构,带悬挑30m雨篷,能容纳约30000名观众。

共布置勘探钻孔117个,勘察报告准确地查明了场地内各地层的分布情况和地下水性质,提供了合理的地层物理力学指标和基础设计建议。

### 5. 深圳市福田开发区工程地质勘察

工程名称:深圳市福田开发区工程勘察

建造地点:深圳市福田中心区

工程规模:11km$^2$

勘察单位:深圳市地质建设工程公司

勘察时间:1988年

工程勘察概况及特点:

通过地质测绘、工程钻探、综合物探(浅震、复合联剖、测井、甚低频等)、原位测试、土工试验以及岩矿、化学成分、孢粉、C$^{14}$年龄测定、岩石鉴定、水化学分析等测试手段,对测区的水文、工程地质条件、地层成因及年代、古地理气候环境等进行了较深入的研究,为福田中心区的规划建设提供了充分的依据。

### 6. 深圳市下坪垃圾填埋场勘察

工程名称:深圳市下坪垃圾填埋场

建造地点:深圳市下坪

勘察单位:深圳市地质建设工程公司

勘察时间:1992年

工程勘察概况及特点:

该项目为深圳市第一个也是最大规模的垃圾填埋处理场。通过地质测绘、物探、地质钻探、水文地质试验、原位及室内测试等手段,查明了场地的水文、工程地质及环境地质条件,为垃圾填埋场的建设提供了依据。

## 7. 深港西部通道口岸旅检大楼岩土工程勘察

工程名称：深港西部通道口岸旅检大楼

建造地点：深圳市南山区

工程规模：一线口岸旅检大楼（深方和港方部分）、占地面积 23856m²

勘察单位：深圳市大升高科技工程有限公司

勘察时间：2004年元1~2月

深港西部通道口岸旅检大楼地理位置示意图

**工程勘察概况及特点：**

深港西部通道是深港两地旅客及货物过境通道，主体工程包括深圳湾公路大桥、一线口岸、深圳侧接线三部分。口岸旅检大楼位于一线口岸区（见深港西部通道口岸旅检大楼地理位置示意图），大楼设计地面标高约3.90m，基底占地面积23856m²（84m×284m），单柱设计最大轴力20000kN，深方局部设地下室，开挖深度约为5.5m，拟采用预应力管桩基础。

本次勘察根据深港两方及设计院要求，采用多种勘察手段对拟建场地进行论证，并充分利用周边（大桥、接线）工程勘察资料进行类比、分析。工作共完成钻孔65个（总进尺3096.45m）、静力触探孔25个（总进尺204.10m）、动力触探9段（总进尺254m）、标贯896次、取土样313件（组）、岩样35组（其中中风化岩样6组、微风化岩样29组）、地下水样4组、波速测试4孔、地震安全性评价1项、抽水试验孔1个、探地雷达探测10条剖面（含1条宽角试验剖面），查明了口岸旅检大楼深方及港方部分的地形、地貌、地层岩性、地质构造、水文地质、不良地质等问题，重点查明基础深度范围及其主要持力层范围内各地层的物理力学性质、基础设计的各种强度和变形验算的参数，为基础设计提供定量的地质依据并为将来基础施工工艺的制定提供参考。

## 8. 深圳市盐坝高速公路B段详勘

工程名称：深圳市盐坝高速公路B段

建造地点：深圳市盐田区

勘察单位：深圳市大升高科技工程有限公司

勘察时间：2001年7~8月

**工程勘察概况及特点：**

深圳市盐坝高速公路B段于2003年2月建成，经过一年半的正式运行，沿线路、桥、隧各方面运行良好，经国家省部委验收，深圳市盐坝高速公路被评为"广东第一路"。

深圳市大升高科技工程有限公司接到中标通知后专门召开会议，制定勘察方案，挑选公司精英骨干力量组成项目领导班子，由对该项目各方面熟悉的公司领导班子成员任项目经理，同时积极与设计单位（中交第一公路勘察设计研究院）及勘察设计监理单位（阿特金斯顾问有限公司）联系，进一步明确勘察技术要求。考虑到沿线地质条件复杂（灰岩及花岗岩地区）及工期紧张，公司安排10台钻机进场作业，除现场地质技术人员外，公司还配备了专职质检员和安全员，确保本项目现场工作顺利进行。

本次勘察严格遵照公路有关规程规范及设计要求，按照本公司《质量管理体系文件》进行操作，对各道工序严格把关。勘察过程中特别注意对环境的保护和影响，如在公路及葵涌盆地钻探时要先探测地下管线，设置安全标志，在山坡钻探时要爱护树木等。已提交的《工程地质勘察报告》内容齐全、图文结合、结论正确，设计使用便捷。另外，本次勘察报告较突出的是，对灰岩地区溶洞的发育规律论述清晰，如对溶洞的位置、大小、充填情况、水平发育规律和垂直发育规律有详细的描述和分析，为设计和施工提出了指导性意见，有较大的经济和社会价值。

# 第三章

## 岩土工程设计与治理

# 第三章　岩土工程设计与治理

**一、概论**

深圳市经过25年的建设,已由一个贫穷落后的小渔村,发展成为国际知名的现代化大都市,大量高层建筑、市政道路星罗棋布,由于城市建设用地的限制,建(构)筑物发展模式由平面向地下或空间发展,填海造陆、开山筑路已成为一大趋势,下面分述岩土工程设计与治理中地基处理、基坑及边坡支护25年来在深圳的发展历程。

**(一)地基处理技术的发展历程**

因深圳地区具有东南、东北地势高,西南、西北地势低,近海、高低错落、地形地貌丰富多样,微地貌单元较为发育的亚热带近海环境和特点。20世纪80年代初中期,深圳建设项目主要在平原、阶地、台地上开发建设;随着深圳发展速度的推进,80年代末至90年代中期,开始了开山填海的建设项目,如盐田港一期、妈湾港电厂初期、深圳机场等;20世纪90年代后期至今,开山填海、人造海上陆地已司空见惯,已形成似乎不走人工造陆已无寸土可用之势。应城市发展的需求,深圳地区的地基处理技术也由早期传统的单一的技术逐渐向多样化、规模化和创新化方向发展。深圳地区早期的地基处理项目大多集中在冲沟、湖塘、暗河及海滨一带,地基处理技术一般采用的是换填法、预压固结法、强夯法、砂石桩法和深层搅拌法等,代表性工程如:20世纪80年代初华美钢厂强夯地基处理、1985年广深高速皇岗段软基插板处理、90年代初保税区桥头搅拌桩处理工程等,90年代中期以来,深圳地区的地基处理项目集中在滨海、海滩一带,且规模越来越大,而陆地上局部的一些地基处理项目无论从方法上还是规模上都无法与滨海一带的项目相提并论。

1992年之前,国内还没有统一的地基处理技术规范,工程设计主要遵循相关工程经验、参考文献及相关手册、教科书等。1992年国家第一本《建筑地基处理技术规范》(JGJ79-91)问世,列入其中比较成熟的技术有换填法、预压法、强夯法、振冲法、土或灰土挤密法、砂石桩法、深层搅拌法、高压喷射注浆法和托换法等十种方法。1991年之前,深圳地区的地基处理技术比较单一、地基处理项目的规模一般。1991~1996年,深圳地区的地基处理技术和规模以深圳机场和福田保税区为代表。深圳机场采用了强夯块石墩技术形成海滩围堰,再在围堰内挖淤换填土层,形成一期机场跑道;福田保税区采用了沉管桩穿越软土层,以及深层搅拌桩、袋装砂井、插塑料排水板等方法处理软土层;动力固结和动静固结排水法在宝安区市政道路工程中的应用等,这些方法在这些工程中的应用都比较成功。但深层搅拌桩法在处理益田村软土层时,因搅拌桩未着底,桩底下还有1~2m的淤泥未处理,造成房屋大量下沉和地面沉降。当然,在1991~1996年期间,深圳地区的地基处理技术处在遵守国家规范基础上有所创新和发展的阶段。1996年《深圳地区地基处理技术规范》(SJG04-96)问世了,这标志着深圳地区的地基处理技术已较成熟,特别是换填垫层法、加载预压法、强夯和强夯置换法、深层搅拌法、高压喷射注浆法、压入桩托换法和注浆法等的工程经验积累比较丰富、工程质量和检验方法和标准也较具体。比如,深圳规范提出的对强夯置换法形成的单墩或复合地基,可取 $s/b$ 或 $s/d = 0.015 \sim 0.020$ 所对应的荷载作为承载力基本值,国家规范是没有的,这是深圳地区的经验和贡献;深圳机场跑道工后沉降由原规定不得超过5cm降至不得超过20cm,是深圳工程实践的结果,现已推广到全国各地采用。

1996年以后,深圳地区随着环境保护意识的加强和城市建设用地的日益匮乏,地基处理技术得到了广泛应用。比如,深圳河治理工程中,河岸软土的真空预压、分层填土置换碾压和强夯等;盐田港二期、三期的填海爆破挤淤和强夯置换等;深圳机场二期工程的强夯和强夯置换等工程实践,以及CFG桩施工技术的引进和袖阀管注浆的推广应用等把深圳地区的地基处理技术推进到了一个新的水平。

近几年来,随着深圳地铁的建设,以及大量的填海造地工程的开发,比如,前海填海、后海填海及西部通道的开发建设,以及即将进行的深圳机场二期扩建工程等,又一次把深圳的地基处理工程市场向纵深发展。插板堆载预压法、强夯法及强夯置换法、砂石桩等复合地基加固方法得到了广泛而深入的实践和长足的发展,CFG桩在龙岗区有较多的推广应用,双液注浆及斜向水泥土搅拌加固地基已有较大发展。大量工程的实践,比如,深港西部通道口岸区填海工程海堤采用的是爆破挤淤、场区内隔堤抛石挤淤结合强夯处理,场坪插塑料排水板超载预压,隔堤与插板区过渡带采用砂石桩处理等;前海区、后海片区的填海地基基本上采用插板、砂石桩作为竖向排水体,再堆载强夯或强夯块石墩等地基处理方法;龙岗文体中心等项目则采用低强度素混凝土桩进行地基加固处理,在南山文化商业城基坑中则先采用斜向水泥土搅拌桩再设置斜向锚杆进行边坡土体的预加固处理方法;在地铁隧道和其他多个隧道中采用了双液注浆进行地下水的防治。但是,由于技术和地质条件的限制,还有许多其他成熟的地基处理方法,比如:振冲法、石灰桩法、灰土挤密法等未在深圳地区推广应用,这些方法施工简单,成本低,只要地质条件允许应该会有较好的发展前景,会丰富和完善深圳地区地基处理技术。

## (二) 深基坑支护技术的发展历程

### 1. 概述

由于建筑结构及使用功能上的要求,基坑开挖深度越来越大,由过去的5m左右发展至目前的20多米,地下室也由过去的1层增加到4层,高层建筑一般均设置2~3层地下室。同时,基坑周边的环境条件越来越复杂,深基坑支护技术就成为建设工程中的关键技术问题之一。

深圳地区工程地质、水文地质条件较为复杂,土层和成因类型多。例如罗湖老城地区以第四纪坡洪积层及变质岩风化残积层为主。该地区建筑密度大,人口密集,高层建筑多,加之交通拥挤,施工场地狭窄,深基坑支护的难度相对较大。而福田区及沿海地区、淤泥及淤泥质土较厚,但一般场地较空旷,支护可选方案较多。深圳沿海地区,地下水位高,一般地下水位埋藏深度2m左右,受气候条件的影响,由于基坑周围环境条件的不同及工程地质条件、水文地质条件的差异,深圳地区基坑支护形式存在多样化的局面。

深圳地区深基坑支护技术发展经历四个阶段:第一阶段,80年代初期,深圳的高层建筑基本是一层地下室,基坑支护以放坡护坡为主,也有采用钢板桩(加斜撑)支护;第二阶段,80年代末期和90年代初期,基坑支护技术快速的发展,出现了多种基坑支护技术,包括桩锚、桩撑、地下连续墙、土钉墙等,但以桩锚支护为主;第三阶段,1996年以后,随着土钉墙技术的发展及基坑规范的出台,深圳地区的基坑支护基本以土钉墙(包括复合型土钉墙)为主,土钉墙支护的基坑几乎占基坑总量的70%以上;第四阶段,时间进入21世纪,由于环境的限制和经济发展,基坑支护方法呈现出多样化的局面,出现了多种组合支护形式。目前主要有复合型土钉墙和桩锚(撑)支护两种,其次的基坑支护方法还有地下连续墙结合正作法、全逆作法、半逆作法、深层搅拌桩水泥土墙支护、钢板桩支护等;下面结合工程实例说明深圳地区深基坑支护技术的主要方法及其发展。

### 2. 主要方法及其发展进程

(1) 排桩支护

排桩支护是指由呈队列式间隔布置的钢筋混凝土人工挖孔桩、钻孔灌注桩、沉管灌注桩、打入预应力管桩等组成的挡土结构,排桩支护依其结构形式又可分为悬臂式支护结构、与预应力锚杆结合形成桩锚式和与内支撑(混凝土支撑、钢支撑)结合形成桩撑式支护结构,从布桩形式又可分为单排布置、双排布置和间隔双排布置等。排桩支护的上述各种型式在深圳地区均有所使用,但应用最为普遍的结构型式为桩锚式结构。

1) 悬臂式排桩支护结构

合理选择支护桩型对于悬臂式支护结构尤为重要,悬臂式支护结构主要是根据基坑周边的土质条件和环境条件的复杂程度选用,其技术关键之一是严格控制支护深度。根据深圳地区的经验,悬臂式支护结构适用于开挖深度不超过10m的黏土层,不超过8m的砂性土层,以及不超过4~5m的淤泥质土层。

合理选择支护桩型对于悬臂式支护结构尤为重要。如南油新荔园酒店基坑开挖深度为6m,土层均为含水量丰富的细至中砂层,采用长13m、直径480mm的沉管灌注桩悬臂支护,结合浅层井点降水。基坑仅局部开挖至4m,桩顶位移80mm,桩后地表出现裂缝,不得不采用锚杆加固。

2) 桩锚式支护结构

桩锚式支护结构是深圳地区应用最普遍的支护形式,常用人工挖孔桩和钻孔桩作为护坡桩,设置1~4排预应力锚杆做背拉处理,施工时施加初始预应力,以限制护坡桩的位移。桩锚式支护结构比较典型的工程有深华商业大厦(四层地下室,挖深约17.3m)、余氏广场(四层地下室,挖深约16m)、鸿昌广场(四层地下室,挖深约16.3m)、侨光广场(四层地下室,挖深17m)、民航大厦(三层地下室,挖深约11m)、百货广场(三层地下室,挖深约13m)、假日广场(挖深约21m)、晶岛国商购物中心(挖深约19m)、百仕达花园五期(挖深约18m)以及免税大厦、特美思大厦、天城大厦、联通大厦、华融大厦、政协大厦、新德广场等很多工程。

深圳地区也有桩锚支护结构结合半逆作法施工地下室的工程实例,如地王商业大厦、京广中心大厦等,也取得了良好的效果。

3) 桩撑式支护结构

桩撑式支护结构安全可靠,内支撑结构造价比锚杆低,但由于对地下室结构施工及土方开挖有一定的影响,因此在深圳地区应用比较少。但是在特殊情况下,内支撑式结构具有显著的优点。

1993年施工的深圳艺丰广场基坑,基坑周长330m,3层地下室,开挖深度11m,该工程地处罗湖闹市区,场地十分复杂,基坑东侧紧邻和平路,道路下面有通讯光缆,供电电缆,上下水管道等复杂的城市管网系统,锚杆施工困难,其他几侧临近多幢房屋,对变形十分敏感,锚杆施工对其会产生不利的影响。此外,场地条件比较复杂,在约2m厚回填土下有1.6~5.9m厚的流塑状态的淤泥质黏土,锚杆锚固力很低,因此,采用钢筋混凝土内支撑方案。护坡桩采用冲孔灌注桩,直径1.2m,桩间距1.5~2.0m,共193根护坡桩,在护坡桩之间设钻孔注浆形成止水帷幕,即形成桩撑式支护结构。

采用桩撑式支护结构还有新洲大厦(3层地下室,挖深约14m)、供电局高层住宅楼(3层地下室,挖深约12m)、嘉皇华庭(3层地下室,挖深约13m)等。

(2) 地下连续墙支护

地下连续墙支护对各种地质条件及复杂的环境条件适应能力强,支护结构刚度大,整体性及防渗性能良好,是一种相对可靠的基坑支护方式。深圳地区基坑支护工程中采用的地下连续墙一般集挡土、承重、截水和防渗于一体,即称为三合一墙,在某些特定的环境条件下,使用三合一墙,并结合全(半)逆作法、内支撑和锚杆技术,可取得良好的技术经济效果,但由于受工程造价、施工队伍及设备等方面的影响,深圳地区使用地下连续墙支护相对较少,比较典型的工程有:赛格广场(4层地下室,挖深约18m)、金宝城大厦(2层地下室,挖深10m)、远洋中心(3层地下室,挖深11m)、庐山花园大厦(3层地下室,挖深9.3m)、长城春风花园(3层地下室,挖深11m)、中航广场(4层地下室,挖深约20m)等。

地下连续墙结合逆作法在深圳地区地下墙工程中所占比重较大,半逆作法即基坑开挖时,控制地下墙悬臂高度在3~5m内,预留一定宽度的平衡土体,完成中心岛部分土方及地下结构,利用已完成的地下结构设置临时支撑后,开挖平衡土体及施工该部分地下结构。太阳岛大厦(坑深9.5m)、庐山花园大厦(坑深9.3m)均是采用半逆作法施作地下室,墙体水平位移均不超过30mm。

(3) 土钉墙支护与复合土钉墙

土钉墙支护(亦称喷锚支护、土钉支护、插筋补强等)是80年代开始应用的一种新型基坑支护形式,深圳地区从1991年开始应用该项技术进行基坑支护,从1996年以后,随着土钉墙技术的发展,出现了土钉墙与止水帷幕结合、土钉墙与预应力锚杆结合、土钉墙与微型桩结合等多种复合型土钉墙,使土钉墙技术占居基坑支护的主要市场,深圳地区约70%以上的基坑支护均采用了该项技术。1999年深圳市中心区六大重点工程——市民中心(400m×100m,深12m)、图书馆和大剧院(120m×100m,深12m)、电视中心(100m×100m,深11m)、地铁水晶岛试验车站(200m×60m,深16m)、少年宫(120m×120m,深7m)基坑支护均采用了土钉墙支护技术。此外,深圳地区使用土钉墙技术的典型工程还有:文锦广场、发展银行大厦、赛格群星广场、长城畔山花园、城市广场、宣嘉华庭、福田商业城、宏明广场、文化中心大厦、世贸广场、金鼎大厦、金地海景花园、凤凰大厦、华强广场等。

土钉墙支护技术还可与排桩联合应用,即基坑边坡上部采用喷锚支护,下部采用护坡桩,以节省基坑工程造价,典型工程如怡泰中心、嘉皇华庭、中心城等。

(4) 其他支护技术

除上述三种主要的基坑支护结构型式外,目前深圳地区也有一些其他支护型式,包括深层搅拌桩重力式挡墙、钢板桩及打入预应力管桩等,但使用相对较少,且适用于开挖深度7m以内的基坑支护。如福永物业大厦(坑深6m),石岩排污渠(渠深6m)等采用了深层搅拌桩重力式挡墙,金源大厦(坑深5~7.1m),德兴大厦(坑深6m),设计大厦(坑深7m)等采用钢板桩支护,并设一道落地斜撑。荟芳园大厦(坑深7m),益田名园(坑深6m)等采用了预应力管桩支护。当深度大于7m以后,这些支护型式往往和其他支护结构配合使用。

### 3. 基坑支护新技术的应用

1989年施工的机场联络道过渡带换填基坑采用了搅拌桩支护技术;

1991年施工的位于文锦路金安大厦基坑采用了土钉墙技术;

1991年施工的位于南湖路国贸公寓大厦基坑采用了地下连续墙半逆作支护技术;

1991年施工的位于深南东路贤成大厦基坑采用了预应力锚杆技术;

1992年施工的位于建设路鹏源和佳宁娜广场是采用桩锚支护的深基坑;

1993年施工的联合广场是采用大直径双排桩锚支护的深基坑;

1994年施工的蛇口海昌大厦基坑采用了钢管土钉技术;

1995年6月施工的商报社大厦基坑采用了土钉墙+预应力锚杆+降水井技术;

1996年4月施工的兴华广场基坑采用了土钉墙+搅拌桩的复合土钉墙技术;

1997年4月施工的龙丽园基坑采用了土钉墙+微型桩+预应力锚杆技术;

1997年1月宏明广场基坑采用了土钉墙+搅拌桩+预应力锚杆的复合土钉墙技术;

1997年施工的利联商业中心基坑采用了土钉墙+旋喷桩的复合土钉墙技术;

1998年施工的香蜜三村5号楼基坑支护采用了预应力钢管锚杆技术;

1999年施工的长城畔山花园基坑采用了土钉墙+搅拌桩+微型桩+预压力锚杆的复合土钉墙技术;

2000年施工的地铁金田车站基坑采用了钻孔咬合桩支护技术。

### (三) 边坡支护技术的发展历程

深圳以低山丘陵地貌为主,随着深圳地区经济的飞速发展,用地矛盾越来越突出。为了城市建设的发展需要,大量地挖山填沟,挖山填海,开山取石及平整场地,这就形成了大量的各式各样的人工边坡,边坡支护技术也因此得以迅速发展。

20世纪80年初期,深圳城市建设刚刚起步,建设用地相对充裕，边坡建筑相对较少，边坡开挖高度有限，这一时期边坡支护基本采用放坡护坡，重力式毛石挡土墙，片石护坡等简单支护技术。

80年代后期到90年代初期，城市向低山丘陵地区发展，边坡开挖高度越来越高，重力式挡土墙难以满足边坡稳定的要求，出现了边坡喷锚支护+预应力锚杆、喷锚支护与毛石挡土墙结合，抗滑桩+预应力锚杆和锚杆框架梁等支护技术。深圳卷烟厂厂房后边坡，位于大头岭北侧，坡高约30m，坡度70°，采用了喷锚+预应力锚杆边坡技术获得成功，这也是深圳地区第一个采用喷锚支护技术的边坡，1989年深圳特区报以冶建院推广喷锚技术在深圳首次成功应用为题进行专题报道。其后喷锚支护技术在石化水贝住宅楼后边坡（1989年）、集浩花园后边坡（1992年）、银湖山庄（1991年），大鹏湾下洞油库后高岩土边坡（高达70m，1991年）、罗芳花园边坡（1993年）、深圳公安局梅林看守所边坡（1994年）等工程进行了成功地应用，取得了良好的技术经济效果。这一时期先后应用锚杆框架梁边坡支护工程也多了起来，如罗沙公路广岭边坡（1993年）、松泉山庄碧岭华庭后高边坡、盐田第二高级中学后边坡、黄贝岭北边坡、罗湖体育中心边坡等均采用了锚杆框架梁支护技术。抗滑桩应用于边坡加固工程最早是松泉石化边坡滑坡治理工程，同时还有莲塘水厂滑坡治理（1994年），草埔纹帐山边坡，木锦岭中区边坡等项目。

90年代后期以来，随着高速公路的建设，半山别墅住宅项目及二线插花地的整治，边坡工程的数量和规模越来越大，环境美化要求越来越高，边坡支护的各种方法在深圳地区均得到了不同程度的应用；目前采用的边坡支护技术包括喷锚支护、预应力锚索、抗滑桩、毛石挡土墙、喷混植生技术、三维网柔性防护技术、锚杆挡土墙、加筋土墙、毛石骨架护坡、综合排水以及这些技术的有机结合形式，广深高速、机荷高速、盐坝高速公路两侧公路边坡大部分采用了人字骨架护坡植草技术，华侨城三洲田旅游项目边坡大部分采用三维网柔性防护技术，2004年施工的东方尊峪边坡治理工程是深圳市典型的复杂高边坡，边坡支护面积达22000m²，采用了多项边坡支护技术，包括喷锚支护、抗滑桩、预应力锚索、人字格构梁锚杆，加筋土挡墙以及重力式挡土墙，并进行了系统的监测，取得了良好的技术效果。

## 二、典型项目

（一）地基处理

**1．排水固结法对福田保税区进行大面积地基处理**

毗邻香港的深圳河北岸福田保税区，面积176万m²，于1989年开始进行填海造陆，历经两年时间进行地基处理。由冶建总院深圳分院设计（Ⅳ标），深圳市勘察研究院、深圳市勘察测绘院、综勘院深圳分院、冶建总院深圳分院等负责施工。

（1）土层性质

该地区的淤泥质土厚度为8～18m，天然含水量61%（平均值，下同），孔隙比1.7，十字板剪切强度5kPa，其淤泥质土的主要黏土矿物为高岭石和伊利石，占全部黏土矿物的56%，黏粒含量占60%。固结系数为$6.2 \times 10^{-4} cm^2/s$，次固结系数为0.012。

(2）地基处理主要技术要求

利用塑料插板预压排水固结方法进行地基处理,其处理后的技术要求：

1) 卸载后交工面上的承载力标准值 ($f_k$) ≥ 140kPa；
2) 剩余沉降（△s) ≤ 15cm,差异沉降 ≤ 1‰；
3) 预压 180 天固结度 ($u$) ≥ 90%。

(3）通过试验段研究,在不同地质结构区,用插板间距1.1～1.3m,预压土的厚度的不同(3.8～6.6m)及预压时间的不同(140～180d),得到了最佳的施工效果。

(4）在大面积堆载预压排水固结处理后,地面沉降（即软土的固结）与其厚度之比都达到 9%～12%,最大的沉降量达到2.16m。卸载的淤泥固结度达到 90%,承载板试验其承载力标准值都超过了140kPa。

(5）卸载前对地基加固质量检测表明,淤泥质土的含水量降低到43%,孔隙比减少到 1.20,十字板剪切强度（原状）提高到 38kPa,淤泥层的承载力加固前后相比提高近一倍,地基处理取得成功。为深圳地区的土地开发、利用创造了巨大的社会、经济效益。

该项目1989年获深圳市优秀勘察工程一等奖,1993获广东省优秀勘察工程三等奖。

## 2.深圳机场扩建停机坪大面积地基处理设计与施工——强夯块石墩复合地基首次大面积应用

深圳机场扩建停机坪属二期最大的地基处理工程,其面积为30万m²,冶金部建筑研究总院深圳分院承担该项工程的设计,深圳市工勘岩土工程有限公司、冶建总院深圳分院承担该项工程的施工,其施工时间为1993年初到1994年4月。

(1）土层性质

扩建停机坪位于一期机场跑道的北侧,是跑道地基淤泥大开挖和大置换（用大块石）的弃土（石）场,因此在原状淤泥中抛填了大量的块石和泥土,原状淤泥亦受到扰动,淤泥的结构和性状有所改变,这种状况下的淤泥土层已无法用常规的土的物理性质加以描述,软土厚度为4～9m。

(2）地基处理的方案选择

对比了多种大面积地基处理的方案,如插塑料排水板、深层水泥搅拌方法,但它们施工时因淤泥中含块石变得无法进行,用开挖大换填方法又因机场内已无场地容纳大量的弃泥石,且费用很高,亦变得不可能,因此提出了采用"强夯块石墩+块石垫层复合地基"方法处理,方案得到专家组认同并中标。

(3）强夯块石墩的主要技术要求

1) 交工面的承载力标准值 ($f_k$) ≥ 140kPa；
2) 地基工后沉降（△s) ≤ 5cm；
3) 差异沉降 ≤ 1‰。

(4）强夯块石墩法的主要施工工艺方法

1) 强夯的能量 3000kN·m；
2) 夯锤的直径1.0～1.1m,高度2m,单锤重15～16t；
3) 夯点间距 3～2.5m；
4) 单点夯击 2 遍,不少于 16 击；
5) 收锤标准,最后两击的夯沉量不大于 15cm,且总击数不少于 16 击,通过二次试验段的试夯后,对施工工艺作了某些改进。

(5）经过现场试验后,复合地基的承载力和变形模量均能满足设计要求。因此设计在30万m²的面积内一共布置了墩径1.4m、墩长7m、共约2.8万根块石墩,上部块石垫层共厚2m。整个场地采用统一的技术要求和块石墩的工艺方法。

(6）强夯施工结束后即进行检测（未进行堆载预压）,承载板试验其地基承载力,变形模量均超过了原设计的技术要求,用地质雷达测定块石墩着底率超过95%,在使用数年过程的沉降观测中发现,其工后剩余沉降达到20cm时差异沉降仍保持1‰,整个停机坪使用了近十年,使用正常。

### 3. 深港西部通道填海及地基处理工程设计

由深圳市勘察研究院和深圳市工勘岩土工程有限公司承担的西部通道口岸区大面积填海及地基处理工程设计,是深圳地区近20年来在浅海域(海水平均深度2m)进行的最大的一项工程。它是联接深圳南头半岛与香港地区的大桥起落点,也是一个岛式口岸,占地面积为150万$m^2$。施工时间为2002年10月到2005年10月。

(1) 场地特点及土层性质

1) 在此工程之前,深圳填海都在潮涧带或滨海平原上进行,本工程场地位于深圳湾内的一个浅海域,是"围海造岛"工程;

2) 单项一次性填海及地基处理设计面积为150万$m^2$;

3) 海水平均深度为2m,最大水深为5.4m;

4) 水下淤泥的主要性质:属极软弱的淤泥;

含水量:130%~60%,平均91%;孔隙比:2.5~3.5;十字板强度:4kPa

固结系数:$3.3 \times 10^{-4} cm^2/s$;次固结系数:0.014

淤泥的厚度一般为7~15m,最厚位于海底三个深槽,其淤泥厚度为15~22m。

(2) 设计主要技术要求:采用插塑料板超载预压排水固结方法处理

1) 卸载后交工面承载力标准值 ($f_k$) ≥140kPa;

2) 工后剩余沉降 ($\triangle s$) ≤20cm;差异沉降≤1‰;

3) 处理后,交工面回弹模量≤25MPa。

(3) 该工程从2002年开始到2005年结束

(4) 本工程设计、施工的难点及创新点

1) 为分小区进行地基处理,而采用端进"龙抬头"抛石挤淤法填筑隔堤获得成功,抛石挤淤后加强夯(异型锤),使填石基本上达到淤泥底面,在浅海中使7m宽隔堤在施工全过程中,保持了自身及场地稳定。这在深圳地区是第一次。

2) 用高强度的经编复合土工布作为加强层,隔断了下层淤泥和上层填筑层(石、砂、土),使上层预压土(石)得以顺利地分层填筑,而不发生滑动、变形。

深圳地区大面积使用这种工艺,并获得成功,在地基处理工程中属首次。以上两种工艺是整个施工顺利进行的保证,否则,任何机具甚至是工人都无法进入淤泥场地施工。

3) 隔堤与场坪过渡带采用砂石桩处理解决不同地基处理方法之间出现的差异沉降。

深港西部通道填海区软基处理成果于2004年12月圆满通过由多名工程院院士和国内知名专家组成的专家组评审和验收。

### 4. 深圳市绿色满庭芳复合地基处理工程设计

(1) 工程概况

深圳市绿色满庭芳(商住楼)复合地基处理工程由深圳市勘察研究院负责设计、施工。场地位于龙岗植物园内,场地地貌属于冲积平原边缘,场地地形较为平整,本次地基处理在已开挖的基坑内进行施工。

(2) 复合地基处理要求

1) 复合地基承载力特征值要求达到410kPa以上。

2) 在设计中贯彻"变形控制"的原则。

3) 复合地基在上部荷载作用下沉降控制在5cm以内,沉降差控制在2cm以内。

(3) 场地工程地质条件

1) 岩土层结构及其物理性质

由于大楼有两层地下室,基底以下的土层为粉质黏土,含砾粉质黏土,第四系残积层,强风化粉砂岩,中风化粉砂岩,灰岩。

2) 不良地质现象

拟建场地属龙岗隐伏岩溶区,基岩为粉砂岩及可溶性灰岩,在勘探深度范围内发现有溶洞等不良地质作用。在揭露深度内该层见及多层溶洞。

建筑占地面积750$m^2$,沿长边南侧1/3面积地下分布石灰岩,埋深5m,沿长边北侧1/3面积地下分布砂岩,埋深11m,中部为黏性土层,90m未见岩石。

(4) 复合地基处理设计

加固方法：复合地基选用素混凝土桩结合单管高压旋喷桩综合处理。为了充分发挥桩间土的承载能力，调整建筑物不均匀沉降，在桩顶设300mm厚的褥垫层。

（5）施工过程及质量检测

本工程于2004年9月25日开工，2004年11月3日完成施工。施工完成后28天，对处理地基进行了复合地基载荷试验检测。试验结果复合地基承载力均大于设计值410kPa。

（6）施工后期监测

在本工程施工完成并进行竣工验收后进行上部主体施工，在主体施工过程中，进行了建筑沉降监测，监测结果：迄今为止，各监测点累计沉降量为3.8~6.5mm，满足上部主体使用要求。

### 5. 龙岗文体中心LC桩复合地基设计与施工

2001年由深圳市工勘岩土工程有限公司负责设计和施工。

龙岗文体中心A、B、C区占地面积15388m²，主要建筑物为影剧院、音乐厅、商业用房，设1层地下室，筏板基础，各区之间设沉降缝分开。场地内主要分布的软弱地层为埋深4.2~9.3m的人工填土层及埋深10.6~48.8m的泥炭质土层，泥炭质土呈软塑至可塑状态，有机质含量10%~50%，局部有机质富集成泥炭，该层以透镜体或夹层分布于粉质黏土中，层厚0.5~22.3m；下伏基岩为大理岩，顶板埋深最浅17.0m，大部分区域埋深大于50.0m；土洞、溶洞及溶蚀裂隙较发育，地下水十分丰富。

采用深圳市工勘岩土工程有限公司2000年提出的LC桩复合地基处理方法（即素混凝土桩复合地基处理方案）加固软弱土层。设计要求地基沉降不大于30mm，沉降缝处沉降差不大于10mm，地基承载力200~220kPa。经过长期观测，复合地基沉降值为3.8~14.0mm，平均值为9.42mm，表明复合地基处理是成功的，满足设计要求。该方案已在深圳及周边地区的二十余个工程成功推广使用。

### 6. 深圳市宝安新中心区裕安路动力排水固结软基加固设计

宝安新中心区裕安路是宝安新中心区开发建设中一条重要道路，道路等级是城市主干道。本次设计道路长616m，宽70.00m，其中主车道（含人行道）50m、两侧绿化带共20.00m。其主要路基为性质极差的淤泥软土，该淤泥不能满足其道路的使用，故而，必须进行软基处理。本路段宜采用排水固结工艺，若采用超载预压，其工期较长，若采用真空预压，其造价较高。根据本场地超软土的实际情况，在设置砂垫层、抽水井、塑料排水板等水平及垂直向排水通道后，分层填土、分层强夯至交工面高程+2.6m，利用填土静压和多遍强夯的动力作用以加速软土排水固结，即采用动力排水固结法进行加固，能加快工期、节省造价，提高软土排水固结的效果，减少工后沉降，为此，本工程采用了该法。

本软基加固设计具有如下特点：①排水设计：设置了砂垫层和塑料排水板以及盲沟和集水井，形成水平及垂直向完整的排水（系统）通道；②加载设计：对淤泥采用了静加载和动加载两部分设计；③强夯设计：充分考虑淤泥排水和受力的需要，采用两层强夯，每层为两遍四阵击，两层为四遍八阵击，一遍满夯；强夯能量布置原则为先小后大，少击多遍；④监测、检测体系的布置：提出信息化施工，采用施工全过程控制管理，取得了大量的数据，2002年路面竣工后，经13个点的6次沉降观测，至2003年5月30日止，工后累积沉降平均值为36.6mm，远小于150mm，纵横沉降差远小于1‰，沉降速率0.0216mm/d，已基本稳定。证明动力排水固结这一新的工法在一定淤泥厚度下是一种多快好省的软土加固工法，不仅保证了本工程质量，还有较高的学术价值和应用推广价值。

本地基处理的设计由深圳市勘察测绘院和深圳市岩土工程公司共同完成。2004年获深圳市第十一次优秀工程勘察一等奖，2005年获广东省优秀工程勘察二等奖。

### 7. 深圳市后海湾填海及软基处理工程设计

深圳市后海湾填海区位于深圳市南山区后海湾，紧

靠现正进行施工的深港西部通道填海及地基处理工程。本工程项目是为深圳市西部地区一带主要的临海商务、居住、休闲片区提供用地。本次填海及软基处理总面积4.2 km², 包括科苑大道、环北路、创业路、东滨路东段、工业八路、招商路、沙河西路和后海滨路八条市政道路及全场区的软基处理。

根据现场钻探、原位测试及室内土工试验结果，场区内自上而下地层结构为：人工填土层，第四系全新统海相沉积层、洪积层、第四系残积层及燕山期粗粒花岗岩。场区非回填土区处理方案采用强夯加固或超载预压法；场区内主干道路软基处理方案采用强夯法或填石挤淤加强夯置换法；海堤填筑软基处理方案采用抛石爆破挤淤或抛石强夯挤淤处理。

本工程软基处理具有如下特点：① 技术可靠性：处理后满足本工程技术标准要求；② 造价经济：根据场地的工程地质条件、地形地貌条件、地域环境条件、材料供应条件及施工技术条件等综合考虑各方面因素，实现最优化设计；③ 施工技术简便可行：施工技术简便，有可靠的机械设备保证；④ 合理利用资源：充分考虑本市土料资源较为贫乏的条件，合理选择最适宜材料；⑤ 注意环境保护，保证水域港口不受淤塞、不受污染，重视景观效应；⑥ 缩短工期，在确保工程安全、造价经济合理的前提下，加快工程进度，加快填海造地工程投入使用。

本工程设计由深圳市勘察测绘院负责完成。

### 8. 宝安新中心区海堤工程设计

宝安新中心区海堤设计范围为宝安中心区规划临海路南侧红线以南、西侧未定边界临时海堤以东，海堤总长3.32km，海堤工程3.44 km，为永久性海堤。设计内容包括：海堤填筑及软基处理。场地内地层有：人工填土层、第四系海相沉积层、第四系冲洪积层、第四系残积层，下伏基岩为燕山期花岗岩。

根据规划、使用功能的不同，把海堤分为三类：① 东、南、西侧海堤，为填海陆域挡土承力结构，防土壤流失，防潮抗风浪，构成海岸景观，并设亲水平台以利游人接近大海，堤身及基础要满足抗滑整体规定和满足允许沉降的要求。在方案设计阶段多方案比选，最后确定采用带胸墙沉箱直立堤为主，带胸墙斜坡堤为辅。② 游艇码头位置海堤，为填海陆域挡土承力结构并防水土流失，防潮抗风浪，堤身及基础要满足抗滑整体稳定和满足允许沉降的要求。为了保持景观协调一致要求，经各单位协调后亦采用带胸墙沉箱直立堤。③ 西侧码头区总长接近595m，除西端一小段为水域外，大部分淤泥滩年久形成的厚硬壳层，渔民已建房屋并可走轻便车。淤泥平均厚约8.0m，故采用强夯置换块石墩基床加胸墙方案，在水域段的临时海堤采用抛石强夯加胸墙方案。

本工程设计特点为：在方案设计中，对本工程的可选方案进行了详细的技术可行性、合理性、工期、工程量及投资技术经济比较，确定了推荐方案，并经专家评审通过。

本海堤设计由深圳市勘察测绘院和深圳市水利规划设计院负责完成。

### 9. 南玻浮法玻璃生产线地基处理

南方超薄浮法玻璃生产线地基处理由中建西南勘察设计研究院深圳分院完成。该项工程由南方超薄浮法玻璃有限公司投资兴建，位于深圳市福永镇。场地内与地

基处理有关的主要地层为填土、耕植土、淤泥、中粗砂和砂质黏性土。加固面积约9000m²。本工程采用搅拌桩复合地基的加固方式，搅拌桩总长26000m，分为均化库和退火、切裁两部分。于2001年11月25日开始施工，至2002年1月30日完工。

施工完成28天后，检测结果均合格。该生产线已投入使用近两年，情况良好。

## （二）基坑支护

### 1. 深圳市赛格广场大厦深基坑支护工程设计

深圳市赛格广场大厦深基坑支护工程设计，1996年由深圳市工勘岩土工程有限公司、深圳市勘察研究院和香港华艺设计顾问公司合作完成，2000年竣工。

大厦设4层地下室，内框尺寸85.2m×84.0m。基坑开挖深度17.5m（内筒部位开挖深度24.5m），其安全等级为一级。根据场地周边条件、地质条件及主体结构特点，基坑支护采用地下连续墙方案，地下室采用"全逆作法"施工。本工程地连墙既是围护结构，同时兼做承重墙，这比单独选用临时支护措施（如桩锚支护）综合效益共节省投资近二千万元。根据监测结果，"逆作法"施工期间，各监测点的水平位移量或沉降量均为mm级，均没有对邻近建筑物的正常运作造成任何影响，达到了预期目标。

该工程是深圳地区第一个高层建筑地下室基坑最深的工程，第一个地连墙最深的工程，也是第一个采用"全逆作法"施工的地下室工程。赛格广场深基坑支护设计与全逆作法施工实例对深圳市及其他城市改造或已有建筑物密集区的深基坑支护设计施工具有很好的推广价值和很高的社会效益及经济效益。

2001年获广东省第八次优秀工程勘察一等奖、2002年获建设部优秀工程勘察一等奖、2002年获全国第八次优秀工程勘察金质奖。

### 2. 深圳商报社编审综合大楼基坑、桩基及地下室土建工程

由深圳地质建设工程公司1995～1996年完成。是集基坑、桩基及地下室土建一体化的总承包工程，合同总造价3780万。基坑深12m，周长450m；人工挖孔桩300多根，桩长20～30m；地下室两层，钢筋混凝土结构。由于该基坑采用了小口径轻型降水系统、无支托预应力锚杆的加强型土钉墙等当时较为先进的基坑支护技术，采用了小口径轻型降水系统和人工挖土成孔的桩基施工方法，在当时的深圳岩土工程市场实属首次尝试，并获得成功。该工程获得原地质矿产部岩土工程治理一等奖（1996年）。

### 3. 深圳新银座深基坑支护工程

2002年由深圳市工勘岩土工程有限公司负责设计和施工，该项目为罗湖村旧城改造项目，基坑平面尺寸呈三角形，坑深13.5m，南侧紧邻民房约6.0m，主要地层为冲洪积砂层，周边建（构）筑物及地下管线密集，采用钻孔灌注桩+预应力锚索联合支护结构，桩间高压摆喷桩止水帷幕。基坑周边设置了10口地下水回灌井，井底落在粗砾砂层中，回灌措施将和地下水位观测井的水位观测密切配合，回灌水只有在发现地下水位下降情况下才启用。南侧、北侧边长均160m，中段增加一排锚索，约束长边跨中位移。为使红线内地下空间最大化，利用支护桩作地下室墙外模施工，锚索位置根据板梁标高确定。施工过程中，对周边建筑物的水平位移、沉降特别是差异沉降、地下水位、支护桩位移、锚索应力等进行了严密监测，结果表明支护结构、地下水处理措施设计合理，信息化施工思路正确，各项检测结果均满足设计、规范要求。基坑最大水平位移量仅20.0mm，最大沉降量仅13.18mm，周边建(构)筑物、道路管线、基坑的稳定性均良好，基坑支护设计水平和综合效益等方面达到国内同期先进水平。

2004年获深圳市第十一届优秀工程勘察二等奖、2005年广东省第十次优秀工程勘察二等奖。

### 4. 深圳世纪村三期基坑支护工程

由深圳地质建设工程公司2003年设计施工完成。该基坑深11m，周长620m，因基坑座落在滩涂填土层上，

地层构成十分复杂，既有软土、砂土下卧层，也有块石、碎石、建筑垃圾复杂填土层，地下水丰富，且紧邻一期地下室及地下管线和煤气站等，周边环境复杂。设计采用了打入式土钉施工工艺，虽基坑皆为直立的，但除煤气站处采用桩锚支护结构外，其他处均采用加强型土钉墙支护方法，施工中针对不同的地层特点及时采用相应的参数和施工方法。止水帷幕采用对接式摆喷桩，并在不同土层中采用了不同的参数。该基坑工程支护方法在大面积近海填土区有明显的代表性，因其地层的复杂性、平面位置的敏感性和设计理论施工方法的有针对性。

该工程被评为2005年广东省工程勘察二等奖。

### 5. 深圳香蜜三村5号楼基坑支护工程

由深圳地质建设工程公司1998年设计施工完成。该基坑深约12m，周长390m，周边管线及建筑物紧邻坑边分布，特别是基坑西侧分布有1栋20层浅基础的超高层商住楼，基础下卧层主要为砂及砂质黏土层。设计未采用传统的桩锚支护形式，也未采用传统的土压力理论，而是把基础边角以上土体和边角以下应力扩散线外侧土体当成不稳定土体，只要把这两部分土体稳固住，商住楼的基础就不会失稳，从而商住楼也是安全的。正是采用了这一假设，在基础底板下只设置了四排打入式钢管土钉，就达到了支护目的，基坑位移及沉降均匀未超过30mm，比采用桩锚支护结构节约资金约110万。由于这一设计理念上的突破，该设计获得2002年深圳市工程勘察一等奖。

### 6. 深圳罗湖汝南大厦基坑支护工程

由深圳地质建设工程公司2002年设计施工完成。该基坑深14.1m，周长196m，基坑东边分布了7种敏感性管线及南湖路；其他三边紧邻基坑边有40多栋均为浅基础的8层的居民楼；基坑边坡土体有10～12m厚的中粗砂和卵石层，是一个相当复杂和危险性极高的深基坑支护工程。设计采用了钻孔桩加锚索和局部支撑的支护方法，桩间摆喷止水方法，周边采取了对浅基础进行摆喷桩预托换处理措施，并沿四周设置了回灌井和水位观测井等保持地下水位的保护措施。施工过程中对每一工艺进行了事前试验、事后百分之百检验，并对深厚砂层采用了一次性成锚技术，确保了锚索的设计抗拔力。基坑交付使用已达4年，未出现受力构件失效及位移沉降出现异常的情况。

该项目获得广东省地勘局2002年度岩土工程治理设计一等奖。

### 7. 深圳会展中心基坑支护工程

由深圳地质建设工程公司2002年设计施工完成。该基坑深15.1m，周长1.6km，既是2002年市政府重点项目，也是深圳市乃至广东省支护面积最大的项目。该基坑长达540m，横跨残丘和冲积平原两个不同地貌单元，因此地层平面分布极为复杂，为节省工程造价，设计划分了37个区段，特别对填土、砂性土层及砂质黏性土采用了打入式土钉理论，与其他传统设计方法相比，节约的造价超过400万元。由于该工程积极采用新理论新技术，获得了2004年广东省地勘局第一届地质科技成果一等奖。

### 8. 罗湖区司法综合大楼深基坑支护工程设计

2003年由深圳市工勘岩土工程有限公司负责设计，该工程位于罗湖区罗芳立交桥西北侧，基坑长约82m，宽约78m，坑深平均约18.0m，主要地层为填土、冲洪积卵石层及凝灰质砂岩，场区内断裂构造带发育。采用人工挖孔桩＋预应力锚索联合支护结构，桩间设单管旋喷桩止水帷幕。经监测结果表明，桩顶水平位移15～39mm，沉降仅2.1～2.9mm。

2004年由获深圳市第十一届优秀工程勘察二等奖、2005年广东省第十次优秀工程勘察三等奖。

### 9. 中国移动——江胜大厦基坑支护工程

本工程属超深基坑，基坑深度为14.5m（最深处达15.2m），又地处要地（福田中心区市民中心西侧），按照有关规范要求应采取桩锚结构或地下连续墙进行支护设计和施工。

该场地的实际地质条件较为理想(除中部砾砂层外),综合建设单位的想法并通过几次各方参加的专题会议讨论,同时组织有关专家多次对方案进行讨论、验算和论证,决定采用复合土钉墙(含预应力锚索)喷锚结合深层搅拌桩止水帷幕方式进行本工程基坑支护设计和施工。

从设计和施工过程来看,本工程设计主要有以下特点:①设计方案经济效益显著;②施工工期短;③同类型支护在深圳地区可以说是首创(超深基坑采用该型式支护);④具有一定的实践性和指导性及较好地处理了周边众多管线的安全问题。

本基坑支护设计由深圳市岩土工程公司负责完成。

### 10. 深圳市市民中心基坑支护工程设计

本工程为市政府新的行政中心,位于中心区规划的中轴线上,标志性强,且占地面积大,基坑深度深,支护范围广,地质条件较为复杂,工期要求高。

设计时,在充分调查和掌握了场地岩土层空间分布规律及其物理力学性质,地下水埋藏、补给、径流条件,场地周边环境条件的基础上,通过科学计算与实践经验的结合,设计采用了加强型土钉墙和上游截水、降水,下游降水相结合的基坑支护方案,有效地解决了基坑开挖的降水问题,保证了基坑的稳定与安全。

本工程占地面积大,工程地质条件复杂且变化大,加之本建筑按功能分东、中、西三个区,基坑深度各异,为5~12.5m不等。因此,在设计时,充分考虑了各区不同的地质条件和环境条件,进行了分区、分段设计。基坑支护设计与施工的成功,为后期施工提供了技术质量和工期的有力保证,创造了良好的社会和经济效益。

本基坑支护设计由深圳市岩土工程公司负责完成。

### 11. 中海深圳湾花园(现名中海深圳湾畔)基坑工程设计

该工程为深圳市中海地产有限公司开发的高层商住综合楼,由5栋塔楼组成。其特点是:

(1) 基坑规模较大:开挖深度8m,平行于深圳市深南大道,呈东西走向的窄长形,长×宽约为320m×50m,周长720m,造价约620万元;

(2) 周边环境条件复杂:其北侧平行基坑方向系成排民居,采用天然地基;北侧紧贴基坑边有一条深3m、宽约6m的钢筋混凝土排污箱涵,紧靠箱涵北侧有埋深约1m的煤气管和雨水管,再往外侧系污水管、电信管等;南侧有高压电缆沟。

(3) 地质条件不利:场地地层结构自上而下分别为4m厚新近填土、5.5m厚砾砂层、4m厚圆砾层以及砾质粘性土等,富水性强的砂层非常厚。

设计时坚持科学设计的原则,其特点是:

(1) 充分考虑了周边环境条件及地质条件的复杂性,在平面上进行了详细的分区分段,并采用不同的支护型式;

(2) 照顾了简便实用与经济性,总体上采用土钉墙类支护型式;

(3) 对变形要求严格的北侧设置了预应力锚索来限制边坡位移;

(4) 为了节省造价,经过现场试验,在标贯击数普遍达到15击、局部达到17~22击的深厚砾砂、圆砾层中采用了双排水泥搅拌桩帷幕进行止水,局部采用旋喷桩;

(5) 对基坑南侧中部局部淤泥段在坑底采用水泥搅拌桩墩体进行被动区加固,消除了坑底隆起及水平滑动的潜在危险;

(6) 支护效果非常好,做到:北侧坡顶最大位移值只有12mm,邻近环境未受到任何干扰或破坏,施工过程零投诉;

(7) 造价节省:整个设计方案比其它方案节省工程造价400余万元。

本基坑支护工程设计由深圳市岩土工程公司负责完成。

### 12. 国际文化大厦深基坑支护设计

本工程北侧为中心公园绿化带,临近深南路;西侧紧靠福田路,临近福田河,基坑支护深度深,地层较为复杂、地下水十分丰富。

场地主要地层有:人工填土(2.5m),淤泥质土

（1.5m），中粗砂层(3m)，第四系残积层(6~10m)及燕山期花岗岩，基坑深度约12m。设计结合周围环境、地层条件特点，采用了较为经济的土钉墙及分段大放坡的支护型式，地下水控制采用沿基坑四周布置大直径降水井降低水位的方式，东南侧1:0.2坡率、北侧1:0.3坡率进行土钉墙支护，设10排土钉，长度6~12m，水平间距1.2m，土层土钉采用人工洛阳铲成孔，然后卜入φ25钢筋并注浆，砂层土钉采用击入式钢花管（1φ48 3.5）土钉，然后管内高压注浆。西侧大放坡坡率为1:1.5，中间设1.5m宽平台，面层挂钢筋网喷混凝土护面，降水井布置在基坑顶1m内，直径D600，深度15m，在大放坡西侧水平间距按15m，其余部位水平间距为12m，设计要求在土方开挖前7天进行降水，边区土分层分段开挖配合土钉墙施工。

施工中基坑两侧坡顶位移较大（最大位移值达80mm），为判断其稳定性，进行了跟踪变形观测，不仅正确地指导了设计、施工，还摸索出了软土中喷锚支护的变化规律，探索出一套处理局部淤泥质软土和处理松散砂层的方法和经验。

该工程的方法和经验，对喷锚支护工艺在复杂土层中的应用具有普遍的指导意义，有一定的推广价值。

本基坑支护工程设计由深圳市岩土工程公司负责完成。

### 13. 深圳市中心城基坑支护设计

深圳市中心城基坑位于深圳市中心区东部，福华路以北，大中华国际交易广场以西，由深圳市勘察测绘院设计。

场地主要地层有：人工填土、第四系坡洪积层、第四系残积层及燕山期基岩。基坑底面标高为-11.8m，基坑深度约为18.8~20.1m。从经济及技术上综合考虑，采用如下支护形式，西北侧桩锚支护方案：桩顶标高为3.2m，在桩顶标高以上采用垂直开挖，设3排土钉加强，土钉采用φ22钢筋土钉，长度8~10m，横向间距为1.2m；支护桩采用钻孔桩，桩径为1.2m，间距为2.0m，设3排预应力锚索。在桩间采用高压旋喷桩止水。基坑东侧的用地红线距基坑地下室红线较远，有较大的放坡空间，先放坡至-1.5m标高处，后直立开挖到坑底，采用复合土钉墙支护。

该基坑设计具有如下特点：

1) 没有放坡空间的采用桩锚支护的形式，有放坡空间的采用加强型复合土钉墙的支护形式，设计方案经济效益显著；

2) 施工工期短；

3) 坚持分段设计的原则：根据周边环境对基坑边坡位移和安全等级要求的不同，不同部位的基坑止水与支护形式略有差异。

### 14. 长城畔山花园基坑支护设计

该工程位于深圳市福田区冬瓜岭，是一座地下3层、地上34层的商住楼群，总建筑面积9.6万 $m^2$。基坑近于矩形，长×宽=92m×73m，开挖深度11.35~11.65m。基坑支护由中国京冶建设工程承包公司(原冶金部建筑研究总院深圳分院)设计，基坑施工及服务时间：1999.6~2000.5。

场地地层主要由人工填土层，埋藏植物层，淤泥质黏土，冲洪积粉质黏土，粗至砾砂层，残积土等组成。地下水为上层滞水至潜水类型。

基坑东侧和南侧管网密集，特别是南侧，距道路近，路下有燃气管、给水、污水等七种管道及排洪箱涵通过，给支护工程带来了极大困难。

设计方案因地制宜，充分考虑了基坑周边不同的地质条件和工程环境，将基坑周边分为三个不同的安全等级，并采用不同的支护方案。在基坑北、东、西三面采用了深层搅拌桩截水帷幕；北、东二面采用钢管土钉—预应力锚索支护结构；南侧采用钢管土钉—预应力锚索—微型桩支护结构，并根据实际需要，锚索通过局部加密，变换角度，弯道处土钉放射性密集布置等方法，较好解决了密集管道区的施工困难；而基坑西侧，由于外部小区道路尚未修建，所以采用普通土钉墙和小口径降水井方案。

本基坑在服务期内安全稳定，确保了周边道路和管网的安全以及地下室施工的正常进行。基坑周边实测变形值均在规范允许范围之内。复合土钉墙支护技术的应用,比通常采用的桩—锚支护节约工程造价约300万元。

本项目获深圳第十届优秀工程勘察二等奖,广东省第九届优秀工程勘察三等奖。

### 15. 赛格大厦基坑支护设计

工程概况:该工程位于深圳市福田区华强北路繁华商业区,主体由一栋办公楼和二栋住宅楼等组成,地上31~40层,地下三层,基坑长×宽×深=205m×58m×11.7m。本基坑支护结构由中国京冶建设工程承包公司(原冶金部建筑研究总院深圳分院)设计,基坑施工及服务时间:1998.6~1999.8。

基坑影响范围内的地层主要有人工填土,坡积含砾黏土层和坡洪积砾砂层,残积粉质黏土层等。

工程的特点:地处繁华市区,规模较大,工程条件比较复杂,周边环境对工程设计和施工要求严格,设计和施工难度较大。基坑支护设计经过多种方案分析比较,突出重点,区别对待,充分利用监测资料,做好动态设计和现场服务,确保基坑及地下室工程顺利进行及周边建筑道路管网的安全。

①基坑南侧为赛格科技园,有并排三栋9~10层建筑,基坑距建筑物基础(天然地基,独立基础)仅2.8~3.0m,设计将该侧安全等级定为一级,也是本设计的第一重点,基坑支护采用人工挖孔桩—预应力锚索联合支护,桩外侧为高压摆喷止水帷幕。

②基坑东侧紧临华发北路,路下管线较多,保护道路和管网安全为本设计第二重点,安全等级属二级。设计采用三重管旋喷桩帷幕和土钉、锚索等复合土钉墙支护,较好解决了地下室施工空间紧张,厚层砾砂层截水及华发北路的安全问题。

③基坑北邻和西侧虽然分别靠近红荔路和华强北路,但考虑到有绿化带相隔,土质较好,所以采用普通土钉墙支护。

本设计较好地解决了一个地处城市繁华区,周边工程环境复杂的大型深基坑的支护技术和安全保护问题。

基坑监测数据均在规范允许范围之内。东侧复合土钉墙的采用节约工程造价100余万,而且为该项技术的研究和发展提供了经验。

该项目获深圳市第九届优秀工程勘察二等奖。

### 16. 长城盛世家园(二期)基坑支护设计

长城盛世家园(二期)位于深圳市福田区冬瓜岭,由九幢34层高层住宅等组成,建筑面积26万余平方米。该建筑群设四层地下室,基坑开挖轮廓167m×128m,深14.2~21.7m。基坑支护结构由中国京冶建设工程承包公司(原冶金部建筑研究总院深圳分院)设计,基坑施工及服务时间:2001.12~2002.12。

场地地质条件和工程环境比较复杂,特别是南半部,人工填土,淤泥质黏土,中至砾砂层等软弱松散土层达5~8m厚;东侧和南侧坡上管网密集,特别是燃气管线纵横布设;周边距红线近,无放坡条件,坡型只能采用垂直或近于垂直开挖。

根据本基坑的规模、地质和环境条件,按常规应采用"桩—锚"或"地下墙—预应力锚杆"支护方案,但二者的工程造价均十分惊人。为此,设计人员将目光转向了新研发成功的复合土钉墙支护。该项新技术造价比上述方案有较大降低,在12m以下基坑中已有多处应用,特别是在长城盛世家园一期(深11.65m)基坑中应用效果甚佳。在此基础上,又经过不同程序的计算和校核比较,最终选定了复合土钉墙支护方案。

方案要点:南半部采用深层搅拌桩帷幕+钢管土钉+三排预应力锚杆+微型桩+喷射混凝土面层联合支护,直立坑壁;北半部为钢筋(管)土钉+(3~5)排预应力锚杆+喷射混凝土面层联合支护。

该基坑2002年开始回填,在一年有余的时间内基坑经历了开挖支护,工程桩施工,底部岩石爆破,大型设备吊装,暴风雨袭击等多种因素影响,基坑整体稳定情况良好,也无局部坍塌,保证了地下室顺利施工和道路管网安全;节约工程费约500万元;在技术方面,为复合土钉墙支护技术的应用和发展提供了新认识和新经验。

### 17. 深圳艺丰广场基坑支护设计

由冶金部建筑研究总院深圳分院1992年设计的深圳艺丰广场基坑工程,位于罗湖和平路与深南大道交叉口,基坑周长330m,三层地下室,开挖深度11m,场地条件十分复杂,基坑东侧紧邻和平路,道路下面有通讯光缆,供电电缆,上下水管道等复杂的城市管网系统,锚杆施工困难,其他几侧临近多幢房屋,对变形十分敏感,锚杆施工对其会产生不利的影响,此外,场地条件比较复杂,在约2m厚回填土下有1.6~5.9m厚的流塑状态的淤泥质黏土,锚杆锚固力很低,因此,采用钻(冲)孔灌注桩+钢筋混凝土内支撑方案。

护坡桩采用冲孔灌注桩,直径1.2m,桩间距1.5~

2.0m,共193根护坡桩,在护坡桩之间设钻孔注浆形成止水帷幕,即形成桩撑式支护结构,该工程在施工过程进行了桩顶水平位移、桩身应力、锁口梁、内支撑梁应力等项目监测,监测结果显示(桩顶最大水平位移10mm,护坡桩桩身钢筋最大应力55.5MPa,支撑梁钢筋最大应力143.9MPa)基坑支护处于安全状态,这就说明,在复杂的周边环境和地质条件下,并经过雨季的考验,采用桩撑式支护方案是成功的。该种支护形式在深圳也是第一次使用。

### 18. 华侨城锦绣苑会所抗浮锚固工程设计

2000年由深圳市工勘岩土工程有限公司负责设计和施工,该会所设计2层地下室,面积约9600m²,地下水水头差6.45m,地下水净浮力15~35kPa,锚固地层为砾砂混黏土、砾质黏性土,采用土层抗浮锚杆抗浮。通过基本试验实测土层综合摩阻力极限值为141kPa,共布设1184根锚杆。建成后,经多年观测平均上浮量为4.55mm。

2002年获深圳市第十届优秀工程勘察二等奖,2003年获广东省第九次优秀工程勘察二等奖。

### 19. 皇达花园基坑支护

皇达花园基坑支护由中国建筑西南勘察设计研究院深圳分院设计,于2001年1月16日完成施工。皇达花园位于深圳市福田区益田路,设两层地下室,基坑深5.0~11.3m,支护面积3980m²,基坑周边环境复杂,紧邻周边有多栋6~8层的民房及市政道路。基坑涉及的地层复杂多变,主要为残积土,局部地段夹有2m左右的淤泥质软土,局部地段分布有松散砂土层。结合场地土条件和周边地质环境,基坑支护采取了坡顶放坡、坡下部采用土钉墙与预应力锚杆相结合的复合土钉墙支护方式。在遇砂土和软土层的部位采用了超前注浆加固的方式进行特殊处理。基坑支护完成后,经历了台风、暴雨的考验和坡脚人工挖孔桩施工的检验,结果表明基坑支护设计合理、处理方法适当、施工质量可靠,被评为深圳市2002年度市优秀工程三等奖。

## （三）边坡支护

### 1. 国家工商行政管理总局行政学院场坪及边坡整治工程设计

该工程由深圳市勘察研究院设计，原始地形为高丘陵坡地，经人工采石后形成坑凹状地貌，场地东部弃土弃渣，形成土丘。为达到规划设计场坪标高，场地西部需要填方，东部需要挖方。场地西北侧因人为采石遗留高陡岩质边坡，场地东北侧因挖方形成路堑边坡。整个工程可分为两个部分：场坪及地基处理工程；边坡土石方及整治工程。

（1）场坪及地基处理工程

设计要求为：场坪经地基处理后，地基承载力要求不小于160kPa，变形满足规范。场地西部大部分为采石开挖后形成的低洼凹地，基岩裸露，废弃后成积水坑。基岩为中（粗）粒花岗岩。对场地西部抽水后进行分层回填和强夯，根据不同的回填厚度采取不同的夯击能和夯点间距。

场地东部存在深厚人工填土，最厚达20多米，结构松散。对场地东部进行挖方，并针对不同的使用功能，分别采用强夯和强夯置换进行地基处理。施工完成后，经过瑞利波和平板载荷试验检验，各场地均达到设计要求。

（2）边坡土石方及整治工程

本工程边坡结构较为复杂，局部坡高超限，其安全等级定为一级。

场地西北侧高陡岩质边坡，坡长约180m，坡高约7~42m。坡体埋藏地层的岩性依次为植物层、砂质黏土、全风化混合花岗岩、强风化混合花岗岩、中等风化混合花岗岩、微风化混合花岗岩。边坡不存在整体性潜在滑移面，边坡的整体稳定性较好。但是边坡岩体断裂发育，结构面的不利组合较多；风化作用较强烈，近三分之一的坡面范围属极软岩和软岩；设计主要采用坡率法保证边坡稳定性，并以台阶对边坡分级，岩石坡面采用光面爆破。对于坡中部中风化岩层中的结构面组合不利地段采用锚杆加固，风化严重及破碎地段在锚杆间采用主动高强钢丝网连接，因坡顶为反坡，不需设置截流沟，坡脚下设排水沟。

场地东北侧填土区边坡，坡高5~10m，坡长140m。采用1:1.5坡率放坡，坡面采用混凝土截水骨架防护，喷草绿化，防止坡面雨水冲刷，坡顶设截流沟，坡脚下设排水沟。

本工程边坡采用动态设计法。施工完成后，整个坡体从安全性和美观上都达到了预期效果。

### 2. 东方尊峪边坡治理工程

该工程由深圳市勘察研究院设计，深圳地质建设工程公司施工。开工时间为2004年2月1日，目前已基本完成所有非重力式支撑体系的施工。该工程是深圳市最大规模的边坡削方，所有建筑均建在不同标高平台上的永久性及观赏性边坡上。该边坡总体高度约67.5m，大致分为3个台阶，总体坡度约33°；边坡地质条件复杂，覆盖有大量的坡洪积层和洪积扇地层，且曾有小型滑坡发生。该边坡支护面积达2.2万 $m^2$，采用了土钉墙、加强型土钉墙、悬臂方桩(圆桩)、方桩(圆桩)锚杆、方桩和桩间挡板、方形格构梁锚杆、人字格构梁锚杆、加筋土挡墙以及重力式(毛石、旋喷桩)挡墙等几乎所有的边坡支护方式方法；并设置了位移、沉降监测系统、边坡土体测斜管系统、桩身应力监测系统、锚杆应力监测系统等几乎所有边坡工程应设置的监测内容。该边坡地质条件复杂，锚杆施工难度大、质量可靠性差，是深圳市典型的高大边坡、复杂边坡、难施工的边坡，也是最具代表性和借鉴性的边坡。

### 3. 深圳(亚太)国际学校边坡支护

深圳(亚太)国际学校位于深圳市西丽镇，在场地平整过程中形成了一系列人工高边坡，边坡高一般10~25m，最高36m，总体坡长约500m，边坡坡角70°~90°，属高边坡。边坡涉及主要地层为残积砂质黏性土、强风化和中微风化花岗岩，局部坡段存在顺坡向裂隙。边坡支护设计施工由中国建筑西南勘察设计研究院于1995年完成，本边坡采用锚杆喷射混凝土支护方式，土层锚杆一般9~15m长，岩石锚杆一般3~6长，锚杆采用潜孔钻干法成孔施工工艺，支护面积6648 $m^2$。该工程已完工10

年，边坡稳定，坡面已爬满爬藤植物，外貌完整美观。该工程获中建总公司优秀岩土工程二等奖。

#### 4. 下洞油库高边坡支护设计

工程概况：深圳市下洞油库边坡位于深圳市葵涌镇，边坡高40~70m，坡长343m，其倾角约60°，支护面积2万多平方米。边坡岩体由残积土层和分为强、中、微风化带的花岗岩层组成。边坡支护由冶金部建筑研究总院深圳分院设计，1991~1994年完成施工。

采用Sarma法，Bishop法以及有限单元法验算边坡的稳定性，结果显示边坡处于不稳定状态。其可能的破坏形式为切层旋转滑动，最大的滑体厚度约11~12m。另外，岩石的掉块和局部岩体的坍塌也对边坡构成威胁。

经过与多种其他加固方案比较后，采用预应力锚杆和喷锚结构联合加固边坡。预应力锚杆适用于岩体深层的滑移，这里用以阻止边坡的切层滑动。喷锚结构能有效地防止岩石掉块和局部岩体坍塌，这两种方法被有机地结合起来，对高陡岩土边坡加固取得了很大的成功，施工后，取得了良好的技术和经济效果。

边坡是土木工程中的重要领域。为保证边坡的安全，必须采用合理的方案。本工程中，预应力锚杆被作为阻止边坡整体滑移的主要手段，与其他方法如挡土墙、抗滑桩等相比，具有更大的优势，也是预应力锚杆和喷锚支护有效地结合治理高陡岩土边坡在深圳地区的首次应用。

### 三、岩土工程新技术的发展应用

#### （一）地基处理

随着经济建设的飞速发展，深圳地区的复合地基方法也得到相应的提高，各种地基处理方法在深圳均有应用，冷热处理法、电渗法及托换中的迁移法应用较少，各种工艺日趋完善、成熟，在国内地基处理方法中，其水平较领先的有：强夯置换法、动静联合排水固结法、堆载预压排水固结法、素混凝土桩复合地基技术、爆夯法等。

**1. 强夯置换法**

（1）置换原理

接触地面的瞬间夯锤刺入并深陷于土中，这个过程虽然非常短暂，以毫秒计，但它在瞬间所释放出来的大量能量，对被加固土体产生的作用主要有三个方面：①直接位于锤底面下的土，瞬间承受到锤底的巨大冲击压力，使土体极压缩并急速地向下推移，在夯坑底面以下形成一个压密体，其密度大为提高；②位于锤体侧边的土，瞬间受到锤底边缘的巨大冲切力而发生竖向的剪切破坏，形成一个近乎直壁的圆柱形深坑；③锤体落下冲压和冲切土体形成夯坑的同时，还产生强烈的震动，以三种震波的形式(P波、S波、R波)向土体深处传播，基于多种机理(震动液化、排水固结和震动挤密等)的联合作用，使置换体周围的土体也得到加固。

强夯置换法适用于处理含水量过高的黏性土填土和厚度不大的淤泥、淤泥质土地基。深圳地区有较多工程采用本方法。

（2）置换方法

一次置换(原点多次夯击)形成的夯坑深度一般为夯锤直径的1~2倍，要求置换体深度大时，必须经过多次的置换才能达到目的。第一次置换先夯出一个深度为1~2倍锤径的夯坑，填满碎(块)石等置换材料后，以完全相同于前述的步骤再作第二次置换，直到第n次置换达到预期的目的或置换深度为止。

（3）设计计算

强夯单墩体的承载力应通过现场载荷试验确定，强夯块石墩复合地基总沉降量包括两部分，即复合地基加固区沉降量和加固区以下土层沉降量。可采用分层总和法进行计算。

（4）工程质量检测

常见的检测项目主要为强夯置换块石墩体形和深度、墩承载力、复合地基的承载力和变形模量等。

**2. 堆载预压排水固结法**

堆载预压是一种常用的软土地基处理方法，是深圳地区填海工程中应用最广泛的方法，在淤泥等软土中设置竖向排水通道，采用超载预压减小剩余主固结沉降量和次固结沉降。由于填海面积较大，为加快施工速度，利用场坪规划路网或临时施工分隔堤把场坪分为若干施工单元，分隔堤作为施工便道，用开山石填筑，隔堤顶部道面满足重型载重车辆双向车道行驶要求，并且隔堤堤身宽度在使用过程中应保持相对稳定，经过长期重载车的碾压及强夯处理，其工后沉降一般较小，而场坪采用堆载预压排水固结法处理，允许一定的工后沉降，这样隔堤与场坪的过渡带出现差异沉降，必须进行过渡带地基处理，使沉降差满足要求。

深圳地区在堆载预压排水固结法中的创新点为：

①为消除差异沉降，在过渡带采用砂石桩或砂桩进行处理，实现平稳过渡；

②填筑隔堤用端进"龙抬头"抛石挤淤法，抛石挤淤后加强夯（异型锤），使填石基本上达到淤泥底面；

③用高强度的经编复合土工布作为加强层，隔断了下层淤泥和上层填筑层（石、砂、土），使上层预压土（石）得以顺利地分层填筑，而不发生滑动、变形。

### 3. 低强度素混凝土桩复合地基

（1）概述

深圳地区，特别龙岗区地下分布有大量的石灰岩，溶洞较发育，在该地区建高层建筑或大跨度的公共建筑如体育馆等，基础选型对我们提出了挑战，桩会遇到溶洞，而复合地基承载力的设计要求较高，通常为200～500kPa，基础结构必须安全可靠，且经济合理。采用低强度素混凝土桩复合地基既充分发挥桩身材料的潜力，又充分利用天然地基的承载力，满足了工程建设的要求。深圳在岩溶发育地区，低强度素混凝土桩复合地基得到了成功应用。

（2）设计

按LC桩复合地基技术进行计算，总的沉降量为加固区和下卧层变形之和。当工程对沉降变形要求很严，而土质条件较差，根据计算可在低强度素混凝土桩间布置深层搅拌桩或高压旋喷桩，以提高桩间土的压缩模量。

低强度素混凝土桩顶铺设10～30cm厚的褥垫层。

（3）检测

复合地基中单桩桩身质量检测，可按照素混凝土桩的检测法进行。复合地基承载力按《建筑地基处理技术规范》（JGJ79－2002）、《深圳地区地基处理技术规范》（SJG04－96）规定采用复合地基静载荷试验和低应变检测。

## （二）深基坑及边坡支护

深圳地区深基坑支护目前常采用桩锚（或排桩＋内支撑）和喷锚法，而重力式挡土墙、地下连续墙、钢板桩等方法则相对应用较少。各种工艺都较成熟，但在传统工艺方面也做了些技术革新：如复合土钉墙技术、扩大头锚杆（索）技术、可拆芯式锚杆技术、自钻式锚杆技术等。

### 1. 复合土钉墙技术

土钉墙支护技术自20世纪70年代产生以来，因其简便、实用、经济的明显优势，得到了迅猛推广，但过去沿用的普通土钉墙由于技术上固有的弱点限制了其使用范围。从20世纪90年代中期开始，在深圳、上海、北京等地先后开展了复合式土钉墙技术的研究。复合土钉墙是将普通土钉墙与一种或若干种单项支护技术或截水技术有机组成的复合支护体系，其构成要素有：土钉（钢筋或钢管）、预应力锚杆（索）、截水帷幕、微型桩（树根桩）、挂网喷射混凝土面层、原位土体等；其受力模式属于重力式挡土墙与预支、锚拉等受力形式的联合作用，具有主动加固和超前加固的效果，而普通土钉墙是靠土体的变形而被动发挥挡土作用。

复合土钉墙对复杂地质条件适应性强，在回填土、淤泥、淤泥质土或砂层中均可适用。借助预应力锚杆（索）、微型桩（树根桩）等加强措施提高了土体对地层的加固和变形控制能力，目前使用该技术的最大坑深已超过20m。但当基坑底部有淤泥等软土或粉细砂时，应充分注意抗隆起稳定或抗渗流稳定问题。

### 2. 预应力管桩在基坑支护结构中的应用

预应力管桩基础是在广东地区广泛使用的桩型，近年来在基坑支护结构中也使用，特别是在软土地区的深基坑支护中利用管桩来代替微型桩（树根桩），甚至可直接作为排桩与预应力锚杆（索）联合使用，但预应力管桩抗弯承载力有限，须慎重。

### 3. 扩大头锚杆（索）施工技术

提高锚杆（索）的抗拔力水平仅靠增加锚固段长度来发挥是有限的，因锚固体摩阻力与锚杆长度并不成正比，采用扩大头锚杆是理想的途径，既提高了抗拔力值，也减小了锚杆的变形。但如何扩大锚头却是件很难的事。近年来，深圳地区岩土工程专家做了大量的有益的探索，开发出了一套利用高压喷射切割土体达到扩大头目的的施工方法：将特殊的喷嘴放于设计扩大头部位，高压泵产生的高压液体通过喷嘴形成高压喷射流切割土体，用水泥浆置换泥浆充填整个土体空腔，从而形成扩大头。

### 4. 自钻式锚杆的应用

自钻式锚杆技术是近几年从国外引进并消化吸收的新型技术，这项技术集钻进、注浆、锚固为一体，施工的各个工序在一个过程中完成，施工进度快。自钻式锚杆在钻进过程中，还可以边钻进、边注浆，可有效防止因塌孔而给后续工序带来不必要的麻烦，提高成孔速度及成孔质量。另外，自钻式锚杆采用专用连接套进行连接，可根据需要长度，边钻进、边进行连接，因为锚杆可以连接成任意长度，施工时所需要的平台小，操作简便，能适应任意场合。

由于孔外端的螺母拧紧力作用，每根锚杆也可作为预应力锚杆使用。

### 5. 可拆芯式锚杆技术

当坑壁接近建筑红线不允许采用永久性锚杆时可使用可拆芯式锚杆；锚杆每一个单元体的端部均有一个与孔壁固结的承载体，全长无粘结的钢绞线绕过该承载体直至钻孔口；在基坑完成任务无须支护时，可在孔口抽出达到拆芯目的。

### 6. 钢塑拉筋带加筋土挡墙技术

采用钢塑拉筋带施工的挡土墙最高已达60多米。钢塑拉筋带是一种由一组平行排列的高强钢丝、外浇高强度高分子化工聚合物合成的一种强度高（幅宽3cm、厚度2mm的筋带其单幅抗拉强度可达50~80kN，对应的延伸率为10%）、耐久性好（理论上最高可超过100年）的新型土工合成材料。采用这种材料设计的挡土墙按重力式挡墙原理考虑。这种技术主要适用于新填土边坡，由于采用分层铺设、分层碾压的施工程序，施工成本非常低，工程综合单价低于其他加筋技术。由于其面板结构一般采用预制混凝土板块或现浇混凝土制作，表面非常美观，也可以根据景观需要采用各种图案对面板进行多种美学改造。这些技术，已在深圳一些填方边坡工程中采用。

### 7. 钻孔过程监测仪（DPM）

岩土工程及施工有许多不同种类的钻孔机。它们适用于不同的工程任务和目的，如勘探、钻孔桩、土钉、斜排水孔、预应力锚杆和锚索等。其中四种基本的钻孔方法为：①螺旋式钻孔；②旋转式钻孔；③冲击式钻孔以及；④冲击旋转式钻孔。螺旋式钻孔和旋转式钻孔可用液压驱动，而冲击式钻孔和冲击旋转式钻孔可用液压或者气压驱动。有些方法可从钻孔中取样，有些则不行。

不同的钻孔机有许多共同的基本操作和过程。这些基本的过程包括钻杆和钻头的前进、停止、后退、前进旋转和后退旋转，以及用于控制钻杆和钻头的动态压力和荷载。这些参数是原始资料和数据，它们可反映出钻机随时间变化的钻孔和操作过程。

鉴于钻孔技术在香港的广泛应用，香港大学目前已经研制了一种钻孔过程监测仪(DPM)。该DPM能够自动地、连续地对钻机的钻孔参数进行跟随和记录。通过监测锚杆钻孔过程测定岩土体力学强度可以有效和具体地为每一根锚杆确定质量好抗拔强度高的岩土体作为锚固段地层，并同时可以有效和具体地优化每一根锚杆的设计和施工。

目前，该钻孔过程监测仪已经开始在深圳的边坡加固工程中进行了研究与试用。

# 第四章

## 水文地质勘察和工程降水

# 第四章 水文地质勘察和工程降水

## 一、概论

深圳建市初期深圳市地质局结合有关单位的供水，进行了一些零星的供水水源地勘查。其他勘察单位多在工程施工过程中进行一些抽水试验和工程降水。深圳没有全面系统地进行地下水情况（水位、水量、水质）的调查和系统的进行地下水动态（水位、水质）长期观测。对深圳地区的地下水资源、水位变化幅度、水质的变化，以及大量高层建筑兴建而采用基坑工程降水、桩基工程降水，非法开采地下水和非法向地下排污等而引发的地面沉降、地面塌陷、海水入侵、地下水污染等环境水文地质问题等，没有进行系统的调查研究。对地下咸水的分布、变化特点、补给条件、水位变化及海水涨落与倒灌对建筑场地地基、基础的影响等都没有进行专门的观测和评价。因此，深圳水文地质工作是一个薄弱环节，需今后进一步加强。

## 二、典型项目

### （一）供水水源地勘察

#### 1. 大沙河水资源评价

该项目为《1:5万深圳河（湾）环境地质调查》的子课题。1983年城乡建设环境保护部将深圳河（湾）的环境水文地质及工程地质内容列入国家科技攻关课题之一，同年地质矿产部将子课题下达广东省地矿局，广东省地矿局又将该课题下达给深圳市地质局。课题要求查明大沙河及河口三角洲含水层的厚度及其变化，地下水的富水性及其水质。工作时间为1985年8月至1985年11月。完成的主要工作有：水文地质钻探929.95m/93孔，供水井399.60m/2口，抽水试验9层次/5孔，水质分析10组。通过勘探调查，初步查明了大沙河的水文地质条件：

（1）孔隙水

含水层厚5～18m，最厚达14m，含水层以中细砂为主，水位埋深0.5～1.5m，单井出水量变化较大，为100～670m³/d，水温23.5～25℃，水化学类型为$HCO_3·Cl-Na·Ca$为主，矿化度一般<2g/l，pH5.8～6.5，$Fe^{3+}$含量：上游0.5～1mg/l，下游较高达13mg/l。

（2）裂隙水

含水层为花岗岩，地下水径流模数>5l/(s·km²)，风化裂隙带泉水较多。单井出水量与裂隙发育程度相关，变化较大，小者不足10m³/d，大者可达100m³/d以上。水温24.5～25.5℃，水化学类型上游为$HCO_3-Ca·Na$型，矿化度68～313mg/l，pH6.2～7.2，下游地区水化学类型为$Cl-Na$型咸水，矿化度7.5～17.377g/l。

经勘察，地下水入渗补给量为21172m³/d，开采量为9803m³/d。深南路以南为咸水分布地带，设计生产井时需考虑咸水的反向补给，控制开采量，防止咸水倒灌，影响地下水质。

#### 2. 长岭皮河谷区供水水源地勘察

随着深圳市经济建设的迅猛发展，供水矛盾日益突出，特别是在东深供水3期工程投产以前尤为如此。为此，深圳市水利局于1990年委托深圳市地质局在大沙河流域的西丽桥——西丽水库、长岭皮水库区域内寻找地下水源，并于1991年6月提交了勘察报告。

勘察的主要工作量有：1:10000水文地质调查23km²，地质钻探213.55m/26孔、水文地质钻探846.43m/18孔、水文观测孔56.90m/9孔，合计1116.80m/63孔，单孔抽水试验26层次，群孔抽水试验3组，动态观测7孔7月，水质分析28组。通过调查，初步查明了水源地的水文地质条件及地下水资源：

1）孔隙水含水层为冲洪积层中的砾砂、中粗砂，为潜水—弱承压水，含水层厚3~6m，原河床地段可达5~8m。地下水水温22~24℃，水位埋深1.0~2.5m，富水性由河床—河漫滩—1级阶地呈减弱趋势。单井出水量30~100m³/d，原河床地段可达480m³/d，高者达800~1100m³/d。地下水水化学类型为$HCO_3·Cl-Ca·Na$型，pH6.0~6.4，矿化度60~165mg/l，铁、锰离子含量较高，$Fe^{3+}$高达6.4~25mg/l，$Mn^{2+}$ 2.0~7.5mg/l。

2）块状岩类裂隙水含水层为花岗岩，地下水富水性弱，单井出水量一般<100m³/d。

3）区内地下水补给量为19671m³/d，孔隙水枯季可采水量4822~6509 m³/d，雨季可采水量13923~15610m³/d，每年可采水量不低于368万m³/a。地下水需经除铁除锰后方可作为生活饮用水。

4）区内无软弱土层且远离海岸，地下水的开采不会导致地面沉降、地面塌陷及水质恶化。

另外，深圳建市初期为解决大规模开发建设的临时用水、工厂的生活、生产用水，零星分散地进行了供水井勘察与成井。供水井数量较多，建市初期到20世纪90年代初为勘察建井的高峰期。单井出水量一般为60~150m³/d，为深圳市的经济建设作出了一定贡献。

## （二）矿泉水勘察

在经济建设的初期，通过供水井的勘察及罗湖断裂的勘探验证，发现了上步岭矿泉水（益力矿泉水）及东湖矿泉水（今梧桐山矿泉水）。矿泉水主要受深圳市北东向的压扭性断裂（即莲花山大断裂）控制，而北西向及南北向的张扭性断裂为其导水构造。

### 1. 上步岭矿泉水（益力矿泉水）

该矿泉水位于上步荔枝公园内，发现于1981年1月，系为市委办公大楼施工供水井时所发现，后根据市政府及省地矿局的指示，深圳市地质局对其进了详查工作，1983年9月省地矿局对报告进行了审查。

勘察的主要工作量有：1:1000水文地质测绘1.2km²、地形测绘1.2km²、水文地质钻探3089.84m/15孔、水质全分析50组、简分析3组、光谱分析3组、单孔及群孔抽水试验31次/28层、模拟开采抽水试验23天。通过勘察，查明了地下水的水文地质条件，其基岩为花岗岩，北东向构造为其矿泉水的成生及控气构造，北西向断裂为其导水构造。地下水水温25~26.5℃，孔底水温30~33℃，水化学类型为$HCO_3-Ca$型，矿化度800~1900mg/l，游离$CO_2$达1144 mg/l，$Fe^{3+}$18.9mg/l，$Mn^{2+}$1.8mg/l，含有多种有益于人体健康的微量元素，与法国Perrier矿泉水的组分比较接近。

勘察获得的矿泉水储量为316.31m³/d，B+C1级开采储量为196.91m³/d，B级开采储量为100.83m³/d。

### 2. 东湖矿泉水（梧桐山矿泉水）

该矿泉水位于东湖公园内，系在1985年对深圳罗湖断裂验证时所发现。该矿泉水是自然界十分稀少的含锶、锌、氟、锂、偏硅酸复合型碳酸矿泉水，除可供饮用外，还可作为浴疗用，对冠心病、高血压、心肌劳损具有一定的医疗保健作用。

该矿泉水于1987年通过了地矿部水文地质工程地质司组织的天然矿泉水鉴定，鉴定证书号为：地发水字第99号。

该矿泉水发现后，深圳市地质局于1986年至1987年12月对其进行了详查工作，完成了1:5000水文地质测绘10km²，水文地质钻探1964.23m/12孔，水质分析34组，简分析23个，光谱分析4个，井下测温546.48m/3孔，单孔抽水试验24层段/14孔，模拟开采试验14日。通过详查，查明了矿泉水水源地的水文地质条件，其基岩为石炭系测水段($C_{1dc}$)碎屑岩及中侏罗统塘夏群($J_{2tn}$)碎屑岩，北东向断裂为其成生控气构造，内带为碳酸类复合型矿泉水，外带为单一型偏硅酸矿泉水，水温25~28℃，地下水化学类型为$HCO_3-Ca$型，pH6.4~6.8，矿化度1593.36mg/l，游离$CO_2$1320mg/l，偏硅酸($H_2SO_3$)149.37mg/l，Fe14.50mg/l，Mn0.60mg/l，F1.275mg/l，并含有多种有益于人体健康的微量元素锂、锶、溴、碘、硒、氡等。

根据开采模拟试验，复合型矿泉水的开采量为108～145m³/d，远景开采量为295.7m³/d，外带单一型偏硅酸矿泉水的开采量为352.2m³/d。

### （三）地热勘察

#### 1. 罗湖地热勘察

1981年，深圳市地质局受广东省地矿局指示在罗湖莲塘进行地热普查，施工钻孔1个，孔深472.24m，孔底水温39～42℃，有地热异常。1984年开展进一步的工作，投入工作量：钻探1621.98m/4孔，抽水试验10次/4孔，井测温86次/3孔，是深圳市首次进行的地热专项勘察。勘察区的地层主要为石炭系下统测水组及侏罗系中统塘夏群碎屑岩，揭露的断裂构造F3为北东向构造，走向60°，倾向北西，倾角40°，断裂附近的岩石均发生明显的变质作用，见有压碎岩、角砾岩、片岩等。根据测量结果，水温增高梯度为1.6～2.7℃/100m，与正常地热增温率（3℃/100m）接近，抽水出口水温26.2～28℃（上部孔隙水水温20～24℃）。由于孔深深度不足，未能揭示出有价值的地热异常。地下水水化学类型为$HCO_3$-$Ca·Na$型，矿化度0.1～0.2g/l，pH4.9～7.3，F 0.12～2.24mg/l，$SiO_2$ 10～48mg/l，符合饮用水标准，单井出水量22～234m³/d。

#### 2. 宝安公明玉律地热勘察

随着深圳市旅游资源的开发利用，深圳地热是一宝贵的旅游开发资源。为了扩大玉律温泉的开采规模，深圳市国土资源和房地产管理局宝安分局委托深圳地质建设工程公司对玉律温泉的地热资源进行预查，圈定地热异常范围和储热构造，以此为基础进行第2阶段的地热资源评价及第3阶段的综合开发利用提供依据。

地热初查自2005年4月开始，至6月结束，选择了水文地质测绘、高密度电法、电测深、氡气测量、浅层钻探与岩面测温、水质分析、抽水试验等多种手段，初步查明了地热田的基本特征。

玉律地热位于玉律村东南侧，东距石岩温泉度假村1.7km，以泉群形式出露于第四系冲洪积层中，出露面积不足0.5km²。据1981年调查资料，泉群流量1.7l/s，每隔5～7min间歇性喷出气体，泉水无色、透明、具硫味及硫臭，水温54～57℃，最高66～68℃，水化学类型为$SO_4·HCO_3·Cl$-$Na$型，矿化度620 mg/l，逸出气体主要为$CO_2$、$CH_4$等。

1986年对温泉热能开始使用，目前有4口机井抽取地下热水，总取水量约250m³/d（包括石岩湖度假村用水），为简易的露天浴池，仅供附近的村民洗浴。

初查的主要工作量有：1:2000水文地质测绘1.5km²，复合联剖电法7条/384点，电测深52点，氡气测量63点，水质分析1个，深部生产验证井170.60m/1孔，抽水试验1次。

(1) 地热田的基本特征

根据初查，地热田上部为第四系冲洪积层孔隙水，含水层主要为砾砂、粗砂，厚3～8m，水位埋深0.5～6.0m，水温27～30℃（受地热影响）；下部为基岩裂隙水，含水层为花岗岩构造破碎带，水位埋深1.00～3.50m，水温66～68℃，最高达79℃，单井出水量576m³/d，水化学类型为$HCO_3·Cl$-$Na$型，矿化度788.88mg/l，pH 8.61，偏硅酸94.80mg/l，氟12.0mg/l，锂1.97mg/l，锶0.68mg/l，溴0.24mg/l，偏硅酸、锂、锶含量达到天然饮用矿泉水标准。

地热田在构造上位于北东向樟木头断裂与北西向断裂的交汇地带，除玉律温泉外，在区域上沿北东向断裂还出露有中山三乡高温温泉及其他30多个低温温泉。

北东向玉律断裂，走向45°～65°，倾向北西，倾角52°～66°，破碎带宽3～8m，区内长约630m，由碎裂花岗岩、角砾碎裂岩与硅化碎裂花岗岩等组成，破碎带中普遍发生绿泥石化、绢云母化、黄铁矿化等蚀变现象。北西向水田断裂，走向北西，倾角约70°，区内长约720m，岩石普遍硅化与碎裂化，见石英脉，属张性、张扭性构造，为导热导水构造。

(2) 初步结论

1) 初步圈定的地热异常范围，长250m，宽50～120m，面积约0.20km²，偏硅酸、锂、锶含量达到天然饮用矿泉水标准。

2) 地热田位于华南褶皱系，地壳活动比较活跃，特别是中生代以来,由于大规模的断裂活动,造成大范围内大规模的多次岩浆活动,尤其是燕山晚期的岩浆活动,为本区提供了良好的热源。玉律大断裂(即樟木头大断裂)是一条切割了下地壳和上地幔的深大断裂,控制了岩浆及温泉的分布,北西向断裂则为地热积集储运提供了良好的条件。

3) 地热田大于60℃的C级储量为1500~1800m³/d左右,D级储量可达1000~1200m³/d,远景储量1000m³/d,总储量3500~4000m³/d。地热资源规模为中型,其成因类型属板块边缘——中温型透镜体状地热田。

## (四)工程水文地质勘察

### 1. 深圳火车新客站水文地质勘察

深圳市勘察研究院于1989年12月对深圳火车新客站进行了水文地质勘察。共布置勘察钻孔21孔,抽水试验抽水主孔2个,观测孔11个,利用勘察孔作观测孔12个。观测孔呈"米"字型布置,共进行了两组干扰抽水试验。查清了:

1) 场地含水层的情况及其渗透性;
2) 地下水的径流方向;
3) 确定了降落漏斗的形状及扩展范围;
4) 为基础施工降水设计提供了设计依据(降水井数量、单井出水量、成井工艺、降水井间距等)。

场地主要含水层为第四系冲洪积的砾砂层,其中含10%~30%卵石,局部含少量黏性土,厚度为2.40~10.0m。

抽水试验主孔用XJ-600型油压钻孔成孔,清水跟管钻进。开孔直径320mm,终孔直径220mm,下127~168mm滤水管,管外充填已冲洗及筛选的砾料。滤水管下好后,用活塞、压风机混合洗孔,直到水清砂净为止。

抽水试验共进行三个层次7次降深,即主1抽水,降深3次;主2抽水,降深3次;主1主2同时干扰抽水,降深1次。抽水结束后观测全部钻孔的恢复水位。通过抽水试验,计算出场地砾砂层的渗透系数为33.2~40.6m/d,影响半径为262~564m。最后计算出场地平均单位涌水量为1318.27m³/(d·m),场地总涌水量为15819.24m³/d。为基础设计提供了可靠的依据。

该项目被评为深圳市优秀工程勘察一等奖。

### 2. 深圳市观澜、龙华地区隐伏岩溶及富水断裂水文地质勘察

1999年5~12月深圳市勘察测绘院承担了"深圳市观澜、龙华地区隐伏岩溶及富水断裂水文地质勘察",在指定的工作区内(62.5km²)范围内,查明场地隐伏岩溶及富水断裂的分布,对其富水性和供水能力作出评价。

勘察工作根据场地隐伏岩溶及富水断裂发育特点,针对关键性水文地质问题(验证隐伏岩溶发育及富水构造)采取了水文地质测绘、水文物探、钻探相结合的手段。

经过水文地质勘察,查明了龙华地区62.5km²场地断裂构造富水性,以北西向断裂富水性较好,北东向断裂富水性较差,在构造复合部位,岩石破碎,富水性好。在深部构造裂隙水可开采利用为矿泉水,如ZK206孔地下水水质优良,出水量大于300m³/d。ZK202可作为小型供水水源(出水量大于150 m³/d),为场地寻找地下水供水水源提供了基础资料和设计参数。

经过水文地质测绘、水文物探及钻探验证、抽水试验,查明了场地地下水的情况,分析了地下水的类型和性质,采用均衡法、数理统计法进行了资源评价。工作区未发现隐伏岩溶发育区。因此场地寻找大型供水水源可能性不大。该地区供水应考虑以地表水为主,局部地段可考虑采用地下水作供水水源。

该工程2002年获深圳市优秀勘察工程二等奖、2003年获广东省优秀勘察工程表扬奖。

## (五)工程降水

随着深圳高层建筑的兴建,深基坑开挖、人工挖孔桩的使用而开展了基坑降水和工程桩降水工作。

### 1. 深圳市白沙岭住宅区1、2、3栋高层住宅基础施工降水

1984年,深圳白沙岭住宅区拟建三栋18层高层住宅,

是当时深圳市的重点项目。采用人工挖孔桩基础,以强风化花岗岩为持力层。强风化花岗岩之上有厚约10m的砾质黏性土(花岗岩残积土),残积土之上为厚6.5m的砾砂混卵石。砾质黏性土的砾砂含量占40%~80%,渗透系数$k=10$m/d;砾砂混卵石为强透水层,$k=40$~$60$m/d。深圳地区地下水埋藏较浅,水位标高12m,强风化层顶板标高为$-6$m,要求将地下水位降至强风化层顶板以下5m,降深达23m以上。当时深圳由于缺少工程降水的成功经验,加之基坑规模大(基坑规模40000m²),水位降深大,深圳市勘察测量公司承接该项任务后,经过反复研究和计算井及井群的极限降深和最大出水量,结合场地工程及水文地质条件,突破均匀布井的传统方法,布置了92口降水井,使地下水位降到了人工挖孔桩底板以下。安全顺利地完成了基坑开挖和人工挖孔桩基础的施工任务,取得了深圳地区首次大面积工程降水的成功经验。此项目获广东省优秀工程勘察一等奖。

### 2. 深圳市渣打外资银行中心大厦基础施工降水

该项目由深圳市勘察测量公司于1986年5月至12月进行,场地位于人民南路与友谊路交叉口的南东角,拟建的深圳市渣打外资银行中心大厦是一栋36层的酒店商业楼,建设单位为深圳市罗湖区外贸公司和香港永联成发展有限公司,桩基为人工挖孔桩,桩径较大(达3.5m),由四川华西企业第三建筑工程公司负责施工。该工程投资为2亿港元。

场地地下水极为丰富,含水层厚度大,附近两项工程的施工降水效果不佳,场地东侧距拟建建筑物6.5m处(最近处仅4m)有一座天然地基的建筑物(深圳市友谊贸易中心大厦)挖孔桩施工必然会由于施工过程中降低地下水而对其造成影响。为了减少影响程度和骤然抽水引起的差异沉降,在施工降水设计和运行管理上,采取了一系列措施,如在靠近深圳市友谊贸易中心大厦一侧的降水井,采取特殊填料方法,在降水施工上,采取由远到近的逐步抽水方法,使水位降落曲线逐步均匀下降,以保证建筑物的均匀下沉。

经降水6个月的连续沉降观测,建筑物基本是同步下沉,最大沉降量为20.00mm,比预计沉降量21.30mm小1.3mm,两点间最大沉降量为9.80mm,最大差异沉降坡度$3.12\times10^{-4}$。整个降水过程达到了预期的效果,使孔桩内强风化层以上的地层地下水得到疏干,在较大桩径的情况下,保证了桩壁稳定性,极少出现塌方、流砂、流泥现象,确保施工安全和工期、质量,受到了市领导、质检站、建设单位和施工单位的好评。

该工程1987获广东省优秀勘察工程二等奖。

### 3. 深圳市国际信托大厦基础施工降水

场地位于深圳市红岭路东侧、免税大厦北侧,拟建的深圳市国际信托大厦是一栋25层的办公楼。基础施工降水由深圳市勘察测量公司于1985年11月27日至1986年3月20日完成。

场地地下水丰富,含水层有第四系孔隙水、岩浆岩风化裂隙水、断层破碎带裂隙脉状水,三种地下水相互联通,具有一定的水力联系,混合水位埋深2.5~4.5m。降水设计是依据工程地质勘察资料、以降低三种地下水为宗旨,设计深度钻至基岩中风化层上部。2880m²降水面积共设计降水井18口,总深度450.8m,平均深度25m,最深30m。

在施工降水过程中,由于场地地质条件复杂,勘察资料与实际地层出入较大,只能边打降水井、边勘察、边调整施工降水设计。结果大部分钻井深度加大,18口降水井实际总深度为548.6m,平均深度30.5m,最深38m。成井时间为1985年11月28日至1985年12月9日,降水时间为1985年12月16日至1986年3月19日。

降水效果极佳。施工降水排除了第四系孔隙水、岩浆岩风化裂隙水、断层破碎带裂隙脉状水,将地下水位降低至地面以下20m,使地下18m以上的土从桩孔挖上来全部是干的(天然地下水位埋深2.5~4.9m),取得了优异的降水成绩。该工程被誉为深圳市降水效果最好的工程,施工单位也称之为"奇迹"。该项基础工程后来被评为深圳市全优工程。

施工降水过程中,该项目还接待了数十个参观学习单位,深圳市电视台专门为此项工程拍摄了专题电视片，作为城市建设历史资料史实而保存了下来。

该工程1987获广东省优秀勘察工程三等奖。

### 4. 海湾广场基坑降水

海湾广场位于蛇口工业区海湾花园，南临大海，距海边仅20余米。广场基坑面积5600m²，呈6边菱形，基坑深7.8m。基坑降水的目的是保证基坑开挖及基坑内的支护正常与安全作业。由于基坑周边存在污水管网，距海岸近，大大增加了基坑降水的难度。该基坑降水工程由深圳市地质建设工程公司进行。

场地上部为冲洪积与海积砂砾组成的孔隙含水层，厚2～7m，为潜水；下部为燕山期花岗岩含水层，为承压水，中间为砾质黏性土作为相对隔水层。

根据场地水文地质条件及场地环境条件，基坑降水采取周边井群截排为主、坑内明排为辅的疏排方案，设计井距6～12m，井深12～16m，进入微风化岩0.3～0.5m，设计总井数35口。根据等代大井法预测基坑涌水量为2760.86m³/d。

考虑到海水回灌，管网渗漏等情况，实际施工降水井42口。北部富水性较弱，井距10m；南部富水性较强，井距6～7m；东部及西部富水性强，平均7m。降水前期18口井的涌水量为3800m³/d，全部降水井完成后的涌水量为2205m³/d，坑内明排水量375m³/d，基坑稳定涌水量为2500～2600m³/d，与设计预测量较为接近。

基坑降水期间，适逢雨季，降水前期90天经历了2次台风，1次热带风暴的袭击，克服了海水入侵、市政管网漏水等困难，降水工程保证了基坑作业的顺利施工，受到了建设方的好评，1995年获地质矿产部QC质量一等奖。

# 第五章

# 环境地质与地质灾害防治

# 第五章　环境地质与地质灾害防治

## 一、概论

经过25年的开拓，深圳市已经发展成为国际性现代化大都市，成为泛珠三角经济区一颗耀眼的明星。随着社会经济发展，土地资源的日益短缺，人类工程活动对地质环境的影响日益扩大，地质灾害特别是崩塌和滑坡频发，使得地质环境保护和地质灾害防治问题日渐突出。

### （一）深圳市地质环境条件概述

深圳地区属于典型的亚热带海洋性季风气候，雨势猛，雨量大，持续时间长，区内年平均降雨量1879.8mm，降雨形式有锋面雨和台风雨，降雨强度大，日降雨量最大值可达385.8mm，日平均最大降雨量为282mm。

深圳市地貌类型比较丰富，划分为低山和高丘陵、低丘陵、高台地、低台地和阶地、平原五种；沉积地层有震旦系、泥盆系、石炭系、三叠系、侏罗系、白垩系、第三系及第四系；岩浆活动频繁，火成岩分布范围占面积的近一半。

深圳市断裂构造发育，可分为北东向、东西向和北西向三组，北东向断裂带斜贯全区，是深圳的主导构造，对整个深圳地区的地层、侵入体、变质岩分布、构造展布等具明显的控制作用。深圳断裂带是深圳地区最主要的北东向断裂构造，断裂带内的岩石强烈挤压破碎，尤以构造片岩、糜棱岩、碎裂岩、构造角砾岩等常见。断裂带的两侧地貌反差较大，北西侧以低山丘陵为主，而南东侧为高耸深切割的陡峻中低山地形，发育多级夷平面、阶梯状平台地形，显示挽近时期曾发生过新构造运动的特点。深圳断裂带经历了长期的活动历史，对深圳地区的构造演化、岩浆活动、沉积建造、矿产分布、地貌景观、地震活动等，起着重要的控制作用。

深圳市位于北东向莲花山大断裂南西段和东西向高要——惠来构造带中段的交汇处，断裂构造十分发育。断裂带从深圳龙岗、横岗延入特区后，东经梧桐山、深圳水库，西至香港元朗，北达泥岗一线，南至罗湖火车站。约由7条断裂组成，总体走向为北东50°~60°，大部分倾向北西，倾角40°~70°。其中有两条主干断裂，一条从深圳水库通过，经福田保税区南面，与香港流浮山断裂衔接；另一条从深圳田螺坑经梧桐山与香港元朗米铺断裂接壤。

根据原地矿部1985~1987年对深圳市区域稳定性评价研究成果：我市处于莲花活动断裂带中活动性相对较弱区段，不具备发生中强地震的构造背景和应力条件，同时其他地区发生地震对深圳也不会造成大的威胁和严重破坏。

我市广泛分布着花岗岩、凝灰岩等，岩石风化后，强度降低，引发各类地质问题。

深圳是一个地少人多、丘陵为主（低山丘陵约占49%）的城市，随着经济的发展和城市建设的加剧，大量的建设工程都需要开山动土，造成局部地质环境恶化，从而引发大量的环境地质问题及地质灾害。

### （二）深圳市地质灾害特点

通过对深圳市地质灾害的初步调查和资料分析，深圳市地质灾害的类型可划分为十一个大类：地壳活动性地质灾害，斜坡活动性地质灾害，河流、湖泊及水库地质灾害，海岸带地质灾害，农业土地污染地质灾害，地下水变化地质灾害，特殊岩土地质灾害，城市工程建设诱发的地质灾害，土地退化地质灾害，放射性地质灾害。

其中，突发的、斜坡活动性的崩塌、滑坡、泥石流地质灾害及城市工程建设引发的人工边坡失稳等地质灾害，成为深圳市近年来直接威胁人民生命财产安全的灾害类型。其形成可概括为如下几类：

(1) 丘陵、台地坡脚，为开发建设用地而进行的边坡开挖，对形成的边坡未进行有效的支护和管理。这是我市分布最广最多的一类。

(2) 已关闭的采石场边坡，由于普遍未按照分台阶的科学开采方式，多数存在边坡岩体崩塌隐患。如梅林深华石场、塘朗山龙井石场等。

(3) 采石废弃渣土的无序堆放，造成滑坡和泥石流隐患。如梅林关附近的羊宝地滑坡、罗湖长岭沟滑坡、玉龙坑武警医院后泥石流等。

(4) 部分建筑边坡进行支护时，未经过专业的勘察、设计和施工，或施工质量低下，依然存在安全隐患。另外多数挡土墙未设置有效的反滤层和排水孔而出现变形和开裂，由于缺乏地质和设计资料，对其稳定性的评价难度很大。

另外，从近年崩塌、滑坡、泥石流地质灾害发生的情况看，一般集中发生在暴雨台风期间，是典型的暴雨引发型地质灾害，其规模小，危害大，具有群发性特点。

### （三）深圳市地质灾害防治工作现状

深圳市地质环境保护和地质灾害防治工作是从深圳市建市后即开始的，由深圳市国土资源行政主管部门组织先后开展了深圳市区域稳定性评价、龙岗区岩溶塌陷地质灾害勘查、黄贝岭断层位移监测、罗湖建成区断裂带现今活动性与地应力监测研究、大南山滑坡治理、罗芳污水处理厂边坡治理、罗湖断裂带高层建筑及地面变形监测研究、深圳水库溢洪道两侧地面裂缝和边坡稳定性评价等地质环境保护和地质灾害防治项目。

特别是2004年以来，先后完成了全市地质灾害隐患点调查和评价，并对一些严重危害市民生命财产安全的危险边坡进行了治理，取得了良好的社会效益。目前，深圳市地质环境和地质灾害调查以及深圳市地质灾害预警预报系统与应用研究两个项目已经完成招标，深圳市地质灾害数据库、信息管理系统及网站也已经开始建设，全市地质灾害防治规划正在以高起点、高要求和高质量为目标进行中，地质环境保护和矿山整治复绿也正在有计划地开展。

在市委市政府的领导下，市国土资源主管部门在地质环境保护和地质灾害防治工作方面已经取得了相当大的成就，工作局面已经从被动开始转向主动，正在积极以"以人为本、构建和谐深圳"为目标开展各项工作。

## 二、典型项目

### （一）环境地质

#### 1. 深圳市区域稳定性评价

（1）项目来源

深圳市自1980年创办经济特区后，城市建设发展迅速，罗湖区高层建筑林立，已初具开放国际化城市雏形。五华至深圳断裂带从北东向南西斜贯罗湖区的高层建筑群，它的活动性及区域地壳稳定性问题关系到特区的发展前景，直接影响到海内外投资规模。

1984年，经地质矿产部批准，地矿部水文地质工程地质司主持"深圳市区域地壳稳定性评价研究"项目。该项目为部控重点地质工作项目，下设27个子课题，由广东省地质矿产局牵头（现广东省地质勘查局），参加单位以中国地质科学院系统及广东省地质矿产局为主，刚刚成立的深圳市地质局（深圳地质建设工程公司）是主要参加单位之一。

（2）项目工作情况

该项目研究工作分三阶段：

1985~1986年进行野外调查、勘探和各种仪器现场监测等项基础工作。

1987年进行室内数据分析处理，开展各种构造应力场的模拟实验研究，整理编写课题研究报告27份，由深圳市地质局参加并完成的分项报告有：1:20万深圳市地质系列图及说明书、1:5万深圳经济特区地质系列图及说明书、广东省深圳市罗湖区断裂构造调查及钻探验证成果专题报告、广东省深圳市罗湖区附近晚更新世以来断裂活动调查报告等。

1988年进行《深圳市区域稳定性评价报告》编制。

项目成果顺利通过了地质矿产部和深圳市人民政府联合组织的评审验收。

(3) 研究工作思路及工作方法概述

深圳市区域地壳稳定性评价，以构造稳定性评价为主，本次研究采用了地质力学的思路、观点、方法，在构造稳定性评价研究中，以地应力场的研究为主，配合介质稳定性、地面稳定性进行综合评价研究。

构造稳定性研究，是从广东省、莲花山断裂带、深圳市及深圳经济特区四个不同范围、层次依次开展工作，在查明地质构造的基础上，以研究构造活动性，特别是了解构造挽近时期至现今构造活动规律作为重点。研究工作中，采用了多种学科理论和多种方法及加强构造现今活动性的综合仪器现场测量，其中包括：探讨中生代时期断裂活动形变、应力变化的有限应变测量和差应力测量、多时相航空红外扫描和航空侧视雷达遥感研究、地质构造调查研究、第四纪以来断层活动性调查、钻探查证断层、地面物探普查、浅层地震剖面勘探、甚低频电磁测量、静电α卡放射性测量、钻孔全孔段孔壁纵波声波测试、断层带地表土壤气体测试、断层泥中石英形态的电镜扫描和热发光年龄测定、$C^{14}$测定、孢粉鉴定、区域地壳形变编图研究、断层位移测量、地应力测量、微地震台网连续监测、天然地震转换波测深等，获得了丰富的资料和数据，同时配合做构造应力场的物理模拟实验和数学模拟计算。通过这些测试、研究，经过系统整理、综合分析，探讨构造现今活动规律以及控制构造现今活动的地应力状态、分布、变化特征和能量集中、分布特征，使构造稳定性评价进入定量、半定量范畴。

介质稳定性研究，即对岩体和土体的稳定性研究，着重在深圳经济特区范围内进行。研究工作是在工程地质调查、物探、钻探和室内物理力学性质测试的基础上，加强了工程地质原位测试、浅层地震、声波测井等方法的勘测。对岩体土体的稳定性评定，在宏观论证的基础上，依据岩体土体的物理力学性质和沉积土体的砂砾颗粒级配、标贯击数、承载力等参数，使岩体土体的稳定性评价有了多项实测数据和定量、半定量指标，通过系统的物探、钻探，查明风化土体和软弱土层的厚度、被覆盖的岩体的埋藏特征，以及它们的分布规律和工程地质特征。

在地面稳定性研究中，除了常规野外调查外，还应用航空侧视雷达和航空红外线扫描摄影手段，对风化程度、水土流失、土体崩塌等外力地质现象及其发育程度进行分析。同时计算海岸外移速度、港湾淤积速率等动态指标。

稳定性分区，是在区域地壳稳定性评价的基础上，编制有关地质图图系，其中包括：构造分区图、现今地应力场图、综合工程地质图、水文地质图以及地貌与外动力地质图等，并在统一制定区域稳定性分区原则基础上，按照不同区域范围层次，分别编制不同比例尺稳定性分区图件和说明表。在广东省范围，编制1:100万区域地壳稳定性分区略图（即构造现今活动与地震关系图），主要划分活动构造带与相对稳定地块的展布轮廓，从而了解深圳所处部位，同时作为区域地震影响场的分析计算依据。在深圳市范围，编制1:20万区域地壳稳定性分区图，具体划分各处相对稳定程度，供城市建设规划使用。在经济特区范围内，编制1:5万稳定性分区图，为开展和合理利用土地资源，指出拟建港口的位置、城市发展扩建用地的位置等，供制定城市建设发展规划使用。

(4) 主要成果简介

根据区域稳定性评价结果，莲花山断裂带现今活动性处于中等水平，并有南东支强、北西支弱的规律；断裂带的现今活动，表现为南东支强、北西支弱；粤东沿海一带构造现今活动性，总的表现为断裂带东强、西弱；地形变活动东大、西小；地震活动强度东强、西弱；珠江口三角洲第四系沉积厚度为东厚、西薄的变化趋势。

深圳市位于莲花山断裂带的北西支的南西段、粤东沿海的西部，在区域上处于构造现今活动较弱的部位。虽然北东向的深圳断裂束斜贯全区，但其现今活动较弱；区内东西向断裂不发育，不具备与北东向断裂复合而发生 Ms > 5 级地震的构造背景。

建议对黄贝岭F8断裂位移、微震台网继续监测，以便进一步了解深圳市断裂及地震活动规律。

此外，随着城市建设和工业的发展，必须加强经常性的环境地质调查研究与监测，及时采取防治措施。

## 2. 深圳市罗湖断裂带活动性和主要建筑物与地面形变监测及其变化趋势预测研究

2000年，深圳市勘察研究院受深圳市规划与国土资源局的委托，开展"深圳市罗湖断裂带活动性和主要建筑物与地面形变监测及其变化趋势预测研究项目"。

（1）工作目的

深圳市罗湖断裂带位于粤东莲花山断裂带的西南部，进入深圳特区后，从深圳水库及其两侧通过，穿过罗湖高层建筑群地基继续往南西方向延伸，断裂带宽达5km。通过对罗湖断裂带上罗湖区约32km²的重要建筑物及地面形变进行长期监测，从掌握其变形程度、变形速度、变形机理等不同角度，研究断裂的活动性和被监测的高层建筑安全性，对其今后的变化发展趋势进行预测，为深圳城市发展规划、城市的减灾防灾工作，提供科学决策的依据。

（2）主要任务

1）评价罗湖断裂带的活动性及其重要设施与高层建筑的安全性；

2）评价大规模建设工程活动对断裂带的影响；

3）评价罗湖断裂带主要建筑物、地面的变形与地震对应关系及其变化趋势预测。

（3）任务完成情况

罗湖断裂带建筑物JS静力水准仪不均匀沉降监测选点工作，于1999年8月至2000年8月共安装高层建筑监测点17座，2001年4月增加安装GDW型光电位移测量仪器点5处，进行挠度监测，建筑物间相对水平位移自动化监测共设置两组，所采用的自动化监测仪器，由中国地震局地壳应力研究所提供协作，建筑物不均匀沉降实时观测，其中8座监测点从2000年1月正式开始，其余监测点均从同年4月全部投入监测工作，按合同规定，监测时间为1999年4月至2003年6月。在监测期间，同时完成了1:1万罗湖断裂带基岩地质构造调查填图工作，并进行了深圳水库溢洪道两侧活动性断裂及地面裂缝稳定性评价研究等相关工作，完成工作量见表5-1。

（4）结论

1）区域莲花山活动断裂带的地震活动，总体表现为西北支弱、东南支强、东北段强、西南段弱的特点。罗湖区基本位于断裂带地震活动最轻微部位，地下水的活动和水位未发生过大幅度的变化，对断裂的活动性和地下工程施工，未构成重大的影响，区内现今构造基本稳定。

2）罗湖断裂带属微弱全新活动断裂

① 断裂最新的强烈活动期，大致发生在晚更新早、中期，晚更新世晚期以后，断裂活动渐趋减弱。

② 黄贝岭F8断裂断层蠕动速度缓慢，右旋方向扭

完成工作量统计表　　　　　表5-1

| | 项目名称 | 单位 | 工作量 | | 项目名称 | 单位 | 工作量 |
|---|---|---|---|---|---|---|---|
| 资料收集 | 1:1万地形底图 | km² | 32 | 地质填图 | 1:1万罗湖断裂带基地质图 | km² | 32 |
| | 航空卫星相片 | 幅 | 32 | | 地质观察点 | 个 | 181 |
| | 罗湖区工程地质勘察报告 | 份 | 300 | | 利用钻孔揭露点 | 个 | 1775 |
| | 钻孔 | 个 | 1775 | | 实测地质剖面 | m | 4600 |
| | 水库溢洪道地面裂缝动态监测 | 年 | 16 | 变形监测 | 航空、卫星图像解译 | 幅 | 12 |
| | 深圳水库溢洪道两侧断裂裂缝评价 | 份 | 1 | | 静力水准仪安装 | 座 | 17 |
| | 1:5万区域地质调查 | 份 | 1 | | 不均匀沉降测点 | 个 | 81 |
| | 深圳市区域稳定性评价 | 份 | 1 | | 观测时间 | 年 | 4 |
| | 深圳市地震危险性分析 | 份 | 1 | | 挠度监测点 | 座 | 5 |
| | F8断裂微量位移监测报告 | 份 | 1 | | 相对水平位移监测 | 组 | 2 |
| | | | | | 罗湖区构造应力场有限元数值模拟 | km² | 32 |

动,为张性正断层活动性质。

③ 罗湖断裂带在本区的现今地震活动表现为微弱。

④ 罗湖断裂带深圳水库溢洪道至深圳湾一带为晚更新世晚期以后。

⑤ 罗湖断裂带区域应力场最大压应力方向为北西330°,罗湖区应力场应力方向也是北西—南东;断裂带东半部断裂两侧相对位移较大,呈左旋扭动,西半部位移相对较小,主要呈右旋扭动。

⑥ 断裂带自全新世以后活动已趋减弱,综合评定本区为微弱全新活动断裂级别。

3) 深圳水库溢洪道西坡地面裂缝属环境地面裂缝类型。

4) 初步划出变形程度正常、允许范围及异常三类,并建议本区稳定指标取2.5mm。需注意外围地震可能对本区带来的影响。

5) 预测地面形变总的发展趋势基本稳定。局部出现的基础变形趋势增大,应采取有效的预防监测措施。

（5）建议

1) 对跨断层的位移监测工作,建议增加北东向F9主干断裂及以F7断裂破碎岩石为背景的水库溢洪道地面裂缝、F10断裂和北西走向F201、F203、F204断裂的位移水准测量工作,并采用连续自动记录观测。

2) 对已经建立采用JS型静力水准仪进行的17座高层建筑物监测点,宜组成建筑物沉降观测系统。

3) 罗湖断裂带展布方向已布置的建筑物监控网周边,形成总长约25km水准环线,应用数字水准仪进行一等精密水准网施测。

4) 应用全球卫星定位系统技术（GPS）,发挥其空间测量的大跨度优势,在罗湖断裂带内的制高点建立参考网和相对网,进行地面的水平位移监测。

5) 引入合成孔径雷达影象干涉测量技术（INSAR）,为全面把握研究区的变形发展规律提供全貌背景信息。

通过以上观测工作,建立城市地质灾害防治专业IT网站,设定访问权限,将获得的观测、研究成果实时上网,供政府及有关部门查询和决策,逐步形成高层建筑物危险性与地面形变灾害监测、预报、预警和应急响应决策体系。

### 3.深圳水库溢洪道两侧场地断裂活动性及地面裂缝稳定性与建筑适宜性评价

由于深圳水库溢洪道右岸边坡出现裂缝,且深圳市美术馆地面和建筑物也相应地出现不同程度的变形和破坏,为了查明原因,保障深圳水库的安全。2002年5月,深圳市规划与国土资源局委托深圳市勘察研究院承担了该项目。

（1）工作目的

通过对水库溢洪道两侧场地断裂活动性与地面裂缝稳定性及建筑适宜性评价,查明断层破碎带、裂缝形态、规模、形成机理、发展规律,进行断裂活动性及稳定性有限元数值模拟研究,明确拟建建筑场地的建筑适宜性,评价建筑后水库溢洪道右边坡的危险性、预测其变化趋势并提出初步防治对策建议,为确保深圳水库供水工程的安全提供科学依据。其工作范围北起于深圳水库溢洪道入口,南至园源餐厅一线,面积约0.5km²。

（2）工作任务

1) 对拟建水库山庄场址的断层构造进行地面地质调查,开展建设项目的断层稳定性评价工作,确认该场址工程建筑物的建筑适宜性和对水库环境影响的结论性意见。

2) 对地质平衡状态极其脆弱的水库溢洪道右坡（拟建场地）进行断裂构造稳定性有限元数值模拟研究,定量评价拟建场地工程建筑物对断层活动性的影响。在断裂构造地质调查的基础上,结合工作区及邻区已有的地应力、断层位移监测和岩石物理力学性质测试等资料,进行二维构造应力场分析,按地质体结构构造即断裂产状、地层产状、岩性分布等资料建立地质模型、数学模型和力学模型,定量分析工作区的应力状态变化规律、最大剪应力变化、形态能分布、断层不同部位活动方式及位移速率等,最终进行断裂安全性和岩体稳定性评价研究。

3) 在分析原有资料的基础上,采用工程钻探和浅层地震物探方法,进一步查明断层的空间分布特征和断层带的岩体破碎情况。

4）收集分析深圳水库坝区断裂带断层活动性的监测资料，对拟建水库山庄的断层构造活动性进行发展趋势预测。

5）水库山庄建筑场地断裂活动性与稳定性和建筑适宜性评价工作报告通过专家评审之后，必须经地质灾害行政主管部门认定，形成明确的是否能进行工程建筑的结论性意见，提供给市政府有关主管部门科学决策。

（3）结论

1）本区地形地貌类型、微地貌形态较为复杂，活动性断裂及地面裂缝较发育，岩土类型多样，工程地质和水文地质条件复杂，地震设防烈度定为7度，不良地质现象存在破坏性地面裂缝及小规模滑坡，评价区对地质环境的破坏较强烈，地质环境条件属于复杂级别。

2）评价区地面裂缝的分布，受F102、F103两条北东向断裂的影响，对建筑物的主要破坏力是垂直差异沉降，其次是拉张的破坏作用。地面裂缝对建筑物的破坏现状，反映了危害建筑物的直接性、长期性和渐进性。

3）评价区的地面裂缝，主要属环境地面裂缝类型，其次为重力地面裂缝。

4）场区的稳定性与建筑适宜性共分三级区，其共同特征是：Ⅰ级不稳定区和建筑适宜差区区内构造不稳定，断裂及其地面裂缝对建筑物造成破坏，附近边坡不稳定，对溢洪道安全构成威胁，防治难度大，工程造价高，建筑适宜性属避让场地；Ⅱ级较不稳定区和建筑基本适宜区，构造较不稳定，断裂及地面裂缝对建筑设施有所破坏，边坡较不稳定，属设防区，建筑适宜性属有条件适应性场地；Ⅲ级较稳定区和建筑适宜区，基本属安全区，适宜性属于常规兴建的适宜性场地。

5）评价区活动性断层直接穿过美术展馆及拟建水库山庄场地，地基、边坡未经处理，不宜作为建筑场地使用。

6）由于特殊原因建筑场地不能避让，应在边坡进行加固的前提下，对三层以下民用建筑场地采用减灾防灾对策。

7）对于水库山庄—美展馆场地的建筑适宜性，待有关部门确定。

（4）建议

1）遵守避让为主的原则。

2）溢洪道两侧边坡加固处理建议。

3）建筑场地工程设计措施建议。

4）建立活动断裂、地面裂缝形变长期监测站：

① F103北东向活动断层位移监测；

② 水库山庄—美展馆平台纵向裂缝活动长期监测；

③ 进行地表水地下水动态长期观测。

5）对山体滑坡进行防治。

**4. 深圳市黄贝岭F8断层微量位移监测研究**

（1）监测工作简介

1）人工地面位移监测

深圳市黄贝岭F8断层监测工作始于1985年，先由国土资源部中国地质科学院承担，后由广东省深圳市地质局接管，监测工作一直持续到1991年。当时的监测目的是为了查明深圳断裂带的构造现今活动性，并提供定量指标，作为深圳市区域构造稳定性评价的断层形变依据。建站工作于1985年7月开始，同年9月建成。

在全部标桩稳定数月之后，于1986年5月开始试测，同年7月4日正式定期施测。测量工作按照国家地震局Ⅰ等测量规范进行。1986年7月4日至1987年6月27日为第一个观测年度。为确保位移监测的成果质量，测量周期间隔为7天。按照原地矿部地质环境管理司和广东省地矿局项目主管部门要求，该课题后两年观测任务和总结报告编写工作移交深圳市地质局继续进行。

第二年度段监测工作开始于1989年7月10日。在其后两年的观测中，观测间隔为10天，于1991年7月26日结束观测。1991年11月完成了最终成果报告初稿编写工作，经深圳市地质局组织初审后于1992年5月提交正式报告《黄贝岭断层位移研究专题报告（1985~1991）》。

1998年，深圳市地质局同深圳市规划与国土资源局签订了《关于共同做好对深圳断裂带中黄贝岭F8断层位移监测工作的协议》，工作时间为1998年5月至2003年8月，基线网布设仍按1985年9月方案进行，三条基线与断层垂交、斜交和同盘方式不变。

2）自动化监测

2001年3月，深圳市规划与国土资源局与广东省深圳市地质局签署了《黄贝岭F8断层位移人工监测改自动监测补充工作协议》。工作期限为2001年2月至2003年8月。

黄贝岭F8断层微量位移监测研究项目是在充分分析黄贝岭F8断层地质、水文地质、工程地质和前期监测资料的基础上，吸取国内外同类工作经验，选用安装在深5m、宽1.5m、总长55m的断层位移监测专用巷道内，最新研制的GK系列断层位移监测仪器和传感技术，建立了深圳市断层微量位移监测系统，同时，结合监测巷道施工的断层面开挖工作，对黄贝岭F8断层的地质构造特征和断层泥的微观结构进行了系统的研究。

（2）监测工作意义

黄贝岭F8断层形变的自动监测工作以前期工作为基础，吸取国内外同类工作经验，构筑良好的观测环境，选用现代最新的高精度观测仪器和传感技术进行监测。对黄贝岭F8断层位移进行自动监测，可进一步认识罗湖断裂的活动性特征，对深圳市的城市建设和社会经济发展具有非常重要的意义：

1）黄贝岭F8断层位移监测站点地处罗湖断裂，该断裂穿越高楼林立的深圳市建成区和东水西调生命线工程，北东通过深圳水库大坝，南西延至香港，该区外围历史上有过强震活动，监测、研究该断层的活动性和该区的地壳稳定性，对深圳市的土地资源开发、城市工程建设的安全和社会经济发展将产生极大的经济效益和深远的社会影响。

2）深圳断裂带由惠州市淡水经深圳市坪山、横岗、沙湾、深圳水库至罗湖闹市区往香港九龙延伸。经1986~1990年对断裂带内黄贝岭F8断层微量位移测量结果，F8断层属现今中速活动断裂，年趋势活动速率为0.35~0.45mm/a，1994年F8断层附近民居曾出现地热异常，跨断层的向西村一栋六层楼房开裂。自1987年以来罗湖区新建高层建筑近二百栋，位于该断裂带范围内的深圳水库库容增大，大大增加了罗湖区地面的载荷，加之二十多年来大规模的工程建设活动，由此必然改变原有地壳结构的边界平衡条件、载荷平衡条件及其平衡状态，使原本具有活动性的罗湖断裂的弱平衡状态地质环境受到破坏。目前，沿该断裂带分布的破碎岩分布区、囊状与槽状强烈风化地段、软弱地层、饱和粉细砂层等不良地基岩土分布区，已发生部分建筑物变形和产生裂缝。因此，对黄贝岭F8断层微量位移进行监测研究，是保障人民群众生命和财产安全的需要。

3）用现代最新的、高精度的监测仪器，在活动强度不大的黄贝岭F8断层上进行跨断层动态监测，获取断层的活动速率和与外围地震相关的断层微量活动信息，可进一步研究相对稳定地区地壳构造运动与地震活动和地壳稳定性的关系，为深圳市防震减灾服务。

因此，研究黄贝岭F8断层活动的位移变形特征，预测其变形发展趋势，对深圳市特别是罗湖区的城市规划和工程建设工作，具有重要的指导意义和实际应用价值，也对深圳市城市规划发展、国土资源保护利用、预防和减轻地质灾害的损失等方面都具有重要的现实意义和显著的经济效益、环境效益和社会效益。

（3）项目工作内容及特色

黄贝岭F8断层微量位移监测系统运用现代高新信息技术，实现了断层运动学和动力学信息的自动采集、快速存取、处理、检索、查询、显示和传输。

1）监测仪器精度高：为国产GK型系列，此类仪器广泛应用于国内外应变固体潮、地震前兆应变和火山、滑坡、大坝等变形监测研究，仪器分辨率达$10^{-9}$m，足以识别微米量级的断层形变信息。监测仪器埋藏在深5m的巷道内，可屏蔽环境噪声干扰。

2）信息传输自动化：观测仪器的输出由四芯电缆传输至洞体旁约20m的监测室内，经电平转换由数据采集接口与多通道数据采集仪GK12连接机内数据采集、传输控制软件定时自动采集数据，并存入机内存贮器中，由接口RS-232输出。监测室内微机通过接口RS-232随时调取数据采集仪内存贮数据，通过机内数据处理、绘图软件进行数据计算分析。

3）数据分析处理方法多样：断层的长周期（趋势性）活动信息往往掩盖在环境因子（气温、气压）周期年变的干扰之中。可选用软件中的回归、拟合等数值分析方法排除干扰,提取断层趋势性活动信息。地震波、同震阶,蠕变波等短周期断层活动信息,可加密采样周期或采用模拟记录,通过分析外围地震及其活动趋势加以识别。

4) 数据信息连续：黄贝岭F8断层微量位移高精度监测系统能获取客观的断层形变等地质和气温等环境信息,克服了常规大地测量方法存在误差较大及数据不连续的缺点。

(4) 阶段性研究成果与区域研究成果相验证

F8断层的构造活动特征与中生代以前的反扭、逆冲活动特征相反,至少自第四纪以来已转化为顺扭、张性正断层活动。现处于缓慢释放应力的蠕动状态。蠕动是以走向滑动为主,趋势性蠕动速率为0.17~0.35(mm/a),并伴有0.02~0.03(mm/a)张性分量和-0.18~-0.98(mm/a)附加重力作用的垂直分量。

(5) 监测成果具有深远的社会影响

黄贝岭F8断层位移监测站点地处罗湖断裂带,监测研究F8断层的活动性和该区的地壳稳定性,为深圳市工程建设的安全和可能发生的地质灾害防治提供了科学依据。

其监测成果还可应用于城市近场小震和远场强震预报、工程场地稳定性评价及预测预警工作,对深圳市的地壳稳定性评价和城市建设具有非常重要的意义。

(6) 成果评审及获奖

该项研究因基础资料翔实、工作深入细致、技术方法先进、结论可信,于2003年12月顺利通过广东省国土资源厅专家评审,被国内专家认为是一项具有国内领先水平的技术成果。

2004年荣获广东省地质勘查局优秀地质成果一等奖。

**5. 深圳市罗湖建成区断裂带现今活动性与地应力监测研究**

(1) 项目可行性论证及立项

1998年9月由市地矿局和市地质局共同申请办理本项目立项事宜,1998年10月16日广东省地矿局(粤地复[1998]024号)批复同意上报部立项,1998年11月6日,国土资源部环境司(国土资源发[1999]03号,见合同附件二)批复同意立项。1999年6月27日在北京由国土资源部环境司、国际合作与科技司共同主持由6位院士和有关专家组成的评议委员会对本项目可行性论证报告进行评议,认为本项目目标明确、内容充实、方法可行、手段先进、技术路线正确、工作体系和技术方法均有所创新,并建议本项目工作名称为"深圳市罗湖建成区断裂带现今活动性与地应力监测研究"。根据专家们对可行性论证报告所提出的意见,1999年7月底至8月初,市地矿局与市地质局会同国资源部地质力学研究所共同讨论研究项目工作方案,补充修改项目研究内容,市地矿局与市地质局共同咨询中科院院士陈庆宣先生和国内相关领域的有关权威学者,均一致建议增加岩石空隙压测量、构造地球化学、重力场研究和断裂构造数值模拟方面的内容,重点研究地面变形对建筑物安全的影响,突出研究断裂活动、断裂位移、断裂活动方式(蠕动、黏滑)与地面变形的关系,因经费限制可减少地应力测量工作量。

根据陈庆宣院士意见,在可行性论证报告基础上,本着突出工作重点、保证工作基本完成、保证工作质量、尽量节省和减少不必要的工作经费开支的前提下,于8月上旬编写、完成了工作方案。9月中旬广东省地矿局审查同意(粤地复[1999]038号)该工作方案。

(2) 项目意义

该项目进一步加强对断裂构造活动性的研究,及时掌握、了解断裂活动变化趋势,开展地面变形、地应力、断裂位移等项监测工作,并使其定量化,逐步建立一套及时监测掌握地应力等异常突变情况、防治危害性较大的地质灾害的预警和预报系统,以密切监视罗湖断裂变化动态,是刻不容缓的一项重要工作。这项工作的监测成果,可以进一步对深圳市地壳稳定性作出有积极意义的评价,对地面建筑物安全性能够进行灾前预防方面的预警和评估,为深圳市防治可能发生的地质灾害提供充分的科学依据,为保障深圳市人民生命财产安全做出贡献。

(3) 项目进行情况

目前，项目所有工作均已完成，正在进行最终成果报告编写。

### 6. 深圳河（湾）流域环境地质调查

（1）项目来源及工作任务

1983年，城乡建设环境保护部把"深圳河（湾）主要污染物水环境容量研究"项目列入国家科技攻关课题之一。同年地质矿产部水文司（水环[1983]18号）把此攻关项目的子课题《深圳河（湾）流域环境地质调查》任务下达给广东省地矿局，1983年8月27日，广东省地矿局发文（粤地矿产[1983]158号）将工作下达给深圳市地质局（深圳地质建设工程公司）。

主要工作任务如下：区域地质概况，区域内主要的环境地质问题，环境水文地质、工程地质条件及其对深圳河治理规划的影响，深圳湾环境地质条件，深圳地区的物化探调查等。

（2）项目工作情况

1984年初，深圳市地质局提交了《深圳河流域环境地质调查设计》，经广东省地矿局计划会议批准后，又与广东省环保所共同研究，将工作范围扩大到深圳湾。从1984年3月起，深圳市地质局进行项目工作，工作分为以下三个阶段：

第一阶段为环境水文地质、环境工程地质、水化学及地质地貌等资料收集；

第二阶段对缺乏资料的地段做补充调查，进行全区控制性地下水取样及测试；

第三阶段进行报告编写及图件编制。

（3）取得成果

该项成果是深圳市第一份有关环境地质内容的总结性资料，深圳河（湾）流域环境地质调查最终提交调查评价报告及1:5万系列图件一套，图件包括深圳河（湾）区环境地质及分区图、深圳河（湾）流域环境工程地质分区图、深圳特区环境水文地质图、潜水水化学图及深部基岩裂隙水水化学图。

报告中指出，深圳河（湾）流域环境地质比较突出的问题是区域稳定性问题，其次是环境水文地质和环境工程地质问题。

已出现的环境水文地质问题有原生环境引起的铁、锰、氟等离子含量超标，水质次生污染（生活及工业废水污染），地下水补给不足，滥挖河砂使大沙河地下水水源遭受破坏，滨河滨海地带有咸水分布等，可能出现的环境水文地质问题有海水侵入不断扩大，地下水污染范围加大、深度加深，地下水过量开采及引发的问题及矿泉水资源遭受破坏。

环境工程地质问题有断裂带影响地基稳定、滨海地区软土分布广、采石场形成过多的高陡边坡及水土流失、河流淤积、山泥倾泻及水库坝基渗漏、淤积、库岸侵蚀等。

成果报告对深圳市今后重点环境地质研究方向、地下水利用及保护等问题提出合理建议。

### 7. 深圳市龙岗区鹏茜大理岩矿矿山地质环境影响评价

该项目是深圳市进行的第一个矿山地质环境影响评价工作。

深圳市鹏茜大理岩矿位于深圳市龙岗区坪山镇汤坑村，该矿所采大理岩矿石主要加工为重质碳酸钙及石米，广泛应用于玻璃、涂料、化妆品、橡胶、饲料、塑料等制造业，目前矿床已开采至－40m水平，现拟采－90m水平矿体。为保证矿山开采技术可行、生产安全、经济合理，并取得良好的经济效益、社会效益、环境效益，深圳市鹏茜矿业发展有限公司委托深圳地质建设工程公司对该矿进行矿山地质环境影响评价。

本次矿山的地质环境评价工作是在系统收集、综合研究矿区原有地质资料的基础上开展矿区地质环境评价工作，其间主要进行了矿区1:2000综合地质环境调查，地面岩土体的工程地质勘察，井下－40m中段地质钻探，并采集了适当的样品进行了岩矿鉴定、水质分析。2002年10月26日开始野外工作，完成矿区1:2000综合地质环境调查面积3.84km²，施工钻孔24个，进尺929.30m，地质雷达剖面测量6.5km，物探高密度电法测量3.8km，岩石体重测试10个，岩石薄片鉴定10片，岩土测试13件，水质简分析3个。11月28日进入资料分析、整理、研究、编制报告及相应图件。

通过对矿区地质环境调查分析，得出以下几点结论：

(1) 矿区浅部水文地质条件复杂，但深部矿床处于一个水文地质条件相对简单的地段。矿区现阶段开采的－40m中段岩层完整，矿体质量好，岩溶现象较少，矿坑涌水量较小；拟采－90m中段大理岩埋藏深，岩溶、裂隙发育较弱，预测矿坑涌水量903m³/d，矿坑突水的可能性较小，但应重视其危险性、危害性及其产生的严重后果。

(2) 鹏茜矿采用房柱式开采，矿房宽高为15m×15m，顶部拱形，经稳定性有限元模拟计算，矿房顶板跨度满足要求，开采巷道整体稳定，岩石力学强度高，稳定性好，矿山开采巷道稳定，不会产生矿坑坍塌破坏，工程地质条件较好，对地质环境影响小。

(3) 矿坑突水是该矿山开采中的主要地质灾害，是引发岩溶塌陷和地面变形及区域地下水位降低等环境破坏的主要因素，在矿山开采过程中应予高度重视。鹏茜大理岩矿在开采中已加强防水、探水工作。

(4) 由于评价区（II₁）分布有矿山采空区、露天采矿的废坑，也是潜在岩溶塌陷区，应严禁在该区域内进行重要工程建设活动；建议对废弃露天采坑形成的湖塘及其周边进行绿化、整治和保护，防止矿坑突水。

## 8.《深圳市海域矿产资源开发利用与地质环境保护规划》（2000～2010）

2000年11月，由深圳市地质矿产局委托深圳市勘察研究院、深圳市地质学会承担该项目。

（1）编制目的

根据广东省地质矿产局粤地发[1998]104号文，关于"编制广东省海域矿产资源开发利用规划的通知"精神，认真贯彻落实省政府关于"建设海洋经济强省"的重大决策和省海域开发利用总体规划的工作部署，以及贯彻落实深圳市委二届八次全体（扩大）会议精神和市领导视察东、西部沿海的有关指示，组织开展了本规划的编制工作。

（2）规划编制的重要意义与主要内容

深圳市海岸海域地质资源、环境地质的调查评价，及其开发利用与治理保护的区划工作一直是深圳市地质矿产管理工作中的薄弱环节之一。如果对地质资源的开发利用和地质环境保护缺乏全面的规划，既不利于资源的合理开发利用和地质环境保护，还会影响沿海建设现代化城镇的发展进程，因此，按照省政府的要求，组织编制全市的海岸海域地质资源开发利用与地质环境保护规划具有十分重要的现实意义。

（3）规划的主要内容

经过对大量的实际资料进行分析精选后，反映在有关规划图件上钻孔411个，反映在本文中的工程地质剖面图92条，剖面图累计长度为53128.26m，包含钻孔831个，钻探累计进尺23051.08m。

组织野外工作调查累计达300多公里，并对地貌景观、地貌遗迹、沿海旅游景点进行现场录像：

1）西海岸从东宝河口—西海堤—西乡—宝安—前海—妈湾—蛇口—滨海大道—福田红树林鸟类自然保护区，总长为95km。

2）东海岸由盐田港—大、小梅沙—大鹏—南澳—西冲—东冲—杨梅坑—桔钓沙—核电站—盐坝—坝岗，长110km。

拍摄各种照片4000～5000幅。

汇集了地球物理化学探测资料。建立矿产资源登记卡88处。

（4）主要成果和结论

1）通过采用海岸带航空遥感图像地质解译的新成果，加强了地质背景的研究，并通过对海岸带地形地貌与海岸水动力的分析，为矿产资源开发利用、地质遗迹旅游资源的保护利用、地质环境保护与地质灾害防治，提供基础依据。

2）划分出西海岸后海湾砂淤填筑可采料源区，圈定出深圳湾口、大铲湾海域为禁止开采砂淤填筑料源区；进行了填海施工对环境影响的评价与分析；提出了后海海域西部通道填海造地及地基处理工程方案；规划深圳沿海岸不宜进行大规模的填海工程。

3）沿海建筑石料开采场应进行结构性调整，特区内不再保留石场，特区外沿海石场逐步关停并转移，石场数量最终压缩到10处以内。

4）沿海金属矿产以热液裂隙充填型为主，多分布于花岗岩与各类沉积岩的外接触带附近，明显受构造断裂控制。由于产地多分布在已开发的城镇区范围内，工作重点应放在有效的保护上。

5）对海岸海域的重要地质遗迹及地质旅游资源，划分出20个保护与开发利用分区并进行评价，提出了未来地质资源的使用功能建议。东海岸建立了资源开发综合指数模型，指出了旅游资源开发价值较大的下沙—东冲、东角—桔钓沙岸段，对东部大旅游区的建设意义较大。

6）对海岸地质资源，包括矿产资源、水资源、旅游地质资源、农业地质资源、土地资源等的开发利用保护评价，进行了深入研究分析。

7）在调查和研究海岸海域地质环境和地质灾害分布特点、活动强度和灾情的基础上，提出了规划区地质灾害防治区划布局及具体的治理措施。

8）在总体规划的基础上，提出了海岸海域地质资源开发利用和灾害防治的阶段实施目标和方法，并对总体规划目标实现的综合效益进行了分析，体现了本规划目标的资源效益、经济效益、社会效益和环境效益四者的统一。

（5）规划建议

1）加强沿海地区采石场的监管治理；

2）做好停办矿场地质环境恢复治理工作；

3）海域砂、淤（泥）料源的保护与管理；

4）海岸带淡水资源的保护与管理；

5）对海岸带资源实施有效的保护措施；

6）对地质灾害防治提出了可行性建议。

"规划"经省国土资源厅组织专家评审组评审验收，认为："是一份具有应用价值的科研成果，在规划内容、图件编制和新技术、新方法应用等方面有新的突破。规划成果达到国内领先水平，其中规划的综合地质调查和研究程度、规划内容、图系编制等方面达到国际先进水平，予以验收。"2001年4月11日，深圳市城市规划委员会第十二次会议，对规划的初审意见进行了审议，经过表决全票同意原则通过该规划。

### 9. 深圳市盐田区三洲田——梅沙片区地质环境评价

（1）工作由来

深圳市盐田区位于深圳东部海岸带，区内除沙头角、盐田、大、小梅沙一带分布有小面积的海岸平地以外，其余大部分地区均由三洲田—梅沙工作区海岸山地组成。景区内人烟稀少、群山绵延、树木葱郁，中小水库散落其间，人工污染的痕迹极少，一派自然风貌。为了综合开发和利用山地至海岸地带的土地和旅游资源，有效地防灾减灾，确保经济建设与环境保护同时进行，维护盐田区良好的自然生态环境，深圳市规划与国土资源局盐田分局决定对三洲田—梅沙片区进行地质环境调查评价工作。

2002年5月，深圳市规划与国土资源局盐田分局通过招标形式，委托深圳地质建设工程公司对三洲田—梅沙片区进行地质环境调查评价工作。

该项目是深圳市拟开发建设区开展的第一项地质环境影响评价工作。

（2）工作任务及完成情况

1）工作任务

本次地质环境评价工作分地质调查和地质环境评价两个方面。

地质调查主要是收集区内及周边地区的历史地质资料，调查工作区地形地貌、地质环境条件、地质灾害现状及对工作区地质环境有较大影响的各种要素。

地质环境评价是对工作区地质环境进行总体评价、开发建设适宜性评价等一系列评价内容。对重点研究的地块，提出地质环境保护措施的规划建议，对坡地稳定性要求采取的技术措施和规划建议；对地基、基础处理措施的规划建议；对地下水污染防治的规划建议；对地质灾害易发地段和可能发生的灾害类型采取的防治措施和规划建议。

2）工作完成情况

2002年6～7月，进行野外综合地质调查工作，完成1:10000地质及工程地质测绘41.92 km²，1:5000地质及工程地质测绘12.16 km²。野外地质调查采用一定线距的路线穿越法，对重要的地质界线（如地质体界线、断裂等）适当采用追索法，对重要的地形、地貌点、构造点、地下水露头点、不良地质现象点均采用一定密度的观测点加以控制。实测地质界线、地貌界线野外标绘在1:10000地形图上，误差小于3mm，对野外调查发现的一些特殊意义的地质单元体（如滑坡、崩塌、人工边坡、井泉等）均在地形图上适当夸大表示。野外观测点的密度主要根据工作区场地的工程地质条件复杂程度而定，观测点的数量达到控制地质、地貌界线的目的。由于工作区内大部分地区植被茂密，通行条件极差，因此在保证控制重要地质、地形界线的前提下，适当放宽线距和点距。

2002年7月11～31日进行资料整理、报告编写及图件编制。

2002年8月1～10日进行资料验收及汇交。

（3）工作成果

1）查明工作区地形地貌和地质环境（地层、水文、地震、断裂构造等要素的分布及类型），查明地质灾害现状和对工作区地质环境有较大影响的各种要素，对工作区进行了建设适应性分区和评价、稳定性分析评价和生态环境影响分析，提出多种有效的防治措施和规划建议。

2）根据地形坡度、岩土体特征、地质构造复杂程度、不良地质现象发育情况及地表水系复杂程度等因素，将本工作区场地分为Ⅰ类、Ⅱ类和Ⅲ类场地区。

Ⅰ类区场地区地形较平坦，大部分为硬质花岗岩区，岩体完整性好，断裂构造不发育，地面稳定性好，属稳定区，地下水无污染，分区总面积约5.10435km²；

Ⅱ类场地区地形坡度多数小于25°，断裂构造发育较简单，岩体完整性较好，风化层厚度较薄，岩土体工程地质性质较好，不良地质现象局部发育，但未对地质环境造成破坏，属地面较稳定区，分区面积约8.61482km²；

Ⅲ类区分布广，面积约28.2 km²，占工作区总面积的67.27%。地形坡度多为25°～40°，局部地段达到50°～60°。岩石节理、裂隙较发育，局部地段断裂构造较发育，溪流分布较多，山谷深切，山坡较陡峻，是潜在崩塌、滑坡等地质灾害发生地段，属地面稳定性较差区。

3）按Ⅰ类和Ⅱ类场地区内地形坡度、断裂构造、岩土体稳定性及地下水等因素对场地建筑的影响，将其划分为建筑适宜区、较适宜区和不适宜区。

建筑适宜区地形坡度<15°，地层岩性较单一、断裂构造不发育，岩土体工程地质良好，场地较平整，地面稳定性好，适宜开发建设高级别墅、旅游宾馆、休闲会议中心及山地公园等类建筑。

建筑较适宜区地形坡度为15°～25°，地层岩性较单一，地质构造较简单，岩土体物理力学性质较好，不良地质现象不发育、规模小，未造成对地质环境的破坏，场地地面稳定。但由于该区地形稍有起伏，且外围地形坡度较陡，区内工程建设中岩土体开挖，易诱发外围地区山坡崩塌或滑坡等地质灾害。该区适宜开发建设山地体育场、各类训练基地和山地公园及各类旅游观光设施。

建筑不适宜区分布范围广，地形起伏大，地形坡度>25°，断裂构造相对较发育，局部地段节理裂隙较发育，岩石局部较破碎，场地地形高低起伏大，场地平整工作量大，且诱发地质灾害的危险性较大，本着保护地质环境和安全经济原则，该区一般不适宜建筑。

4）各类规划建设均应制订严格的环境保护措施，严禁在区内建设具污染性的工厂、养殖基地或其他污染性企业，各类建筑宜远离水源地，各类生活垃圾宜集中处理，各类生活污水原则上宜设置专门的排污管道集中向区外排放或就地集中进行专门净化处理。

## （二）地质灾害

### 1. 深圳市龙岗区岩溶塌陷灾害勘察

（1）项目来源

深圳市龙岗区面积900km²，在布吉、横岗、龙岗、坪山、坑梓、葵涌等地有覆盖型岩溶发育，在龙岗、坑梓、横岗等地发生过突发性的地面塌陷，造成了一定损失。为作好坪山至坑梓100km²深圳市大工业区的规划设计，急需查明地下浅层溶洞发育程度、分布范围、对建筑物的危害程度及制定防治措施。为此，深圳市规划国土局申请立项。

项目由国家计委国土地区司批准（计国地函[1995]30号《关于下达地质灾害勘查项目计划的通知》），列入1995年国家计委地质灾害专项计划任务，直接下达深圳市地质局（深圳地质建设工程公司）。

（2）工作情况简介

项目从1996年4月开始工作，1997年9月结束野外工作，1998年1月进行成果评审，1998年提交最终报告。

该项目分为两部分工作：

1）1:5万地质普查：完成了龙岗、坪山、坪地、坑梓四镇、面积369.0km²的普查工作。对普查区主要收集以往区域资料、工程建设区的勘察资料，在此基础上进行野外地质补充调查，并配合必要的钻探工作，工作重点是查明与岩溶塌陷有关的环境地质条件。

2）1:1万地质详查：总面积169.4km²，分为四个详查区，分别是坪地（Ⅰ）工区、龙岗（Ⅱ）工区、坑梓（Ⅲ）工区、坪山石井（Ⅳ）工区。详查区采用联合电剖面法、甚低频电磁法、浅层地震法、地质雷达法、井下电磁波透视、地球物理测井等多种物探手段并配合钻孔揭露、土层野外标准贯入试验、岩溶连通试验、地下水抽水试验和水样、土样、岩石物理化学样的采集及岩土物理力学性质试验等，对岩溶发育规律和岩溶成因机制进行研究，圈定了岩溶强发育带和地面易塌地段。

（3）项目成果及意义

龙岗区岩溶塌陷灾害勘查是专门性岩溶塌陷灾害地质勘查，该项工作在广东省内尚属首次。

该项目在充分利用已有地质、水文地质资料的基础上，采用综合环境地质调查、物探、钻探、现场试验、动态观测及室内测试实验等相结合的工作方法。在工作区内确定了可溶岩属下石炭统石磴子组碳酸盐岩，分布于龙岗向斜中次级褶皱轴部，夹持于深圳断裂带北东段断裂间，主要隐伏于第四系坡洪积层、河流冲积层之下，部分埋藏于下石炭统测水组砂、页岩及第三系红层之下。已知的地面塌陷均分布于岩溶强发育区内的土洞发育段。

根据对岩溶塌陷成因机制的初步研讨，按照基岩特征、覆盖层岩土性质、沉积土体结构特征、岩溶发育程度、断裂发育与展布情况、地下水水动力条件、水文环境条件等多种因素的综合对比，共圈定19处岩溶强发育带，3处岩溶塌陷潜在危险区。

1998年11月11~13日通过了国土资源部地质环境司的评审，评价该成果总体上达到国际先进水平。1999年被评为深圳市科学技术进步一等奖，2000年被评为广东省科学技术进步二等奖。

**2. 深圳市南山区大南山滑坡地质灾害勘察**

（1）项目任务由来

2000年4~8月，深圳市南山区大南山民航导航站南侧约300m处山脊两侧坡体发生了多起滑坡地质灾害，导致山脊人行道部分路面开裂、局部垮塌，山坡植被破坏，山体大面积裸露。滑坡体物质在暴雨等外界因素作用下，有进一步发生崩滑和坡面泥石流的可能，严重地威胁到游客及过往行人的安全。

2000年8月，深圳市规划国土局和南山区政府两次联合召开了"关于大南山滑坡地质灾害勘察及治理"工作会议，会议决定委托深圳市地质局（深圳地质建设工程公司）承担大南山滑坡地质灾害勘查任务。

（2）工作情况简介

深圳市地质局根据会议精神并结合有关技术规范要求编制了《深圳市大南山滑坡地质灾害勘查工作方案》，并经广东省国土资源厅地环处组织有关专家审查通过。

大南山滑坡勘察野外及室内试验工作自2000年8月25日起，至10月26日结束。按照《深圳市大南山滑坡地质灾害勘察工作方案》的要求，结合勘察场地实际情况，采用地表综合地质灾害调查，浅层地震等物探和钻探揭露、现场取样、原位测试及室内试验等多种勘察方法。

完成了1:500地形图测量0.4 km²，1:1000滑坡灾害调查面积1.03km²，1:500滑坡灾害地质详查面积0.4 km²。

为了探明滑动带岩土体结构和软弱结构面分布，在南坡及北坡滑坡区增设了地质雷达探测工作，进行20条剖面/1670点；为掌握勘察区岩土体的纵、横波波速和计算各岩土层的动弹模量及岩石的完整性系数，进行了4孔全波列测井工作；浅层地震法3km。勘探钻孔为35孔，总进尺671.0m。

（3）勘察成果

通过对大南山滑坡的系统工程地质调查和研究，取得以下几点成果：

1）滑坡区地质构造复杂，以断裂构造为主，北西向断裂切割了北东向断裂，并呈交错排列。断裂构造对本区滑坡的控制作用明显，由于构造作用强烈，致使滑坡区断裂及节理裂隙发育，岩体较破碎，风化作用强烈。

2）大南山山体滑坡以山脊为界分为南坡和北坡两个较大规模的滑坡，北面为Ⅰ号滑坡，南面为Ⅱ号滑坡。

Ⅰ号滑坡平面形状呈一钝三角形，底边长245m，高125m，滑坡面积约15344 $m^2$，平均厚度4.37m，滑坡体体积67053$m^3$；Ⅱ号滑坡形状呈三角形，底边长93m，高89m，滑坡面积4155$m^2$，平均厚度3.34m，滑坡体体积约18032$m^3$。

新滑坡均分布在Ⅰ、Ⅱ两个大滑坡范围内，其中Ⅰ号老滑坡范围内分布有14处新滑坡，Ⅱ号老滑坡范围内分布有5处新滑坡。新滑坡规模均较小，总体积达25497$m^3$，使山脊人行道出现裂缝和局部产生崩塌，使山脊变得更加单薄，并使山脊以下的山坡坡度变陡，使山脊人行道直接处于临空状态，破坏了山坡上的植被，出现水土流失。

3）工程地质定性分析评价表明，大南山滑坡中Ⅰ号滑坡体变形活动主要集中在滑体中、上部，滑体下部基本稳定，Ⅱ号滑坡体呈整体下滑，滑坡体已呈破坏状态，如在持续性降雨或暴雨作用下，滑坡体将进一步失稳。

4）滑坡稳定性计算结果表明，大南山两处滑坡目前在无雨现状下，处于相对稳定状态，但其安全系数余度较小，且Ⅱ号滑坡稳定程度要低于Ⅰ号滑坡。在降雨或诱发条件恶化以后，如滑体物质处于饱和状态或地震动等因素影响下，两处滑坡都将失稳。因此，需要对大南山两处滑坡进行整治。

5）经过综合分析和研究，分别针对大南山滑坡提出如下滑坡治理工程初步方案：排水方案、挡土墙方案、土钉、预应力锚索和钢筋混凝土框架梁支护方案。

2000年12月21～22日通过广东省国土资源厅组织的专家评审，评价该项目是广东省滑坡地质灾害勘查手段方法比较齐全先进的勘查工程，其成果质量优良，是一份高质量的滑坡勘察报告。

### 3. 深圳市罗芳气化站边坡勘察

建筑物场地临近山体，最大坡高16.67m，边坡下场地布置有地下储油罐，评价边坡稳定非常重要。根据要求勘察方法选择为钻探、平面地质测绘、探槽、探井、抽水试验等。

原始地貌单元为低丘，自然坡度平缓。分布地层：人工填土，第四系坡积含碎石黏性土，其下为石炭系浅海相碎屑沉积造。岩性为紫红色板岩、千枚状页岩、变质粉砂岩等。场地一带分布有北东向断裂构造。

勘察报告指出：场地地层产状主要受构造影响，形成层间错动，以及层间所夹的糜棱岩或构造片岩，其走向与山坡体走向基本一致。因此对开挖边坡不利。水文地质调查表明：边坡土体含水性和透水性均表现出明显的各向异性，地下水受地形控制明显。报告对边坡体稳定性进行了验算。

建议中指出：场地边坡最不利的地质条件是顺坡向、倾角小于边坡坡角的层间错动，建议采用喷锚结构支护。

该工程由深圳市勘察测绘院于1994年12月完成，获1998年度深圳市建设局优秀工程勘察三等奖。

### 4. 深圳市大南山山体滑坡治理工程

2000年深圳市大南山公园山脊先后发生多处山体滑坡，经调查共发生19处滑坡体，其中需治理的滑坡体约27497$m^3$，由深圳市勘察研究院负责工程治理。根据大南山滑坡区工程和水文地质条件，通过多种方案的技术和经济分析比较，包括抗滑桩、喷锚网、毛石挡墙和钢筋混凝土格构梁支护4种方案的技术经济对比，本着安全经济、美观大方、周期短暂、技术先进的原则，并结合周边生态环境和园林绿化的要求，最后选用预应力锚索和钢筋混凝土格构梁联合形式支护，同时利用纵横向排水沟和周边截洪沟进行排水的综合治理设计方案。各项施工工程质量和锚杆基本试验报告，锚杆验收检验报告和混凝土、沙浆、水泥净浆试块及原材料检验报告结果，各项施工质量满足设计要求，综合验收评定为"优良"。

### 5．深圳市罗湖区莲塘决岭山崩塌及滑坡地质灾害勘查、治理工程施工图设计

**（1）莲塘决岭山崩塌及滑坡地质灾害勘查**

1）工作由来

莲塘决岭山地处深圳市东南部，是罗湖区到盐田区的交通要道——罗沙公路必经之地，每年雨季都不同程度地出现局部崩塌及滑坡，尤其是2001年6月受连续性强降雨的影响，在莲塘决岭山西侧山坡、西南侧罗沙公路一带出现较大范围的崩塌、滑坡，南侧人工高陡边坡也出现了变形破坏的趋势，并有进一步产生大规模崩塌、滑坡地质灾害的可能性。

为了消除决岭山崩塌与滑坡地质灾害的隐患，搞好崩塌与滑坡灾害的预防和治理工作，2001年8月，深圳市规划国土局罗湖分局委托深圳地质建设工程承担了莲塘决岭山崩塌及滑坡地质灾害勘查工作。

2）工作任务

①查明决岭山及其外围区的地层岩性、地质时代、成因类型、空间分布以及工程地质特征。

②查明决岭山崩塌、滑坡易发地段地层的分布特征及其工程地质性质。

③查明山体崩塌及滑坡的主要诱发因素、崩塌及滑坡变形特征，进行崩塌及滑坡位移监测，预测其发展趋势。

④调查工作区内的地质构造，特别是断裂构造的空间分布，及其对崩塌、滑坡的影响。

⑤查明崩塌及滑坡区地下水的补给、径流、排泄条件与运动规律，初步了解地下水动态变化及其控制因素。

⑥进行崩塌与滑坡成因机理分析和稳定性评价。

⑦提供决岭山崩塌与滑坡地质灾害治理所需的岩土工程试验参数，提出崩塌与滑坡地质灾害防治建议和工程治理措施。

3）工作完成情况

2001年8～12月进行地质灾害勘察工作，共完成1:1000详查面积0.06km²，地质雷达探测剖面15条/3900点，钻探21孔/总进尺730.30m，注水试验8.75台班，取土样57件、岩样9件、水样2件，并进行相应的试验及分析，变形监测点12个，监测期3个月，崩塌、高陡边坡和滑坡有限元计算剖面4条。

查明了决岭山崩塌、滑坡及高陡变形边坡等主要地质灾害的成因、类型、分布和规模，进行了崩塌滑坡稳定性刚体极限平衡计算和有限元计算，通过对比验证，对决岭山山体斜坡的稳定性进行了综合评价，为治理决岭山地质灾害提供了设计依据。2001年12月21日通过广东省国土资源厅组织的专家组评审。

本次勘察采用的方法较全面，取得的资料较齐全，勘察报告可作为崩塌、滑坡治理设计和施工的依据。

**（2）莲塘决岭山崩塌及滑坡地质灾害治理工程施工图设计**

1）工作由来及完成情况

2002年5～6月，深圳市规划与国土资源局罗湖分局委托深圳地质建设工程公司进行了罗湖区莲塘决岭山崩塌及滑坡地质灾害治理工程施工图设计工作。

莲塘决岭山崩塌与滑坡地质灾害治理工程施工设计分两阶段进行：第一阶段为2002年5月，完成补充野外地质勘察工作及决岭山罗沙公路一带边坡崩塌灾害治理工程的施工图设计工作；第二阶段2002年6月提交莲塘决岭山整体边坡崩塌灾害治理工程的施工设计。

该项目于2002年6月6日通过广东省国土资源厅组织的专家评审。

2）地质灾害治理工程设计施工方案

本工程治理范围较大，坡度陡、紧邻罗沙公路，根据场地地质条件、边坡支护高度、场地周边环境、设计规范和经验，结合委托方的要求，本着安全可靠、经济

合理、技术成熟的原则,以及本工程永久性的实际特点,经多种方案技术经济分析比较,采用坡脚抗滑桩+坡面喷锚网进行分段支护。

①坡脚抗滑桩支护

抗滑桩支护体系是治理山体崩塌及滑坡地质灾害的常用方法,系由桩、板和梁组合而成的支挡结构体系,其最大优点是支护结构整体刚度大、安全度高、侧向变形小。本工程坡脚抗滑桩采用人工挖孔桩,桩长9.0m(地下部分4.0m),截面尺寸2.0m×3.0m,桩间距5.0m,桩间净距3.0m。桩芯及护壁混凝土等级为C25,钢筋用Ⅰ级。

桩间挡板采用钢筋混凝土现浇板,板高4.15m,板厚20cm,与挖孔桩护壁外缘齐平,采用C25混凝土立模浇注而成。桩间挡板的横向筋与挖孔桩的预留筋焊接成一体。为增强挡板的抗剪能力,垂直挡板面方向设置二排$\phi 16@1500$,$L=5m$的加强筋锚固于土层中。

桩顶连梁采用钢筋混凝土现浇梁,连梁截面尺寸为$1.5m \times 1.5m$,主筋$32\phi20$,箍筋$\phi10@200mm$,浇注桩芯混凝土时要注意在连梁的部位预留位置,以便和梁一起浇灌。

为增强挖孔桩的抗剪能力,在桩顶连梁位置设置一排预应力锚索,其设计参数为:$5\times7\phi5@5000mm$,$L=20m$,其中自由段7~8m,设计拉力700kN,锁定拉力500kN。

②坡面喷锚网支护

坡面支护工作是本次崩塌治理工程的重要内容。综合考虑造价、工期、施工可行性、场地条件等多方面因素,喷锚支护当是首选支护型式,故决定采用此法进行坡面支护。不同坡段由于地质条件、坡体特征的不同,采用不同的支护形式,如BD段长约101.5m,支护高度约7.2~15.5m,沿坡面自上而下布设六排土钉和三排预应力锚索,土钉设计参数为:$\phi25@1500mm$,$L=10\sim12m$,倾角15°~20°,成孔直径不小于100mm,梅花形布设。预应力锚索设计参数为:$3\times7\phi5@2000mm$,$L=18m$,其中自由段7m,设计拉力400kN,锁定拉力270kN,锚索倾角20°~25°,成孔直径130~150mm,梅花形布设。坡面挂网$\phi6@200mm\times200mm$,喷射C20混凝土厚100mm。

③排水系统设计

该区雨量较大且集中,滑区较陡,降雨是促使产生崩塌及滑坡的主要诱发因素之一。作为永久性工程,排水系统必须完善。为此,设计纵、横交错的排水网络。沿坡顶、坡面、坡脚布设三条横向排水沟,其断面尺寸分别为800mm×500mm、500mm×500mm、800mm×500mm,除坡面抗滑桩顶排水沟采用现浇混凝土外,其余二条排水沟均采用砖砌明沟,即沟道材料为M10砖,用M7.5砖浆砌筑,并以M10砂浆抹面,抹面厚度20mm。沿原山体坡谷及两侧坡脊处设置四条纵向排水沟,其截面尺寸为1000mm×800mm,均采用钢筋混凝土立模浇筑。纵向排水沟内设踏步台阶,供登山及水力消能之用。台阶均采用C20混凝土材料。

④坡面绿化设计

本工程紧邻罗沙公路,是深圳市的主要交通要道之一,每天过往的车辆和人流量巨大,坡面绿化是本次治理工程的另一重要内容。

喷射混凝土坡面及抗滑桩表面采用生命力较强的常绿爬山虎覆盖,抗滑桩桩顶设置一条断面为500mm×500mm的花坛,内植花草或灌木。

### 6.深圳市盐田区大梅沙地区规划用地地质灾害危险性评估

(1)工作任务及由来

2003年10月,深圳市规划与国土资源局盐田分局委托深圳地质建设工程公司开展大梅沙地区地质灾害危险性评估工作。

按照国土资源部《建设用地地质灾害危险性评估技术要求》(试行)及广东省国土资源厅《广东省建设用地地质灾害危险性评估技术要求》的规定,大梅沙地区规划用地地质灾害危险性评估的具体工作任务如下:

1)按1:1000的精度进行大梅沙地区综合地质灾害调查,调查大梅沙及周边约8.16km²范围内的地质环境背景,山体地质灾害类型、分布范围、规模、特征及稳定状态,通过对地质灾害的状况及危险性起决定作用的影响因素进行分析计算，判定其稳定性、危害及成因，对已有地质灾害的危险性作出评估。

2）收集已有地质勘察资料，进一步了解大梅沙地区岩土体工程地质特征等地质环境条件，结合规划用地类型，预测其对地质环境的改变及影响，评估是否会诱发或加剧地质灾害，并对地质灾害的类型、范围、危害及危险性作出评估。

3）综合地质环境条件、地质灾害现状和潜在地质灾害的产生因素，对地质灾害危险性进行综合分析，按危险性大小划分区段，对规划用地适宜性进行评价，并提出对地质灾害的防治措施。

（2）评估级别确定

大梅沙地区是深圳市盐田区重点开发建设区，依照大梅沙法定图则的规定，大梅沙地区用地性质包括居住用地、配套设施用地、教育产业用地、旅游度假及游乐用地、政府/团体/社区用地、教育科研设计用地、道路广场用地、市政公共设施用地、绿地、特殊用地、风景林地及发展备用地等。本次评估根据规划土地使用类型进行的地质灾害危险性综合评估，将项目的重要性确定为重要项目。

评估区地形地貌条件较复杂，地质构造简单至中等，岩土体工程地质及水文地质条件中等，局部偏复杂，处于地震基本烈度7度区，不良地质现象及地质灾害现状发育程度轻微，评估区地质环境条件复杂程度为中等级别。将深圳市盐田区大梅沙地区规划用地地质灾害危险性评估等级确定为一级。

（3）工作完成情况

2003年11月，组建项目工作组，开始收集资料，共收集已有工程地质勘察报告18份、钻孔915个/总进尺25590.6 m，标准贯入试验4551次/170孔，原状土试验样613件，水样39组。2003年11月20日至12月20日，开展评估区1:1000综合地质灾害野外调查，调查路线长度32.8 km，水土流失11处、崩塌12处、基础变形破坏3段、一般地质点27点，结束野外工作。随后进入室内资料综合整理，于2004年1月16日完成评估报告编写、图件编制。

于2004年3月通过国土资源部组织的专家审查。

（4）工作成果

1）通过调查发现，评估区已发地质灾害有水土流失、崩塌、基础变形破坏，除局部水土流失规模中等，危害及危险性中等外，其他灾害规模小，危害及危险性小。

2）根据地质环境条件，结合规划用地类型，预测地质灾害类型主要有：边坡失稳、软基变形及沉降、砂土地震液化、水土流失、基坑变形及涌水、桩基失稳、泥石流、海岸塌岸、海水浸没及地下水腐蚀等十种。前三种的危害及危险性大，水土流失、基坑变形及涌水、桩基失稳的危害及危险性中等至小，泥石流、海岸塌岸、海水浸没及地下水腐蚀的危险性小。

3）综合评估区地质环境条件、规划用地类型及特点、已发和潜在地质灾害的危险性大小，将评估区划分为三级地质灾害危险性区：即危险性大区（Ⅰ区）、危险性中等区（Ⅱ区）、危险性小区（Ⅲ区）。其中危险性大区有5亚区，总面积1.07 km$^2$，占评估区的13.1%；危险性中等区有8亚区，面积2.75 km$^2$，占评估区的33.7%；危险性小区2亚区，总面积4.34 km$^2$，占评估区的53.2%。

4）对评估区规划用地适宜性进行了综合评估，在采取相应治理措施的前提下，评估区基本适宜规划建设用地。

5）针对评估区已发地质灾害和潜在地质灾害，提出了相应的地质灾害防治措施。

## 7. 深圳市城市轨道交通二期建设用地地质灾害危险性评估

（1）工程概况及任务由来

拟建城市轨道交通二期包括2号线、3号线、1号线和4号线续建、11号线，建设年限为2004～2010年。2003年11月，受深圳市发展计划局委托，深圳地质建设工程公司、铁道第二勘察设计院、铁道第三勘察设计院、铁道第四勘察设计院分别承担了深圳市城市轨道交通二期2号线、3号线、1号线和4号线续建、11号线建设用地地质灾害危险性评估任务。

（2）工作完成情况

深圳地质建设工程公司、铁道第二勘察设计院、铁道第三勘察设计院、铁道第四勘察设计院接受任务委托后，立即组建项目工作组，开始收集资料，收集地质报告、工程地质勘察报告等，2003年11月进行野外综合地质调查，2003年11~12月进入室内资料综合整理，完成评估报告编写、图件编制。最终于2004年1月通过国土资源部地质环境司专家审查。

（3）主要成果

根据地质环境条件，结合建设工程的类型和规模，预测轨道交通二期建设可能诱发、加剧的地质灾害类型和工程项目本身可能遭受的地质灾害主要有：基坑变形及突水、隧道坍塌及突水、软基变形及沉陷、砂土地震液化、地下水腐蚀性、水土流失及边坡失稳等，前两种灾害潜在的危险性大至中等，软土地基变形、砂土地震液化的危险性中等至小，后三类灾害的危险性小。

综合评估区地质环境条件、建设工程类型及特点、已发和潜在地质灾害的危险性大小，将评估线路划分为三级地质灾害危险性区：即危险性大区（Ⅰ区）、危险性中等区（Ⅱ区）、危险性小区（Ⅲ区）。

对评估区建设用地适宜性进行了综合评估，在采取相应治理措施的前提下，评估区基本适宜城市轨道交通工程建设。

针对评估区已发地质灾害和潜在地质灾害，提出了相应的地质灾害防治措施。

**8. 深圳市梅林关口羊宝地山滑坡地质灾害勘查**

（1）工作由来

2002年9月18日下午1时40分左右，在连降暴雨的影响下，深圳市梅林关口羊宝地山发生了滑坡地质灾害，导致滑坡体约$2.5 \times 10^4 m^3$的土体产生滑动，滑坡造成半山坳的违法搭建窝棚倒塌，10余间窝棚被泥土掩埋。据初步统计，这次事故造成4人死亡，1人失踪，31人受伤，其中伤势危重的1人、伤势较重的6人。

深圳市规划与国土资源局为查明梅林关口羊宝地山滑坡活动及危害情况，于2003年7月14日进行了招标

羊宝地山滑坡全貌

工作，根据招标结果，由深圳地质建设工程公司承担羊宝地山滑坡勘查工作，2005年1月由深圳市勘察研究院进行了治理设计。

（2）工作完成情况

本次羊宝地山滑坡地质灾害勘查工作始于2003年10月28日，至2005年1月结束，完成的各项实物工作量有：

1:500地形图测量面积223000$m^2$，工程地质剖面测量长度880m，钻孔与地质点定位测量共计48点。

完成滑坡工程地质测绘面积204000$m^2$（精度为1:500），滑坡纵剖面地质测绘长600m（比例尺1:1000、1:500）。

地面地质雷达探测剖面3条，长度653m。

施工钻孔30个，总进尺596.5m，采取土样32件，水样2件。

进行了滑坡岩土体原位试验工作，其中原位密度试验3组21次、现场渗水试验3个。

在滑坡综合工程地质测绘的基础上，采用工程地质定性分析法、刚体极限平衡法和有限元分析法对羊宝地山滑坡的稳定性进行综合分析评价。

比较上述羊宝地山滑坡稳定性工程地质定性分析、刚体极限平衡法计算和有限元分析结果，可以看出，三者的评价结论互相印证、完全一致，说明本次滑坡稳定性分析评价结论正确、可信度高。

（3）工作成果

羊宝地山滑坡在平面上呈勺状，总长315m，前缘

到后缘高差77m，宽30~80m，主滑方向约NE50°。滑坡地形地貌特征明显，滑坡后壁、侧缘清晰可见，堆积区轮廓清楚。羊宝地山滑坡滑动后，在斜坡上形成一条长170m，宽30~50m，顺坡向展布的沟槽，深度3~8m，在斜坡脚下的平缓场地形成典型的滑坡舌堆积地貌，主轴长约140m，宽度一般80m左右，面积7500m²，一般厚度1~3m，体积$2.5 \times 10^4 m^3$。

羊宝地山滑坡体物质为人工堆积层，滑坡床为人工堆积层，滑动面位于人工堆积层内，滑坡体滑动后已全部脱离滑床，在坡脚呈滑坡舌堆积地形。

羊宝地山滑坡主要是由于滑坡体物质为采石场弃土弃渣，长期的堆填过程时断时续，导致填土层结构极不均一，随着时间的延长，滑坡体中、后部产生拉张裂隙。拉裂面逐渐向滑坡体深部扩展，伴随着雨水沿裂隙面下渗，在渗透压力的作用下，拉裂面最终与滑坡体潜在滑移面相连，形成滑坡。

通过羊宝地山滑坡的稳定性进行工程地质定性分析和定量计算评价表明，羊宝地山滑坡在天然状态处于基本稳定状态，但安全储备不高，在连降暴雨时，滑坡稳定性不断下降，存在失稳破坏的危险。因此，必须进行有效的工程治理，防止滑坡地质灾害的再次发生。

治理设计过程中，通过对滑坡地质灾害勘查资料的分析及现场调查，认为羊宝地山滑坡产生的重要原因为采石场弃土弃渣无序堆放，天然坡度大，安全系数不足，在水的作用下土体下滑而形成。因此，对边坡的治理方案考虑了抗滑治理及排水两个方面的问题。

根据滑坡的坡度、滑坡体厚度、潜在滑动面的形态及滑坡分布范围，采用"削坡、格构梁、土钉、抗滑桩、挡土墙及排水和坡面绿化"的综合治理方案，分上、中、下三段对滑坡进行了治理设计。设计方案受到了评审专家的好评，顺利通过了专家会评审。

### 9. 深圳职业技术学院越华采石场边坡勘察与治理

位于深圳职业技术学院内的越华采石场边坡为多年爆破采石遗留下来的高陡边坡，坡前拟建运动场。边坡长度578m，高度50~118m，坡度65°~75°。由于边坡

边坡全景

高陡、地质构造复杂、采石爆破松动等原因，边坡体崩塌、滑塌和水土流失灾害中等发育。

该项目由深圳市勘察测绘院、深圳市荔兴抗震技术有限公司承担，勘查通过平面工程地质及水文地质测绘、钻探、三维激光近景数字摄影、地质素描、浅层地震等原位与室内测试相结合的方法，较好地解决了在人员不能到达的高陡边坡进行地质调查的难题，取得了丰富的第一手资料，满足治理设计要求，勘察报告在业主主持召开的有多名勘察大师参加的评审会上得到好评。

深圳职业技术学院新校区高边坡治理工程设计，由深圳市勘察测绘院和深圳市岩土工程公司共同完成。

设计方案土质边坡、全强风化岩坡采用锚杆（预应力锚索）相结合的方式，中微风化岩坡采用随机锚杆或系统锚杆进行加固。

边坡治理设计方案总体思路正确，方案合理，充分兼顾了学校这一特定的人文、工程环境。该边坡还充分考虑了水对边坡稳定的影响，设计了坡面排水系统，边坡分级、形状、坡面绿化、坡面美化及与周边环境的协调、坡面交通系统及特殊功能区等都考虑得比较充分。

### 10. 深圳市下坪固体废弃物填埋场进场道路西侧边坡工程地质灾害危险性评估

（1）工作任务及由来

2005年8月19~21日深圳市普降大雨，造成深圳市下坪固体废弃物填埋场进场道路西侧边坡出现滑坡地质灾害，直接威胁坡下进出场道路、垃圾车及净化池厂房及设备的安全，影响了垃圾车正常运营。为查明评估区内地质灾害的发育情况，并评估地质灾害的危害程度和危险性，深圳市罗湖区"二线"插花地整治工作小组

于2005年8月30日委托深圳市勘察测绘院有限公司对广东省深圳市下坪固体废弃物填埋场进场道路西侧边坡工程进行地质灾害危险性评估工作。

本次评估的主要目的是查明深圳市下坪固体废弃物填埋场进场道路西侧边坡及临近周边地质环境条件和地质灾害发育现状以及现状滑坡的成因、类型、分布和规模，预测边坡可能引发或加剧地质灾害类型、规模及其本身可能遭受地质灾害的类型、规模及危险性，并提出防治措施。具体工作任务如下：

1）调查评估区及周边的地质环境条件，对其复杂程度作出评价。

2）通过野外综合平面地质调查，调查评估区的地质灾害类型、分布范围、规模、稳定状态、危害对象和损失情况，判定其性质、稳定性、危害及成因。

3）着重调查已发生滑坡的岩土体类型、成因、空间分布形态、工程地质特征以及滑坡区的地质构造条件、地下水的运动规律，初步了解地下水动态变化规律及其控制因素，分析滑坡成因机制。

4）对已有的地质灾害的危险性作出现状评估，分析判定地质灾害的主要诱发因素，预测其发展趋势。

5）根据本项目类型及特点，预测边坡工程可能引发或加剧地质灾害以及其本身可能遭受地质灾害的类型、规模，并对地质灾害的类型、范围、危害及危险性作出预测评估。

6）综合地质环境条件、地质灾害现状评估和预测评估结果，对评估区地质灾害危险性进行综合分析，按危险性大小划分区段。

7）针对评估区地质灾害发育特征和危害程度提出适宜的、永久性的防治措施或建议以及工程治理中应注意的问题。

（2）评估级别确定

本边坡坡高达50m，坡下为目前垃圾车惟一进场道路和污水处理重要设施，坡上为未来垃圾场进出场道路，边坡安全等级为一级，属重要建设项目。评估区地形地貌条件中等，地质构造条件中等，岩土体类型中等，工程地质、水文地质条件中等，区内抗震设防烈度为7度，区域地壳基本稳定，人类工程活动对地质环境影响程度复杂，地质灾害发育中等。评估区地质环境条件复杂程度为复杂。

根据《广东省地质灾害危险性评估实施细则》(试行)，按拟建项目重要性、评估区地质灾害发育规模及危害程度、地质环境条件复杂程度，本项目评估等级为一级。

（3）工作完成情况

2005年8月30日接到国土资源和房产管理局的委托，立即成立项目工作组，2005年8月30日至9月2日收集有关资料；9月2日至22日对评估区进行1:500地形测量、1:2000野外地质灾害调查、物探及坑探；2005年9月22日至2005年10月15日室内资料综合整理，并于2005年10月20日完成评估报告及图件的编制。于2005年11月通过国土资源部组织的专家审查。

（4）工作成果

1）评估区已发生的地质灾害主要有中型滑坡、微至小型崩塌。滑坡灾害危害性及危险性大，崩塌地质灾害规模小，破坏力小，其危害性及危险性小。

2）根据地质环境条件，结合工程类比分析，预测边坡工程潜在的地质灾害为滑坡、崩塌，滑坡的危害程度及危险性大，崩塌危害程度及危险性中等。

3）通过对评估区地质灾害危险性的现状评估、预测评估和综合评估，将评估区划分为三个区——即危险性大区(Ⅰ区)、危险性中等区(Ⅱ区)及危险性小区(Ⅲ区)。其中：Ⅰ区面积32919$m^2$，占评估区总面积的30.1%；Ⅱ区面积39277$m^2$，占评估区总面积的35.9%；Ⅲ区面积37052$m^2$，占评估区总面积的34.0%。

4）危险性大区以滑坡为主，为重点防治区，采取工程措施、生物措施及监测措施；危险性中等区以崩塌为主，次重点防治区，采取工程措施、生物措施；危险性小区为一般防治区，仅采取生物措施。

### 11. 深圳市景亿山庄东侧边坡工程地质灾害危险性评估

（1）工作任务及由来

深圳市景亿山庄东侧边坡工程位于深圳市罗湖区

"二线"插花地景亿山庄东侧，在强降雨作用下于2005年8月22日凌晨5时发生了中型滑坡。为查明评估区内地质灾害的发育情况，确保边坡周边的建筑物的安全和正常使用，保护地质环境，深圳市罗湖区"二线"插花地整治工作小组于2005年8月31日委托深圳市勘察测绘院有限公司对深圳市景亿山庄东侧边坡工程项目进行地质灾害危险性评估工作。

（2）评估级别确定

评估区地形条件复杂，地质构造条件简单，岩土体工程地质特征简单，水文地质条件简单，区内抗震设防裂度为7度，区域地壳基本稳定，人类工程活动破坏地质环境程度强烈，地质灾害发育。评估区地质环境条件复杂程度为复杂。

评估边坡坡高为9～28m，挖方挡墙长约60m，坡下为7～9层的住宅楼等建筑物，综合评定为重要建设项目。

根据评估边坡工程的项目重要性和边坡地质环境条件复杂程度，按国土资源部《地质灾害危险性评估技术要求(试行)》表5-1规定，本边坡地质灾害危险性评估应定为一级。

（3）工作完成情况

2005年8月31日接到深圳市罗湖区"二线"插花地整治工作小组委托《深圳市景亿山庄东侧边坡工程地质灾害危险性评估工作》，立即成立项目工作组。2005年9月1日至8日收集有关资料并现场踏勘，编制评估工作大纲，9月8日至26日进行评估区1:1000的地质灾害综合调查及钻探工作，9月26日至10月12日进行室内资料综合整理，并于2005年10月15日完成评估报告及图件的编制。于2005年11月通过国土资源部组织的专家审查。

（4）工作成果

1）通过调查发现，评估区现状地质灾害主要为滑坡及填土不均匀沉降，滑坡危害程度和危险性大，填土不均匀沉降危害程度和危险性小。

人为工程活动是滑坡形成的主导因素；边坡岩土体强度较低、岩土界面缓倾坡外并构成危险滑动面是引起滑坡的重要从属因素；强降雨是产生滑坡的激发因素。

2）根据地质环境条件，经边坡稳定性分析计算，预测边坡潜在的地质灾害为滑坡等边坡失稳及水土流失，边坡失稳危害程度及危险性大，水土流失危害程度及危险性小。

3）综合分析评估区的地质环境条件、现状地质灾害和潜在地质灾害的危险性，将评估区划分为地质灾害危险性大区、中等区和危险性小区三个区类。其中：Ⅰ区面积18752m²，占评估区总面积的42.2%；Ⅱ区面积4380m²，占评估区总面积的9.9%；Ⅲ区面积21265m²，占评估区总面积的47.9%。

4）危险性大区以边坡失稳为主，为重点防治区，采取工程措施、生物措施及监测措施；危险性中等区受边坡失稳远程影响，为次重点防治区，采取监测措施；危险性小区，地质灾害弱发育，为一般防治区，仅采取生物措施。

### 12. 深圳市龙岗区人工边坡调查

（1）任务来源

伴随着经济的高速增长，龙岗区的建设速度不断加快，建设规模迅速扩大，特别是傍山建筑的开发，形成了大量的人工切方边坡和填土边坡。部分边坡地施工中，为追求短期效益，对边坡安全的重要性重视不够，人工边坡若不进行相应的勘察、设计和支护施工、边坡排水、绿化等保护措施，当建筑物与边坡之间预留的安全距离不够时，部分边坡潜伏着较大的安全隐患，崩塌、滑坡、变形等边坡失稳事故时有发生（尤其是雨季），给人民的生命财产造成重大损失或构成严重威胁。

为查明龙岗区内人工边坡的数量、规模、边坡现状的稳定和破坏情况，深圳市规划与国土资源局龙岗分局委托深圳市勘察测绘院对龙岗区人工边坡进行调查工作。

（2）工作目的

1）开展龙岗区人工边坡调查工作，全面掌握龙岗区内的人工边坡的分布、数量、规模、边坡类型、目前的支护、排水、绿化和稳定性等情况。

2）对边坡进行安全等级分级，对边坡的稳定性进行初步判断，对边坡进行危险性分级，对潜在不稳定和不稳定的边坡提出监测、治理等综合防治措施及建议。

3）结合边坡信息系统，对龙岗区人工边坡状况和数据进行信息化处理并提供基本数据，为地质灾害防治管理提供信息化服务。

（3）工作内容与步骤

1）基本资料的收集。

2）野外踏勘，确定人工边坡的调查范围和类型。

3）野外人工边坡的详细调查和地质填图。

4）室内分析和研究，主要是划分边坡的安全性等级、初步判定边坡的稳定程度、对边坡进行危险性分级，提出防治措施建议，绘制图件和编制调查报告。

5）边坡基本数据入库工作的数据整理。

（4）工作方法

1）基本资料收集

收集调查范围内的地形图(1:10000、1:2000)；区域地质图(1:50000)；区域地貌、水文、气象资料；区域自然、社会、经济状况；区域有关ERS雷达影像、卫片、航片及解译资料。

根据已收集的资料对龙岗区人工边坡的分布情况进行初步分析，基本掌握人工边坡的数量、规模等特点，编制调查工作实施方案，为外业工作做准备。

2）野外踏勘

以调查工作范围内的建筑开发区、主要山地公路和山地与平地接触带、人口及建筑密集区作为重点，选定踏勘路线，初步了解调查范围内的人工边坡分布、规模、稳定性及破坏等特点，确定边坡调查对象和调查范围。

3）详细调查和地质填图工作方法

①本次人工边坡调查以野外地质调查方法为主，当因边坡情况复杂地面调查存在困难时，适当辅以坑(槽)探等手段。

②全区范围进行1:10000的地质调查和填图，人工边坡的位置进行1:2000的地质调查和填图。填图主要内容为地层岩性、地质构造、地质灾害和边坡规模、边坡保护措施、边坡环境等。

③对边坡进行统一编号，填写边坡调查表（国土资源部地质灾害边坡调查标准表）。

④当边坡存在破坏或地质灾害发生（如滑坡、崩塌）时，则对破坏情况或地质灾害进行调查和研究，填写滑坡、崩塌调查表。

4）室内分析和研究工作

在调查的基础上，对各种数据和资料进行整理、分析和研究。

①对边坡的性质、类型和可能破坏的原因、形式、规模进行分析和研究，对边坡稳定性进行初步评价，对已发生的地质灾害进行初步评价。

②划分边坡危险性级别，研究分布特点。

③提出危险或不稳定边坡的防治措施建议。

④编制各种地质图件和图片。

⑤编制龙岗区1:10000人工边坡分布图和地质图，1:2000边坡平面图，各人工边坡数码照片图版等。

⑥编写人工边坡调查报告。

本项目对所调查的边坡划分了危险性级别，并研究了其分布特点，其结论和建议对深圳市地质灾害治理工作具有重要的参考价值。

### 13. 深圳市龙岗区人工边坡信息管理系统

（1）项目概述

项目名称：深圳市龙岗区人工边坡信息管理系统

简　　称：边坡管理系统

项目代号：LG-2003-0001

委托单位：深圳市规划国土局龙岗分局

开发单位：深圳市勘察测绘院

与其他系统的关系：本系统的地形图数据从深圳市规划国土局系统继承，边坡档案数据手工录入。

开发步骤：本系统分两期开发，一期开发深圳市龙岗区人工边坡信息管理系统，二期完成布吉镇人工边坡信息演示系统。本需求分析报告即为一、二期工程的需求分析。

（2）工作目标

1）利用地理信息系统(GIS)技术进行人工边坡信息管理。

2）实现对灾害的预测和损失评估，建立监测和防治机制。

（3）工作范围

1）本系统基本图件（地质图、地形图、规划图等）和边坡分布图应包含布吉镇全镇范围，面积约为100km²。

2）边坡信息系统范围为布吉镇全镇人工边坡（不含采石场和铁路两侧边坡），面积约为10km²，边坡数量约为607个（以人工边坡调查结果为准）。为便于扩展到整个龙岗区，要求系统容量为6000~10000个以上人工边坡信息。

3）具有灾害隐患的重点边坡详细资料，数量约为50个，面积约为1km²。

4）预留龙岗区其他各镇（平湖、横岗、龙岗、坪地、坑梓、坪山、葵涌、大鹏、南澳）的基本图件和边坡分布图的系统容量，面积约为1000km²。

5）在野外调查的基础上，规范数据结构和形式，建立符合国土资源部对地质灾害数据要求的人工边坡数据库、影像（相片）库、图件库和文字说明库。

6）应用GIS技术，建立深圳市龙岗区人工边坡信息管理系统，并投入运行。

7）建立龙岗区布吉镇人工边坡信息演示系统。

（4）本项目特点

系统具备如下特点：

1）规范、统一、友好的操作界面；
2）简洁、易记的功能键；
3）操作简单、易于掌握；
4）丰富的联机帮助；
5）大多数数据录入只需鼠标点击完成；
6）批量档案数据录入时，采用标准通用编码快速录入；
7）编码分类合理，便于记忆，易于进行授权操作；
8）系统应具有良好的易维护性；
9）应用系统部件化、参数化设计，采用业务码驱动，功能扩充方便；
10）添加业务时，只需进行前台业务定制。

（5）业务内容

整个系统业务由野外调查、数据录入、边坡管理、查询统计、辅助决策、灾害预警评估、三维演示等组成。

1）野外调查：调查人员以地形图为依据，通过野外实地调查，填写边坡调查表，在地形图上标注野外编号。

2）数据录入：录入人员以野外调查表和已标注地形图为依据，对边坡作室内编号，并通过边坡信息管理系统将调查表内容录入数据库。

3）边坡管理：对数据库中的边坡信息进行有效的管理。包括新增边坡、删除边坡、修改边坡的图形数据和调查表数据等。

4）查询统计：对边坡信息作各种方式的查询和统计，满足业务部门日常工作的需求。如图形方式查询、属性方式查询等以及查询结果的统计报表的制作和打印输出。

5）辅助决策：提供用于辅助决策的工具。如缓冲区分析等。

6）灾害预警评估：对边坡的稳定性进行预警，并对失稳后的损失进行评估。

7）三维演示：选择布吉镇重点区域（约1km²），使用三维地面模型数据和边坡三维信息，结合边坡调查的数据、影像、文字说明建立示范性和实验性的三维演示系统。

## 14.深圳市宝安区平南铁路樟坑村段滑坡地质灾害勘查和治理设计

平南铁路滑坡地质灾害位于宝安区平南铁路樟坑村西南，平南铁路从滑坡前缘处经过。平南铁路滑坡是在2005年8月20日特大暴雨后诱发的滑坡，斜坡土体产生滑动，从坡上高速下滑，滑坡前缘的平南铁路约160m铁路路基发生整体滑动，铁轨被掩埋冲垮，其中铁轨水平位移约12~20m，造成平南铁路运输中断4天。

受深圳市国土资源和房地产管理局宝安分局委托，2005年10月14日深圳市勘察研究院有限公司对平南铁路滑坡进行了地质灾害勘查和地质灾害治理设计。治理方案从抗滑治理及排水两个方面考虑。治理设计分为三个部分：一是滑坡后壁边坡的治理，二是滑坡本身的治理，三是滑坡及其周围地表水及地下水排水系统的设计。采用"去土减载、抗滑桩、挡土墙、排水和坡面绿化"等综合治理方法对滑坡进行治理设计。该设计通过宝安国土分局组织的专家评审,已按此设计方案进行治理施工。

### 15. 国家工商行政管理总局行政学院建设用地地质灾害危险性评估和边坡治理设计

国家工商行政管理总局行政学院位于深圳市南山区龙井村,塘朗山南麓,旧址为已废弃的龙井石场。行政学院主要用于全国工商行政系统内干部培训,占地约14万 $m^2$,区内拟建有一栋六层办公楼,两栋五层教学楼,图书信息中心,活动中心,三栋四层学院公寓以及员工公寓,教师公寓,专家公寓,两个网球场和一个篮球场。学院内的水塘相连,约占总面积的20%。学院主入口位于龙珠大道上,东侧、东北侧及西北侧均为规划路,可直接通往即将开放的塘朗山公园。

场地西北部边坡全貌

原石场开挖边坡呈东西向,长220m,坡向南,坡高20~60m,坡度60°~80°。为一级到顶的岩质边坡,岩体破碎。2004年7月,深圳市勘察研究院受托开展建设用地地质灾害危险性评估和边坡治理设计,经过资料收集分析和详细综合地质调查,并按照国土资源部地质灾害危险性评估的要求,编制了评估报告。针对边坡高陡的特点,采用分级放坡、布置随机锚杆以及坡面绿化等措施,对边坡进行综合治理,该方案现已经实施,边坡治理效果良好。

### 16. 深圳华侨城盐田旅游项目建设用地地质灾害危险性评估

深圳华侨城盐田旅游项目位于深圳市盐田区大梅沙—三洲田地段。整个旅游项目用地呈北西向,南部与盐坝高速公路相邻,北部与三洲田水库接壤,西部则到达高程370~420m处,东部则到达山脊处。

整个旅游项目用地范围共约7.33$km^2$,其座标位置为:$X=25900~28750$,$Y=138000~141500$。

深圳华侨城盐田旅游项目是一个大型综合旅游项目,包括多种休闲娱乐设施,有世界茶艺博览园、高尔夫球场、缆车游览、地面小火车、自然生态旅游、多个主题观光园、森林酒店、别墅和公寓、以及人造大瀑布景观。

2004年11月,深圳市勘察研究院完成了该区茶园、地面小火车、缆车等项目的单项地质灾害危险性评估工作。

由于评估区为原始植被覆盖的丘陵区,工程建设对地质环境影响大,且建设项目为重要建设项目,因此按照国土资源部地质灾害危险性评估技术要求进行了一级评估,评估工作明确了工程建设可能引发和遭受的地质灾害类型为崩塌、滑坡和泥石流等,分别提出了地质灾害防治建议,并对建设用地适宜性进行了评价。评估报告于2004年11月通过广东省国土资源厅的专家评审。

### 17. 深港西部通道深圳侧接线工程建设用地地质灾害危险性评估

深港西部通道工程全长约5km,由深港政府各自出资,共同兴建,预计2006年建成通车。整个西部通道工程包括三大部分:深圳湾公路大桥、深港"一地两检"口岸以及两侧接线工程。按照国家发改委批复的工程可行性报告,深圳段项目总投资约15.44亿元人民币。其中,深圳侧大桥7.8亿元、左右换道立交1.4亿元、一线口岸(深圳侧)监管区6.24亿元。

深圳侧接线工程是深港西部通道的重要组成部分,由东到西全长约5.32km,设计行车速度80km/h,按双向六车道高速公路标准建设。其中下沉式道路约3.92km,路堑及高架1.4km。接线工程在起点港湾大道近期设一对上下匝道,以解决本专用通道与城市道路的交通连接。

深港西部通道工程路线示意图

接线工程沿线地块可分为三类，一是大南山风景区，二是城市建成区，三是规划区。根据深圳市人民政府意见，接线工程应尽量减少对城市环境的影响，接线工程以下沉式道路为主（其中从东角头填海区道路至东滨路全路段设计3.92km为全封闭的开窗隧道。不走内环线，而是从东滨路沃尔玛商场后过工业大道、穿兴工路荔枝林，直戳大南山脚下，最后接月亮湾大道，建成后将成为国内最长的6车道市区高速公路隧道），下沉式道路由暗埋式、半敞开式、敞开式地下结构组成，结构标准宽度29.4m（局部34m），东滨路一般路段地面路幅宽63～93m；高架结构主要穿越大南山麓至月亮湾大道，桥宽33m，基本跨径30m。在南山公路段，部分高架桥方案，该方案使从西部通道深圳湾公路大桥上下来的货柜车辆流入隧道，从深圳"沉地"、"擦边"直接进入107国道和广深高速公路。

预测评估中提出了工程建设可能引发的地质灾害，并提出了合理适用的防治措施建议。针对海水入侵，建议建设有效的防灾减灾工程，沿岸种植防风林带等系统的防治办法；对边坡失稳灾害，则分岩质边坡和土质边坡分别治理；基坑边坡失稳则可以采用帷幕墙、深层搅拌桩以及地下连续墙等方法；软土震陷和砂土液化的防治则用软土地基处理以及适当的工程措施。报告对建设用地适宜性进行了评价。

该项评估由深圳市勘察研究院负责，评估报告于2004年9月8日通过广东省国土资源厅的专家评审。

## 三、结束语

地质环境保护以及地质灾害防治工作，除了在边坡治理方面采用新工艺新技术以外，其创新主要体现在地质灾害防治工作的管理和组织上。

（1）深圳市地质环境管理机构经过了多次调整，面对特区内国土分局取消，市政府决定由各区指定主管部门对口履行相关职能，并将地质环境和地质灾害防治项目下放到下属各局和事业单位组织开展，这样起到了优化资源配置，提高工作效率的作用。

（2）地质灾害巡查工作坚持"群测群防、群专结合"的原则，发动群众参与，起到了早发现、早报告、早处置地质灾害的作用。

地质灾害巡查是指在了解地质灾害的基本状况和分布后，定期对其变化进行的巡视和检查，巡查成果及时提供给政府相关部门决策，安排相应的处理措施。

进入汛期即地质灾害重点防范期，市、区和街道办人民政府和基层群众自治组织以及地质灾害防治专业技术人员，应当根据年度地质灾害防治方案所确定的重点防范的地质灾害隐患点，加强监测和灾害发生前兆特征（地声、泉水变化、裂缝发生或扩张、醉汉林出现等）的巡回检查。对可能出现险情的，应当及时采取应急措施，同时向国土资源主管部门报告。对于已经确定的地质灾害隐患点，要填写"地质灾害明白卡"，使得受地质灾害影响范围内的居民了解灾情，一旦发生危险，及时采取自救措施并报告政府主管部门。地质灾害巡查工作在我市特区内最先开展，已经取得了初步成效。

# 第六章

# 城市与工程测量

# 第六章 城市与工程测量

## 一、概论

### （一）城市与工程测量概述

深圳25年的沧桑巨变离不开测绘事业保障，同时也促进了深圳测绘事业的蓬勃发展。25年来，深圳测绘人积极为城市规划、建设和管理提供合格的测绘产品和满意的服务，用自己勤劳的双手绘出深圳市健康发展的美好蓝图。他们在极其艰苦条件下，自强不息、艰苦创业，使深圳测绘事业实现了从小到大、从弱到强的跨越式的发展。如今的深圳测绘事业已走上了技术力量雄厚、产品结构基本合理、保障体系监管机制健全的健康、活泼向上的发展道路。

随着社会的进步和信息时代的到来，深圳测绘不但只是为具体工程建设对象和城市规划建设提供服务，而且积极拓展服务领域和范围，例如为城市智能交通、现代物流配送、电子政（商）务、汽车导航、城市旅游、应急事件处理等领域提供以测绘数据为基础的地理空间信息数据服务，为保证公共安全和学科研究在滑坡、地陷等地质灾害领域，甚至地壳板块运动、地质断裂活动提供高精度、全天候、实时的监测数据服务。由此可见，测绘产品其服务的深度和广度正在为各行各业的建设和发展发挥着巨大的作用。

测绘科学的迅猛发展，带动和支撑了信息化革命。我们知道，测绘学是一门古老而年轻的学科。公元前1400多年前古埃及人就在尼罗河两岸测定土地界线，我国古代人物夏禹受命治水也用到了简单的测绘工具。测绘学主要研究对象是地球，人类对地球形状认识的不断深化，对测定地球的形状和大小的精度要求不断提高，促进了测绘学的发展。人类测绘发展史经历了划时代的17世纪光学经纬仪的发明，20世纪中叶电磁波测距仪、卫星测距和解析测图仪的发明。特别是进入20世纪90年代，随着空间技术、计算机技术、通信技术、遥感技术、数据库技术等技术的飞速发展，测绘学这一古老的学科在这些新技术的支撑和推动下，出现了以"3S"(GPS、RS和GIS)技术为代表的现代测绘科学技术，使测绘科学从理论到手段发生了根本性的变化，测绘科学焕发出了新的活力。现代测绘技术无论是在国民经济建设、人民生活，还是在国防、军事等领域的建设都得到了广泛的应用，是构建"数字中国"、"数字深圳"基本技术支撑，而测绘数据作为测绘工程的直接产品则是实现数字城市的基础性地理空间数据。

因此，新时期党和国家领导人及国家测绘主管部门对测绘工作提出新的要求，积极指导和推动测绘事业的发展和进步。胡锦涛同志要求"推进'数字中国'地理空间框架建设，加快信息化测绘体系建设，提高测绘保障服务能力。"为此国家测绘局将新时期测绘定位为：测绘工作事关国家安全、国家主权和民族安危；测绘是实现可持续发展的基础性工作；测绘是实现信息化的重要基础之一；测绘面向全社会提供全方位服务。

深圳测绘25年恰逢科技和社会发展的盛世，我们深圳测绘人要抓住机遇，敢想、敢干、敢为先，探索出一条特区测绘发展之路。

在目前实现了传统测绘向现代测绘、模拟测绘向数字测绘的历史性转变的历史背景下，新时期的测绘工作的内涵被赋予了新的意义。测绘产品作为一种基础性、非常重要的空间地理信息产品，在传统测绘时期，由于受到测绘仪器和方法的限制，表现形式比较简单、单一，因此导致其重复利用率极低。而现代测绘技术提供数字测绘产品，它借助于现代科技手段实现了地理空间信息的重复利用，更好地发挥了空间信息的作用。测绘生产任务由传统的纸上或类似介质的地图编制、生产和更新，发展到对地理空间数据的采集、处理、组织、管理、分析和显示，传统的数据采集技术已被遥感卫星或数字摄影、GPS、智能测量机器人所代替。因此国家《测绘法》将测绘定义为：是指对自然地理要素或者地表人工设施的形状、大小、空间位置及其属性等进行测定、采集、表述以及对获取的数据、信息、成果进行处理和提供的活动。这也充分体现了时代的要求和国家政策导向。

现代工程测量学也已远离了为工程建设服务的狭隘概念，正向着所谓"广义工程测量学"发展，即"一切不属于地球测量，不属于国家地图集的陆地测量和不属于法定测量的应用测量，都属于工程测量"。因此对于城市测量而言，除界线、权属测量以外的城市测量活动都应属于工程测量范畴。

## （二）深圳测绘的创建与成长历程

深圳特区25年，弹指一挥间。当年的边陲小渔村，已经发生了翻天覆地的变化，高楼林立、车水马龙、道路网纵横交错的现代化大都市展现在世人面前。作为城市建设的先行兵，深圳测绘人为此感到无比自豪和荣耀，同时也为深圳测绘事业的健康发展感到欣慰。

深圳测绘25年是敢于吃苦、充满活力、富于创新、勇于挑战的25年，它大致可分为三个阶段：第一阶段为1980年至1993年，是敢于吃苦、乐于奉献的创业阶段；第二阶段为1994年至1999年，是充满活力、敢于创新的成长阶段；第三阶段为2000年至今，是富于创新、勇于挑战的科学发展阶段。

1980年至1993年，生活和工作条件非常艰苦，深圳测绘人凭着顽强的意志和不屈不挠的精神，在这片热土上辛勤耕耘为深圳建设服务。

1980年的春节刚过，一群身背经纬仪，手持红白测量标尺的"长勘"人来到了深圳。这就是最早进入深圳经济特区的一支专业测绘队伍。他们在荒山野岭上搭起了竹棚，燃起了炊烟，以"拓荒牛"精神，开始了为经济特区建设服务的创业历程。

1981年，为适应城市建设需要，以"长勘"为基本力量与当时的深圳建委部分人员共同组建成立了深圳市勘察设计联合公司勘察经理部（"深勘"的前身），随后在勘察经理部的基础上注册成立深圳市勘察测量公司，这也就是隶属深圳特区最早的专业勘察测绘单位。1983年长勘深圳公司成立，原"长勘"来深圳的部分人员回到了长勘深圳公司，同年底，基建工程兵九一二团集体南下进入深圳并编入"深勘"。1985年1月，原912团另立门户成立"工勘"。

在这个阶段，特区测绘生产任务基本上是依靠"长勘"、"深勘"和"工勘"完成。

特区刚成立，测绘人采用非常传统的经纬仪三角测量、查视距表或钢尺量距、大平板测图或小平板和机械式手摇计算机，辅以三角函数表、对数表、算盘等工具计算，作业效率低、劳动强度大。80年代中期，深圳才开始少量引进电磁波测距仪、夏普PC-1500计算机和百灵BL-815计算器，作业人员的劳动强度才稍有改善。

在这个阶段，完成了大量的测绘任务。1981年施测了罗湖区1:500地形图7.9km$^2$，放样了罗湖道路网。1982年3月施测了86km长的二线公路。1983年建立了深圳市二、三等三角和三、四等水准网平面和高程控制网，该工程采用了国内最高精度的瑞士产威尔特T3经纬仪测角、N3水准仪测高程，瑞典产ACiA14A测距仪测边长，经过整整三个月的夜以继日，风餐露宿、艰苦跋涉的艰难工作，从此，深圳市450km$^2$范围内有了高精度的测量控制系统，共布设二等三角点9个，三等三角点32个。1983年施测了特区内1:1000地形图。1984年完成深圳市精密水准测量。1987年加密了三等点14个，四等点71个。1990年在宝安县测区（包括龙岗）布设三等三角点93个，四等三角点145个。

从1984年到1992年期间，除等级控制测量外，还完成了大量的其他测绘项目，如特区内大面积的I、II级导线测量、特区内基本地形图测量，和深南路改造、赤湾港、蛇口港、北环大道、深圳大学、黄田机场、大亚湾核电站、梧桐山隧道、深圳河治理等重点工程测量，以及其他类型的工程测量项目和地下管线探查等。其中1984完成的深圳河治理工程测量，1987年获广东省建设委员会优秀工程勘察一等奖。

1993年，采用传统测图方法对特区内进行大规模的1:1000地形图更新。同年底，深圳市成立规划国土信息中心。

1994年至1999年，在邓小平南巡讲话的推动和鼓舞下，特区建设驶入了新的快车道，城市建设日新月异。深圳测绘进入了一个成长的新阶段。

这一阶段，深圳在全国的辐射和窗口作用得到加强，孔雀东南飞，测绘人才络绎不绝的汇集深圳；测绘单位积极添置先进的测量仪器和设备，如莱卡GPS接收机、全站仪、电子水准仪、数字化仪和智能绘图机等。测绘产品的质量、精度以及作业效率得到大幅提升，测绘技术创新的热情高涨。

1994年，试验数字化测图技术，翌年5月，在全国率先采用全野外数字化测图技术实现城市基本图测绘，为日后深圳市规划国土资源管理信息化建设、维护以及地形图数据动态更新进行了数据、技术准备。深圳市规划国土地理中心成立后便着手深圳市规划国土地理信息系统开发和研制并获得成功，该系统对提高规划、地政、测绘等业务管理效率和质量起到了关键性的技术保障作用，1999年荣获国家测绘局测绘科技进步一等奖。

1996年在城市测量中深圳市首次采用GPS技术对城市控制网进行改造，较好地解决了原有控制网点（包括1983年之后多次加密的等级控制点）分布不均匀和控制点的精度不匹配及存在系统性误差，该项目获得深圳市科技进步二等奖；同年，开始对全市地下管线进行普查式的探测，其中深圳市罗湖区水贝测区地下管线探测项目1999年获广东省第七次优秀工程测量三等奖。

1998年进行治理深圳河三期数字地形测量，为治理深圳河改善排泄洪涝的能力提供测绘保障和服务，该项目2001年获广东建委优秀工程勘察一等奖。

1999年，深圳市对福田、罗湖、盐田、南山四区范围内的1:1000地形图和地下管线数据进行动态跟踪修测，要求在地物、地貌变化定型后三个月内实现实时动态跟踪修测。以后的实践证明，采用动态跟踪修测的方法，既节省了大量的人力、财力、物力，又加快了数据更新的速度；既避免了重复测绘，又保证了数据的现势性。

这一阶段测绘事业发展较快，测绘收入明显提高。受市场驱动，全国的测绘单位积极参与特区建设，深圳市相继成立了一批新的测绘单位，又有一批本市勘测单位的测绘资质得到提升。这既促进了深圳测绘事业的发展，又使测绘市场竞争更加激烈。

2000年以来为第三个阶段。深圳城市测绘率先进入以"3S"为核心的现代测绘阶段，生产效率进一步提高，技术创新空前活跃，市场竞争加剧。测绘事业也从"时间就是金钱，效率就是生命"的经营观念向"和谐深圳"、"效益深圳"转化，走科学发展之路。

2000年1月正式启动的"深圳市连续运行卫星定位服务系统(Shenzhen Continuous Operating Reference Stations简称SZCORS)"，在国内首次实现了GPS差分技术与国际水平接轨，建立了城市全天候、实时的动态三维控制基准，为测绘、交通监控、港口管理、公共安全、形变监测、物流管理、公众服务和科学研究提供基准、导航平台，该系统一期工程历时3年完成，2005年被评为全国测绘科技进步一等奖。该系统的建设成功极大地推动了城市GPS连续跟踪服务系统建设的热情，先后有一些省市已经开始建设类似系统，如上海、北京和广东省等。同年又启动了"深圳市高分辨率高精度似大地水准面的确定"项目，高精度高分辨率区域大地水准面不仅为测绘学、地球物理、地球动力学及海洋学等地球科学的研究和应用提供基础地球空间信息，而且也是当今构建数字地球必不可少的基础信息之一，同时能进一步完善GPS大地高与正常高的转换关系，该项目2004年获中国测绘学会全国测绘优秀工程科技进步二等奖。这两个项目的顺利完成，对推动深圳测绘技术全面进步、提高劳动效率与测绘质量和构建深圳现代化的测绘基准将起到非常重要的作用。

这期间，深圳测绘人积极参与深圳市的一批重点建设工程的测绘保障和服务工作，大胆探索测绘新方法和高新测绘仪器的使用。通过参与大型重点工程测量工作，使Cyrax-2500三维激光扫描仪系统、GPS RTK（Real Time Kinematic）、Leica TCA1800测量机器人和高精度的电子水准仪等高科技仪器在工程测量中的应用水平迈上了一个新的台阶，锻炼了测绘队伍，提高了本市为具体工程服务的保障水平。先后参与了广东LNG站线项目、深圳地铁、深圳游泳跳水馆、深圳湾大桥和东江供水工程等项目的测量工作，有多个项目获奖，其中"深圳湾公路大桥首级控制测量"、"深圳地铁一期工程土建施工第三方监测"分别获得国家级优秀工程测绘金质奖和银质奖。

2001年在继续对特区内的1:1000数字化地形图实施动态跟踪修测的基础上，开始对宝安及龙岗两区的1:1000数字化地形图实施动态跟踪修测。同时，开始对深圳市的地下管线实施动态修测及入库，使全市地下管线成果的信息化、动态化管理进入了一个崭新的时期。此外，还完成了深圳市全市的建筑物普查。

一批与数字化测图和地下管线探测有关的优秀测绘项目获奖，其中深圳市罗湖、盐田区1:1000数字化动态修测项目荣获国家优秀工程勘察铜质奖、深圳市南山区1:1000数字化地形图动态修测荣获2005年度全国测绘优秀工程铜奖。

这期间，原深圳市测绘老三家在全国城市测绘领域率先顺利实现了公司制改革，面向市场、面向社会，采取公司制运作模式管理和经营企业，更好地为深圳建设服务并承担其社会责任。这也意味着将面临着更大的挑战。深圳测绘单位，坚持科学的发展观，走质量效益型发展的模式。在完成了ISO9000认证的情况下，积极进取、严格要求，先后又通过了环境、安全和质量的三合一认证。

经过25年的不懈努力，深圳测绘人不断总结和创新，在标准化和计算机应用等诸多领域取得骄人业绩；测绘力量日益壮大；在全国城市测绘行业创造了许多第一。

深圳市测绘在完成城市基础测绘及为城市建设提供高精度的测绘产品和高质量的测绘服务的同时，积极参与市、行业和国家级的标准化工作。先后编制了《深圳市基础测绘技术规程》、《深圳市房产测绘技术规程》、《深圳市地籍测量技术规程》、《深圳市1:1000数字化地形图动态修补测实施细则》、《深圳市地下管线探测实施细则》、《深圳市1:1000、1:2000数字化地形图数据格式技术要求》、《基础信息分层及数字化作业技术方案》及《深圳市1:1000地形图补充图式》等。进一步补充和完善了国家及行业的规范、规程及其他技术规定，提出了一系列符合深圳实际情况和现代数字测绘技术特点的技术规定和要求，为规范和统一深圳市的测绘管理及测绘技术方法等进行了积极的探索和不懈的努力。同时，将深圳市测绘标准化工作的成果应用到国标和行标的制定和修订工作中去，为国家建设服务。参与了建设部《城市基础地理信息系统规范》的制定，现正在参与国家测绘局《基础地理信息系统数据建库规范》的制定和国标《工程测量规范》、《地下铁道、轻轨交通工程测量规范》以及行标《建筑变形测量规程》的修订工作。

深圳测绘人不仅在城市测量控制基准现代化建设方面锐意创新，而且在具体工程测绘应用技术上也有所作为。随着计算技术和信息技术的发展，深圳测绘单位结合具体工程的实际需要积极参与计算机应用的研究和开发，并取得了一定的成绩。相继开发出"Ecw3"控制测量软件、"深圳特区测量控制资料管理信息系统"、"易管网"管线探测程序、"沉降观测内外业一体化"软件包、"地形图计算机辅助设计系统（TOPCAD）"、"CGS测绘地理信息成图系统"和"测绘e系统"等软硬件系统，这些系统为研发单位所普遍采用并取得了良好的社会效益和经济效益。其中"测绘e系统"得到比较普遍的肯定，它在软硬件一体化、界面友好和自主知识产权等方面表现突出，因此获得了国家测绘局科技进步三等奖。深圳市已有测绘从业人员2000多人，属地化的甲级测绘单位5家，乙级16家，丙级26家；另有经广东省国土资源厅验证可以在深圳从事测绘业务的外省测绘单位25家。

深圳测绘紧跟时代的步伐，把握时代的脉搏，积极应用测绘新技术、新方法、新设备，成就辉煌、硕果累累，在全国同行业中创造了许多第一：第一个采用GPS技术完成城市控制网改造，建立高精度的城市GPS基础控制网；第一个建立城市基础地理信息系统及基础测绘数据建库；最先实现全野外数字化测图，以数字测图技术淘汰传统的平板仪人工模拟测图技术；第一个实现对城市大比例尺地形图及地下管线的实时动态修测与动态管理；第一个制作真彩航空摄影正射影像图；最先建立城市连续运行卫星定位服务系统；最先建成城市高分辨率、高精度精化似大地水准面；第一个实现地形图网上发布；第一个出版以航空影像为底图的写真地图集及卫星影像挂图。

抚今追昔，我们知道，城市测量的工作内容非常宽泛，然而其核心、基础性的测量工作主要体现在城市控制测量和基本图测量，而精密工程测量则是工程测量的前沿性领域，它的工作内容具有一定的研究特性。由于城市控制测量、基本图测量和精密工程测量在城市测量中的重要性及其地位，将它们相对应地划分为城市测量基准的建立与现代化、基本图测量与数字化和精密工程测量与自动化、智能化等三个专题进行叙述，希望通过对各专题较为全面、系统的总结和思考能够更为清晰地把握这三个方向的发展脉络以及未来的发展方向。

**1. 城市测量基准的建立与现代化**

城市测量基准是"数字深圳"地理空间基础框架的重要组成部分，它是进行各种测绘工作的起算数据、起算点和起算面，是确定地理空间信息的几何形态和时空分布的基础，是在数学空间里表示地理要素在真实世界的空间位置的参考基准，用以保证地理空间信息在时间域和空间域上的整体性。建设现代深圳市测量基准是为用户在我国任何地点、任何时间提供及时、可靠、适用的地理空间基础框架，其任务应包括建立深圳市现代化的平面基准、高程基准等。

建立现代城市测量基准应着重考虑高精度、覆盖全市、三维、动态等四个方面的基本要素，前两个要素不难理解，而后两者是构建"数字城市"和保证测量三维坐标的准确性的重要因素。过去由于科技水平的限制，城市坐标系统在实际使用中一般不采用三维坐标。此外，由于人类总是习惯对平面介质（如纸或屏幕或建筑场地）上的目标进行观测，因而常常对三维空间的目标以某种数学关系投影到二维的平面介质上进行考察研究。这种将三维空间目标转化为二维后，该目标第三维的高程信息往往只作为地理信息系统的属性处理，这样虽然在许多场合会导致空间目标在划分与表达方面的困难，但二维坐标系统不仅过去需要，今后还会长期发挥作用。然而随着空间技术和虚拟技术的发展，同时采用符合客观空间实际的三维坐标，将是一种必然趋势。过去定义城市坐标系统和高程系统时，仅局限于满足城市范围内的建设需要，并没有考虑到"数字中国"、"数字地球"构建需要，因此认为它是独立的、静止的和绝对的。然而，相对一个较大区域或者全球来讲，由于受到各种难以测定因素的影响，例如深圳地区因地壳板块运动每年位移达20～30mm，以及现代坐标系统、高程系统所应具有的高精度特点，致使大地坐标及高程系统只是相应于某一个时刻（历元）的数据。为了真正保证大地坐标系统和高程系统的精确性，必须保持它们的现实性。即不仅仅向用户提供涉及某一历元的框架点的坐标和高程值，还必须提供相应的时间变率，因此与现代城市坐标系统与高程系统所对应的大地坐标框架和高程控制网应是动态的。深圳市测量基准的建立与现代化基本上是基于上述认识的。

深圳市测量基准的建立与现代化，大致分为四个过程：1984年前为深圳独立坐标系建立阶段；1984年至1996年为满足具体工程建设要求阶段，主要采用三角测量和导线测量的方法施测；1996年至2000年为GPS技术推广应用阶段，主要是采用静态方式施测二维平面城市控制；2000年以后为现代化新阶段，主要侧重于采用实时方式进行二、三维坐标测量。

然而，按照现在的测绘基准现代化标准衡量，第三阶段的工作在深圳测绘基准现代化过程中才具有里程碑意义。当然，第二阶段做了大量的研究性和基础性的工作，为第三阶段打下了良好的基础。

（1）平面控制基准的建设

深圳市独立坐标系建立可追溯到1959年。起算点为下围岭、水库松山。投影面为海拔5m高程面，平均高程异常值取52m。

1983年施测深圳市二、三等三角测量，以下围岭为起算点，水库松山为方向，布设了二、三等三角点35个，三等精密导线点6个，将特区高等级测量控制点覆盖面积扩展到450km²。1987年由广东省测绘局（现广东省国土厅）完成的《深圳测区大地控制测量》工程，加密了三等点14个，四等点71个。1990年由国家测绘局第一大地测量队在原宝安县测区（包括龙岗）布设三等三角点93个，四等三角点145个。

1996~1997年对深圳的基础控制网进行改造，该项目采用全球卫星定位技术（GPS），建立了覆盖全市、点位均匀、精度良好的GPS基准控制网，较好地解决了造成的原有控制网因为施测年代不同、施测单位不一致、依据技术规范不统一、采用强制符合、逐次外推的方法逐步建立等因素造成点位（包括1983年之后多次加密的等级控制点）分布不均匀和控制点的精度不一致（边缘点点位误差较大，最大达到0.2m）及存在系统性误差等问题。该网首先布设5个高精度的框架网点，按照国家A级GPS网测量的精度要求与国家A级网同步观测并进行数据处理，然后，在此基础上以边连接方式布设GPS首级全面网点77个，采用8台双频GPS接收机进行同步观测，进行整体平差计算，该网最弱点点位中误差为±0.023m，最弱边相对中误差为1/26万。这种采用GPS技术为城市建立高精度的GPS控制网当时在全国尚属首次，影响非常广。

1999年实施对深圳地区进行GPS四等加密，共布设了305个四等GPS加密点，最大点位中误差为3.29cm，最弱边长相对精度为1/62889。

（2）高程控制基准的建设

深圳市主要采用1956年黄海高程系统。

1983在完成二、三等三角控制的同时施测了三、四等水准测量。1984年完成了30多公里的二等水准测量，共布设了基岩水准标石12个，混凝土基本水准标石9个，每公里水准测量全中误差±0.5mm（限差±2mm）。

1996年至1998年，施测深圳市一、二、三等水准网，完善了深圳市的高程基准系统。深圳市一等水准网由一等广深惠水准路线和赤湾验潮站一等水准支线组成；二、三等水准网以一等广深惠水准路线上的27个水准点为起算点，包含107条水准路线，形成闭合环及附合路线52个，其中包括二等水准路线347km，三等水准路线489.3km。

1999年施测深圳市二、三等水准。在南头和大鹏二地区施测二等水准，在全市施测三等水准，其中二等水准路线3条，88km，基本点4个，普通点29个；三等水准路线33条，251点，均为普通点。

（3）三维动态基准的建设与现代化

深圳市三维动态基准的建设是以"深圳市连续运行卫星定位服务系统"（SZCORS）和"深圳市高分辨率、高精度精化似大地水准面"这两个项目的建设为标志的。

SZCORS一期，5个基准站、控制中心、数据通信网络、用户数据中心和用户应用子系统已经建设完成，实现了高精度的实时定位。5个基准站分布在大南山、南山的规划分局、福田的建艺大厦、龙华、龙岗。它采用当今世界上最新的GPS定位技术，最新的广域差分、虚拟中心站（Virtual Reference Station，简称VRS）技术，首次成功地建设了我国第一个高精度、全天候、自动化、无人值守基准站网系统，完成基于VRS技术的实时城市GPS数据采集服务系统。该系统地心坐标（ITRF yy）的坐标分量绝对精度不低于0.1m，基线向量的坐标分量不低于$3 \times 10^{-7}$；快速或实时定位，水平小于3cm，垂直小于8cm；事后相对精密定位，水平小于5mm，垂直小于10 mm。

"深圳市高分辨率、高精度精化似大地水准面"则是采用几何大地水准面与重力大地水准面混合方法计算确定的高分辨率、高精度局域似大地水准面。

几何大地水准面采用GPS大地高与几何水准高之差求解高程异常，2001年布设了深圳市高分辨率、高精度精化似大地水准面A、B级网，共70多点（其中A级点4个），覆盖全市，大约10km间距一个点，并且几乎全部选在深圳市三等以上的水准点上(1956年黄海高程系统成果)。GPS地心大地坐标选用两套,一个与1996年深圳GPS控制网和国家A、B级网的ITRF 93 96.365框架一致,另一个是现势性较强的ITRF 97 2000.0。最终选择ITRF 93 96.365大地高成果,通过与同名点的已知水准高进行比较计算求得GPS水准,即高程异常值。

而重力局部大地水准面则是通过优选的高阶重力场模型、局部重力数据和高分辨率DTM确定。利用2000年采用重力仪测量的深圳特区陆地上和海上4871个点的重力数据,其分辨率为1km,以及收集到的与深圳接壤的香港地区298个陆地重力数据和45个海洋重力数据,其分辨率分别为2km和2 km至4km。

最后,用GPS水准数据采用参数拟合的方法消除重力水准面的系统偏差,再通过水准面格网拟合消除残差确定格网似大地水准面。项目的建设成果为:1km和2km格网似大地水准面高的精度(标准差)分别为±0.014m和±0.019m,而似大地水准面高差的精度则分别为±0.019m和±0.026m。

这两个项目将极大地推进我市测绘事业向GPS、GIS和RS集成方向发展,当前首先应努力实现GPS RTK测图一体化工作,同时加大现代化基准在测绘各个领域的应用研究,进一步提高测绘保障水平。

### 2. 基本图测量与数字化

基础测绘是指为城市建设服务的基础测绘项目,主要包括:1:1000地形图、1:2000地形图和1:5万地形图、1:1万正射影像图和1:1000地下管线数据。其中1:1000地形图、地下管线点是主要测绘产品,外业采集数据和数据库更新工作较大。

目前,深圳市地形图数据库已全部覆盖全市2020km$^2$,拥有1:1000比例尺地形图6000多幅,1:2000比例尺地形图400多幅,1:1万比例尺地形图130多幅,1:1万比例尺正射影像图130多幅,1:5万比例尺地形图13幅,地下管线数据库也已覆盖全市。1:1000地形图是采用极坐标法实测的,而其他的基本图主要通过缩编或航测获得。从1999年开始,深圳市实现对基础地理信息数据的动态更新及管理,其中1:1000基本地形图、地下管线成果等更新周期为3个月,1:10000地形图及正射影像图数据更新周期为4年。

1993年初,特区内进行大面积1:1000地形图更新,作业单位沿用本单位习惯性测图方法,或大平板或小平板,辅以卡西欧或夏普计算器计算水平距离和高程。1994年,在市测绘主管部门的指导和推动下,深勘、长勘分别在深圳市梅林、景田和龙岗区爱联乡进行1:1000数字化测图试验都获得成功。翌年5月,开始在西丽测区大范围推广全野外数字测图方法,并对其技术方法、工艺流程、生产管理、质量监控、数据入库等进行全面的总结,同年底完成深圳市全部1:1000地形图数据建库工作,在全国率先实现了城市基础测绘的全野外数字化测图。

1996年,深圳市开始对1:1000基本地形图实施全野外数字化修测,到1998年底先后完成了4次定期修测,修测范围涉及全市1:1000地形图6029幅,1:500地形图256幅,1:2000地形图445幅,同时对因填海使地形发生变化的无图区新测1:1000地形图50余幅,全面更新了SUPLIS—GIS的数据库。此外数字化测图技术在城市规划、市政建设等其他测绘领域也得到了广泛应用。至此,数字测图技术在深圳得到了全面的推广应用,淘汰了传统的手工模拟测图手段,全部实现了地形图的无纸化生产。同年,深圳市开始启动全市地下管线探测的普查工作,深圳市测绘队伍引进物探技术人才、探测仪和地质雷达,在实践中学习,摸索出适合深圳市地下管线、埋设条件的探测方法,并在具体工程实践中进行完善。与全野外数字化测图方法实现了紧密结合,地下管线资料实现了数字化。

1999年,深圳市对福田、罗湖、盐田、南山四区范围内的1:1000地形图和地下管线数据进行动态跟踪修测。要求在地物、地貌变化定型后三个月内实现实时动态跟踪修测。2001年起宝安、龙岗区也对辖区的基本地形图和管线数据实施动态跟踪修测。率先在全国实现了采用数字测图技术对城市基本图实施动态跟踪修测,其技术方法、生产管理和质量控制等方面均处于国内领先水平。

至今，共完成1:1000基本地形图6000多幅（每幅500m×500m）、地下管线约18500km的测量以及更新任务。由于采用全野外数字化测图技术，使得地形图数据精度达到图上0.1mm，远优于规范要求。

尽管深圳全野外数字化测图技术的应用走在前面，但还有不少的工作要做。首先在数据采集方面，一方面GPS RTK采集数据由于受制于测站上部空间条件，如建筑区受到建筑物的遮挡等，需要探索出一条适合当前经济和技术条件的可行的测量方法，另一方面加快SZCORS和水准面的应用研究使其尽快发挥应有的作用。其次在标准建设方面，一方面要继续通过总结和试验归纳出GPS RTK进行各级控制测量和碎部测量的技术标准，另一方面要利用现有的资料和根据用图单位的要求总结出更科学的地形图数学精度指标。此外在可视化方面，研究和开发通过线划地形图生产数字地面模型。

### 3. 精密工程测量与自动化、智能化

精密工程测量是大型工程建设项目不可或缺的测绘活动。尽管深圳精密工程测量起步较晚，但发展很快。

深圳地铁一期工程建设是深圳的重大建设项目，为了保证地铁的顺利施工和安全施工，深圳有关测绘单位投入了大量的人力物力、先进的设备，建立了专门的地铁GPS控制网、精密导线网和精密水准网以及施工控制网，在地铁施工过程中实施了地铁第三方变形监测，确保了地铁施工始终处于有效的监控状态下并最终保证了地铁的安全施工，在营运前进行了营运前期的变形监测和竣工验收测量。

"深圳地铁一期工程土建施工第三方监测"项目将先进、合理的监测方法与自行开发的"监测信息管理系统"相结合，有效地对深圳地铁一期施工期间周围环境（包括建筑物、道路和管线）的变形进行预警、预报。

2003年完成的"深圳湾公路大桥首级控制测量"和"深圳游泳跳水馆工程泳池测量"标志着深圳在精密工程测量方面取得重要进步。深圳湾公路大桥全长4770m，桥面宽33.1m，按照双向六车道高速公路标准设计。大桥跨越深港两地，涉及两地技术口径的统一，并且深圳侧登陆点位于填海区，场区淤泥层深20～30m，采用强夯和堆载预压的方法处理填海区，场地沉降量较大，同时场区正在进行软基处理施工，施工设备、载重汽车来往众多，对测量控制点施加不平衡的侧向应力，不易保证测量标志的稳定。经计算分析后，根据各个点位不同的地质条件，采用口径分别为1800mm、1000mm和168mm的双层钢管或单层钢管浇灌混凝土的方法埋设测量标志。控制网香港侧、深圳侧各6个点，采用12台双频GPS接收机56小时昼夜不间断地观测。最终测量成果满足设计要求，最弱点的点位精度为3.4mm。

"深圳游泳跳水馆工程泳池测量"在全国率先采用美国产的新设备Cyrax-2500三维激光扫描仪系统测量泳池的三维数据，保证了泳道的精度都在2～6mm以内。

东深引水工程建筑物采用测量机器人技术（TCA1800）进行全天候、无人值守的连续观测，收到了良好的效果。

精密工程测量的发展趋势和特点可概括为"六化"和"十六个字"。"六化"就是：测量内外业一体化；数据获取及处理的自动化；测量过程控制和系统行为的智能化；测量成果和产品的数字化；测量信息管理的可视化；信息共享和转播的网络化。"十六个字"是：精确、可靠、快速、简便、实时、持续、动态、遥测。

### （三）结束语

深圳测绘事业的发展过程中所取得的成绩是可喜可贺的，但由于水平以及资料来源有限，再则限于篇幅和测绘内容的复杂性、多样性，有的领域根本未涉及或涉及甚少，如施工测量等，可能存在挂一漏万和表述不清楚的现象，在此表示歉意。通过此次《深圳勘察设计25年》专辑的编写，回顾深圳测绘25年的发展历程，深深体会到：深圳测绘有辉煌的过去，一定会迎来美好的未来，将为和谐深圳、效益深圳做出更大贡献。

## 二、典型工程项目

### （一）城市测量

**1. 深圳市二、三等三角测量及三、四等水准测量**

委托单位：深圳特区建设公司

实施单位：深圳市勘察设计联合公司勘察经理部

项目内容：二、三等三角测量，三等精密导线测量，三、四等水准测量。

实施日期：1982年10月～1983年12月

获奖情况：国家有色工业总公司优秀工程勘察二等奖。

项目介绍：深圳独立坐标系建立于1959年，直至1980年建立经济特区都未对原有三角控制网进行加密和改造。由于旧有控制网精度低且原有控制点数量未能适应深圳经济特区建设发展需要，而进行本次控制测量。控制范围：东至大鹏湾的背仔角，西至西乡、蛇口，南至海岸、深圳河，北至西沥水库、布吉、沙湾、横岗，东西长50km，南北宽10km，控制面积约450km²。

工程中采用了国内最高精度的瑞士产威尔特T3经纬仪测角、N3水准仪测高程，瑞典产ACiA14A测距仪测边长。测量二等三角点10个，三等三角点25个，三等精密导线点6个，三等水准点30个，四等水准联测至三角高程网的三角点6个。

采用了单点一方位三角测量方法解决了旧网精度低的问题，为提高测量精度，使用测距仪加测了三条起算边；平面控制网平差前的计算均由两人独立计算，各项验算条件都符合规范限差要求；采用6912机符号汇编和BD-200算法语言软件，按严密间接平差方法进行平差计算，平差后各项技术指标均满足规范要求；三角点计算提供了三种坐标系统成果（1959年深圳独立坐标系统成果、1954年北京坐标系统三度带成果和大地坐标成果）。采用几何水准测量方法施测三、四等水准点，测站限差和平差后精度指标限差绝大部分小于规范规定的1/2。直至1996年，本次布设的二、三等三角点为深圳市大型平面控制测量工程的起算点；而本次布设的三等水准点为1998年深圳市一、二、三等水准网工程奠定基础。该工程1988年12月荣获国家有色工业总公司优秀工程勘察二等奖。

**2. 深圳市精密水准测量**

委托单位：深圳市建设委员会总工室

实施单位：深圳市勘察测绘院

项目内容：埋设基岩水准标石和混凝土基本水准标石、二等水准测量。

实施日期：1984年1～8月

获奖情况：1987年获广东省建设委员会优秀工程勘察一等奖。

项目介绍：深圳市高层建筑物不断增多，而建筑物沉降变形观测，无论在建设期间或建成后都必不可少，尤其在深圳市这样一个特殊的地区更有重要的作用，为高层建筑物沉降观测的需要，而进行了本次精密水准测量。

完成工作量：埋设基岩水准标石12个和混凝土基本水准标石9个、二等水准测量30.38km。

依照深圳市当时高层建筑物分布情况，并顾及今后的发展，经过多次实地选点而确定各水准点的位置。

在基岩水准标石上进行原位钻探，钻入微风化基岩0.5～1.0m，埋入直径为108mm或127mm钢管至地面，并在钢管中浇灌混凝土，钢管上部埋入金属水准点标志，上罩内盖保护，混凝土基本水准标石按国家一、二等水准测量规范的要求进行埋设。

采用蔡司007自动安平水准仪和与之配套的线条钢瓦合金水准标尺，按照二等要求进行水准测量；视线长度、前后视距差、视距累计差和视线高度均满足规范的要求；测段往返测高差之差和水准路线闭合差优秀率100%，每公里水准测量全中误差±0.5mm（限差±2mm）。

所有点位的埋设均经多次检查并提供了钻探资料、二等外业观测手簿换人检查率100%，计算由两人同时进行计算，最后成果完全一致。

成果资料由市建设委员会总工室组织验收，并经验收组一致认为该工程水准点分布合理、钻探资料齐全准确、作业规范、精度优秀、成果资料可靠，可满足市区高层建筑物沉降观测的需要，并可作为深圳市高程控制依据。

### 3．深圳市城市测量控制网改造工程

委托单位：深圳市规划国土局

实施单位：深圳市勘察测绘院和武汉测绘科技大学

项目内容：B级GPS框架网、二等GPS网和原有四等以上平面控制点联合平差。

实施日期：1996年7月～1997年9月

获奖情况：1998年获深圳市优秀工程勘察设计一等奖、1998年获中国城市规划协会城市勘测优秀工程一等奖、1999年获深圳市科技进步二等奖。

项目介绍：为了解决深圳市建市以来原Ⅱ、Ⅲ、Ⅳ等平面测量控制网坐标系不完全一致、精度不均匀、点位分布不均匀和破坏严重、不能满足深圳城市现代化建设发展需要的问题，在1996年，由深圳市规划国土局立项，深圳市勘察测绘院和武汉测绘科技大学联合中标，共同承担"深圳市城市测量控制网改造工程"。采用GPS定位技术在全市2020km$^2$的范围内，在充分利用原有点位的前提下，重新布测GPS高精度框架网及首级Ⅱ等GPS全面网。

高精度框架网的建立首次布设5个点的高精度GPS框架网，采用国家A级GPS网观测方法，并入国家A级网同步观测；全面网的形成采用8台双频高精度GPS接收机，以同步和多点连接方式布测GPS首级全面网77个点，这是我国城市GPS测量网首次采用这种大规模同步作业方式、图形强度、多余观测丰富。数据处理利用PRISM2.0和GPPS5.2软件以及GPS广播星历进行基线软件处理，最后利用GPSADJ Ver.3.0软件进行全面平差；利用GPS整体无约束平差结果，整体地转换到深圳市平面控制网的独立坐标系上，既保持了GPS网的高精度特性，又最佳地吻合到原深圳坐标系的定义，保证了新旧坐标系的一致性。利用原始三角测量数据和大量的GPS最新平差结果，重新在新的深圳坐标系内，将原有Ⅱ、Ⅲ、Ⅳ等点约360个进行平差，改造后点位精度均匀。

框架网的建立，使深圳市建立了与国际参考坐标系相连接的深圳ITRF框架，其地心坐标精度优于0.1m，相邻点相对精度达到10$^{-8}$。全面网的相邻两点相对中误差≤±0.024m，最弱点位中误差≤±0.023m，最弱边相对中误差为1/26万。

1997年11月，经国家测绘局组织国内有关专家鉴定，认为此项目在城市旧网改造、GPS网布设方案、数据处理技术等方面，达到国内同类项目领先水平，成果精度达到国际水平。

### 4．深圳市连续运行卫星定位服务系统（一期工程）

委托单位：深圳市规划与国土资源局

实施单位：武汉大学

项目内容：建立了5个基准站、1个系统控制中心、数据通讯网络、用户数据中心和用户应用子系统。

实施日期：2000年1月～2003年8月

获奖情况：2005年获中国测绘学会全国测绘优秀工程科技进步一等奖。

项目介绍：深圳市连续运行卫星定位服务系统（简称SZCORS）以美国GPS观测技术为主，辅之以俄罗斯类似的系统GLONASS卫星定位导航系统。该系统建成后，实现了大地控制测量和测图及规划工作的实时化，并大力促进市场条件的成熟，逐步实现和开拓导航服务。

系统精度：每年提供一套动态参考基准，地心坐标分量绝对精度不低于0.1m，基线坐标分量相对精度不低于$3×10^{-7}$，快速或实时定位平面坐标小于3cm和垂直小于8cm，事后相对精密定位平面坐标小于5mm和垂直小于10mm。

系统全年可用性为95%，报警时间小于6s，误报概率小于0.3%，与邻近地区同类卫星定位服务系统完全兼容、无人值守并实现远程监控。

以GSM数据通信方式实现实时数据服务，采用VRS形式的网络RTK技术作为系统实时服务的主要技术手段。

在定位信号的有效覆盖区域内，利用一台GPS测量型接收机可进行城市各级控制点测量。

用VRS技术提供GPS实时测量数据服务，满足非荫蔽区工程测量和地形测量的要求。

利用 Internet 实现事后精密定位的数据服务，预留通信接口，可与今后的数据通信手段相连接，完成系统信息的广播服务。

完成了永久性的基准站网络系统，可随时升级为国家级GPS跟踪站、国家地壳形变监测基准站，在条件成熟时可进入国际IGS加密跟踪站网络。

用户软件采用了全中文界面，包括测图、放样以及将来的导航软件系统，为用户提供良好的使用交互界面。

### 5. 深圳市高分辨率高精度似大地水准面

委托单位：深圳市规划与国土资源局

实施单位：武汉大学、国家测绘局第一大地测量队等八个单位

项目内容：A级和B级GPS测量、陆地和海洋重力测量、A、B级GPS点二等水准测量、高分辨率高精度似大地水准面计算、似大地水准面精度检测。

实施日期：2000年3月～2003年8月

获奖情况：2004年获中国测绘学会全国测绘优秀工程科技进步二等奖。

项目介绍：为了适应目前深圳市经济建设与科技高速发展的需要，在深圳市政府的大力支持下，深圳市国土规划局于2000年立项建立深圳市1km或2km分辨率的厘米级大地水准面，这将为构建数字深圳提供重要的基础地球空间信息，也为深圳市工程建设中的地质勘探提供重力数据。

测量A级GPS点4个、B级GPS点70个、Lacoste & Romberg G和D型重力仪测量陆地重力点3609个、Lacoste & Romberg S型海洋重力仪测量海洋重力点1262个、测量二等水准点73个、建立了深圳市1km或2km分辨率的厘米级大地水准面、按B级GPS点技术要求测量29个水准点用于检测大地水准面的精度。

GPS A、B级网经整体平差后得到了ITRF93 96.365下的三维坐标和深圳独立坐标，保持了与深圳原有系统的一致性，ITRF93 96.365下最弱点位中误差为0.025m，在深圳独立坐标系下最弱点点位中误差为0.020m，精度满足要求。除以上两套成果外，还提供了ITRF97 2000.0和1954年北京坐标系下的成果。所有成果的质量良好，准确可靠。从平差结果上看，ITRF93 96.365与ITRF97 2000.0参考系下的点位精度相差不大，后者略优于前者。

采用经检定的精密数字水准仪和相配套的编码铟钢水准尺进行GPS点二等水准测量，平差后高程中误差的最大值为±6.8mm，最小值±0.6mm，所有点高程中误差的平均值为±1.80mm，每公里高差中误差为±0.86mm/km。

陆地重力测量分辨率为1km，重复测点检核的符合精度均优于0.1mGal；海洋重力测量分辨率为1km，精度约为1.6mGal；收集到与深圳接壤的香港地区298个陆地重力数据和45个海洋重力数据，其分辨率分别为2km和2km至4km。

利用深圳特区及周边地区实测重力数据、高精度GPS水准数据、100m分辨率的DTM及地球重力模型WDM94，计算了深圳特区1km和2km格网的似大地水准面高、空间重力异常和布格重力异常；所建1km和2km格网似大地水准面高的标准差分别为±0.016m和±0.027m，空间重力异常的标准差分别为±1.560mGal和±4.442mGal，布格重力异常的标准差分别为±0.658mGal和±1.560mGal。

B级GPS检测网整体平差后ITRF93 96.365下的三维坐标，各方向坐标精度在1~3cm，最弱点点位中误差为0.0367m，所有点在高程（大地高）方向上的精度均优于2.5cm；检测1km和2km格网似大地水准面高的精度（标准差）分别为±0.014m和±0.019m，而似大地水准面高差的精度则分别为±0.019m和±0.026m。当基线长度大于20km时，1km和2km格网似大地水准面的相对精度均优于1ppm。

通过大量四等以上平面控制点和三等以上水准点检测可知，利用差分站采用GPS VRS测量模式，测量平面坐标可达一级GPS点的精度要求，高程可满足1:1000数字化地形测量图根点高程中误差的要求。

### 6. 城市控制网测量控制点调查清理、维护及测量控制点加密工程

委托单位：深圳市国土资源和房产管理局

实施单位：深圳市勘察测绘院

项目内容：四等以上平面控制点和三等以上水准点调查清理、维护，四等GPS加密测量，二、三等水准测量，平面控制点高程测量和水准点平面坐标测量，控制点数据入库。

实施日期：2003年7月～2005年8月

获奖情况：2005年获中国测绘学会全国测绘优秀工程铜奖。

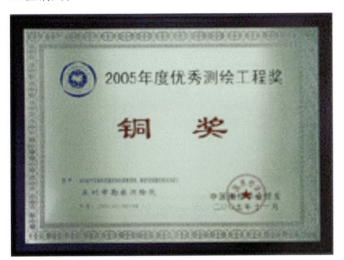

项目介绍：由于原有四等以上平面控制点和三等水准点存在以下问题：成果比较混乱，埋设点位、点名与坐标成果不是一一对应关系、控制点长期未进行维护、起算数据和观测方法不统一、部分平面控制点无高程和水准点无平面坐标、原有平面控制点和水准点破坏严重不能满足控制测量的要求。为解决上述问题而进行城市控制网测量控制点调查清理、维护及测量控制点加密工作。

完成工作量：控制点调查910个、维护521个、四等GPS加密测量180个、二等水准测量266.2km、三等水准测量190.6km、平面控制点高程测量252个、水准点平面坐标测量147个、控制点数据入库1215个。

对于平面控制点密度达不到要求的区域，进行了四等GPS点的加密测量，对以往可利用基线参与本网进行了统一整体平差，新布设的二、三等水准点与老水准点构成水准网，采用几何二、三水准测量方法进行施测，外业数据采集优秀率超过90%。

采用常规RTK、GPS VRS和全站仪极坐标法三种测量方法进行平面控制点高程测量和水准点平面坐标测量。

本工程由深圳市国土资源和房产管理局地籍测绘处组织验收，验收组一致认为该工程调查充分、方案合理、作业规范、精度优秀，提交的测量成果质量等级为"优"。

### 7. 深圳市前、后海蚝田1:1000地形测量

委托单位：深圳市建设局测绘地名处

实施单位：长沙勘察院深圳院

施测时间：1990年6～9月

获奖情况：国家级优秀勘察奖

项目介绍：本任务由深圳市建设局测绘地名处委托，长沙勘察院深圳院承担。测图目的：用于前、后海蚝田划分及管理。前海测区由南山妈湾北至西乡坪洲一带；后海测区由蛇口东角头港北至福田沙咀码头一带；海域部分测至主航道边缘；陆地部分测至海岸线以上30m。整个测区大部分是蚝田，为不能通行的淤泥滩，地势平坦，通视条件较好。前海由南头至西乡一带水道较多，后海下沙、沙咀沿海岸线一带有大片红树林，生长集密，给通行带来许多困难。潮水涨落时间的不同也给测量工作带来一定的困难。本工程从1990年6月底开工，9月底结束。施测Ⅳ等电磁波测距导线22.376km；Ⅰ级电磁波测距导线15.410km；Ⅱ级电磁波测距导线4.530km；Ⅳ等水准10.177km。施测1:1000地形图275幅（前海123幅，后海152幅）总计52.49km²。其中陆地1.525 km²，海域50.965 km²。该工程于1993年荣获国家级优秀勘察奖。

### 8. 深圳市西丽测区1:1000数字化地形测量

委托单位：深圳市国土局

实施单位：深圳市勘察测绘院

项目内容：四等三角网，一、三级导线网、1:1000数字化地形测量。

实施日期：1995年5～10月

获奖情况：1996年获深圳市建设局优秀工程勘察设计二等奖。

项目介绍：深圳市为了推行数字化地形测量技术，由传统的大平板测图转向数字化测图，而进行本次数字化地形测量。该工程是深圳市在1994年底进行数字化地形测量试点成功后数字化测图技术的第一次大规模推广采用，在测图精度、成图速度、数据保存和更新等方面都取得了较大突破，得到了委托单位和测量同行的好评。

完成工作量：四等三角点3个、一级导线17km、三级导线35km、四等水准63.5km、1:1000数字化地形测量7km²。

平面和高程控制测量：采用全站仪和水准仪进行各等级导线和水准网测量、PC-E500袖珍计算机进行数据采集，并用严密平差程序进行平差。

地形测量数据采集和编辑：采用全站仪测量、PC-E500进行数据自动采集，在微机上用数字化图形处理程序接收野外测量数据并进行自动处理，在适当人工编辑后即可最后成图。

### 9.深圳市行政区域界线勘界测绘

委托单位：深圳市勘界领导小组

实施单位：深圳市勘察测绘院

项目内容：市属9条行政区域界线测绘，全长149km，定界桩251个。

实施日期：1996年10月～1999年7月

获奖情况：2000年获深圳市建设局优秀工程勘察设计二等奖、2001年获省建设厅优秀工程勘察三等奖。

项目介绍：全面开展勘界，是国务院的部署，是管理国家的基础工作，是利在当代功在千秋的伟大事业。它对于国家依法实施有效行政管理，保持国家长治久安，维护社会稳定，促进经济发展，进行依法治市，都具有重要的现实意义。勘界测绘工作内容是以行政区域管辖的现状为基础，由测绘单位会同由市勘界办组织的各有关区镇政府代表，依据原有信息及地形资料，尊重历史，兼顾现状，实地勘定区界走向，完成勘界测绘技术书的编写，界碑制作，界桩的书写及埋设，界桩平面高程的测定，制作边界线五色线划图等。

本勘界工作，由于各区镇争议较多，协调时间长和行政区的增加，历时近四年，我院积极配合市勘界办工作，终于在1999年7月圆满完成任务，测绘资料由深圳市勘界办委托深圳市测绘产品质量监督检验中心验收，勘界测绘资料齐全，成果可靠，界桩埋设正规，符合测绘技术要求，成果质量为优级。

本工程界桩平面高程测量采用全站仪配合电子手薄记录，将数据传输到微机上进行数据处理。界桩照片采用数码相机拍摄后传输到微机上编辑整理；成图采用信息中心ARC/INFO数据转换成CAD图结合实测数据编辑输出。

深圳勘界，寸土寸金，政策性极强，本工程对社会经济发展和化解矛盾起到了重要作用，社会效益显著；我院也锻炼了队伍，取得了一定经济效益。

本工程实行了严格的工序质量控制，并采用了全野外电子记录、数码摄影、地理信息成图等高新技术，全部产品送市和省勘界办检查后认为："测绘资料齐全，成果可靠，界桩埋设正规，成果质量优秀"。

### 10.深圳市盐田区地籍调查和建立地籍信息管理系统

委托单位：深圳市规划国土局盐田国土分局

实施单位：深圳市勘察研究院

项目内容：盐田区初始地籍资料管理和全属性调查，建立地籍数据库，研制开发地籍信息管理系统。

实施日期：1998年11月～1999年4月

获奖情况：2000年获深圳市第九届优秀工程勘察一等奖、2001年获广东省第八次优秀工程勘察二等奖、2001年获建设部工程测量与城市测量二等奖。

项目介绍：自建深圳经济特区以来，盐田区的行政建制几经撤并变迁，以致与地籍有关的规划、地政、产权、征地等资料严重缺失，大多数土地权属来源复杂，加上地籍资料的柜式管理方法陈旧，效率极低，严重困扰着市规划国土局盐田分局日益增多的办文业务及管理需要。因此，查清区属范围内每一块土地的地籍信息，建立一套完整、准确、翔实且标准化的地籍信息数据库及其管理系统势在必行，为此，我院受盐田国土分局委托，承担该区地籍资料的清理、建档，并研制相应的多用途地籍信息管理系统。

该项目的主要工作内容分两部分：一是对初始地籍资料进行地毯式调查清理和分析。对盐田区72.36km²共1087宗地及其附着物的权属来源、位置、面积、利用现状和土地管理性质等空间数据和属性数据进行全要素的详查，并分宗建档、上图造册、录入数据库。二是研制开发可视化多用途地籍信息管理系统。将调查的地籍信息录入计算机，实现地籍资料的计算机可视化管理。

管理系统使用Delphi语言编写，是一个完全独立的具有自主版权的系统。地形图、地籍图显示、编辑等图形功能完全脱离AutoCAD支持，但系统又提供了AutoCAD的接口。应用可视化、多页无线控制、SQL查询和模糊统计等先进技术，实现地籍信息、界桩点坐标可视化输入，地籍卡、宗地图可视化打印功能；自动计算界址点号，自动检索界址点坐标和自动纠错功能；即时显示地形图、浏览建筑情况；自动打印地籍总册、坐标册、统计报表；编制地籍总图和各类专题地籍图等实用的功能。解决了地形、地籍的图形数据与属性数据链接等难题；能自动查询任一宗地的地籍属性数据，实时更新地形、地籍数据和实现日常维护。该项目严密组织、科学管理、精心作业。对权属来源较复杂的宗地，从边界确权入手，本着"遵重历史，照顾现实"的原则，采用了分层次利用资料结合主管部门及时核准的新颖方法逐宗登记处理。并日常更新地籍信息，为盐田国土分局规划、地政、产权、征地等日常管理提供了全方位的技术支持，大大地提高了相关部门的办事效率，实现办公无纸化，在政府办文提速中缩短办文时限1/3以上，社会效益明显。

**11. 深圳市罗湖、盐田区1:1000地形图数字化动态修测**

委托单位：深圳市国土资源和房产管理局

实施单位：深圳市长勘勘察设计有限公司

项目内容：深圳市罗湖、盐田区1:1000数字化动态修测。

实施日期：1999~2000年

获奖情况：国家优秀工程勘察项目铜质奖

项目介绍：深圳市罗湖、盐田区1:1000数字化地形图动态修测是深圳市国土规划部门确立的重点实施工程。

1999年，深圳市规划与国土资源局从地形图的现势出发，提出了对基础信息系统1:1000地形图数据进行动态管理，在全市范围内进行1:1000数字化地形图动态修测。长勘承担了罗湖、盐田两行政区1:1000数字化地形图动态修测。

罗湖、盐田两行政区1:1000数字化地形图动态修测范围约125km²。动态修测的主要内容包括对地形、地物进行经常性巡查，对变化了的地形、地物及时进行数字化修测和数据入库，并保证在半年内更新。

长勘自承担此任务后，组织最优秀的测绘队伍：由享受国家特殊津贴的教授级高级工程师何强国同志担任技术总顾问，由高级工程师杜年春同志担任资料的审核、审定工作，由高级工程师王如山同志任工程技术负责人，由高级工程师杨又新同志任质检组负责人。工程中有完整的质量保证体系和生产管理组织，严格执行了现行规范、标准和有关法规。参加工程的各级人员职责分明，人人关心质量，按照事先指导、中间检查、成果审核三个环节进行工程质量管理，检查验收人员与生产人员一同进入现场，进行跟踪检查、技术指导。

本工程在控制测量上，推行了GPS测量及内、外业一体化新技术，即控制测量全部采用我院研制开发并经鉴定的"工程控制网内外业一体化软件包"进行记录和平差计算；1:1000数字化地形测量采用全野外数字化成图新技术，使用我院自行研制开发的、经有色总公司专家鉴定为"处于国内同类软件领先地位"的"地形图计算机辅助设计系统（TOPCAD）"软件成图。GPS新技术的应用及外业一体化的实现，免去了大量的中间过程，减少了出错的机率，减轻了劳动强度，保证了工程质量，提高了工作效率；数字化成图技术的应用，不但使动态测量成为可能，而且缩短了成图周期，大大提高了成图精度与质量。

为了与深圳市规划与国土资源局地理信息系统Arc/info平台完整接口，数字化地形图必须转化为Arc/info Coverage dxf格式。经我院QC小组的共同努力，实现了目标，保证了地理信息系统的质量。同时其成果在有色工程勘察系统第十三次优秀QC小组评审会上获一等奖。

该工程既保证了地理信息系统的更新，又确保了测绘资料的现势性。工程质量、工作效率、安全生产等方面也给予了高度的保证。在深圳率先实现了数字化地形图动态修测，为全国其他地区、测绘同行提供了宝贵的经验。深受社会各界的好评，取得了明显的社会效益。该工程于2002年被全国优秀工程勘察设计评选委员会评为"第八届优秀工程勘察项目铜质奖"。

### 12. 深圳市坪地测区加密重力测量

委托单位：深圳市规划国土局

实施单位：深圳市勘察研究院

项目内容：完成坪山测区加密重力点518个

实施日期：2000年6~9月

获奖情况：2003年获全国城市勘察测量优秀工程三等奖。

项目介绍：深圳市建立2公里级分辨率为厘米精度的"深圳市似大地水准面"在全国城市中属首次，亦属本地区的重点、难点工程。全市陆地范围3626km²共3626个重力加密点，坪地测区共完成重力加密点518个。

由于坪地测区地形以群山、丘陵为主，定位测量采取较为先进的GPS定位技术并取得了较高的定位精度。

重力测量采用美国"LCR-D型"高精度重力仪，定位测量采用美国"Trimble4000SSE型"双频GPS接收机。

网平差分别采用解放军测绘学院编制的ADJUST—GPS2.3和武测研制的GPSADJ2.0网平差软件。

该项工程及其成果资料，经过市国土部门两年多在"深圳市似大地水准面"的改算实践并经GPS高程测量成果验证，其测量方案与成果精度是合理和可靠的，对深圳市的基础测绘具有基础性、先进性、保障性的作用，在全国城市中起到了先行性的效果。

### 13. 深圳市南山区1:1000数字化地形图动态修测

委托单位：深圳市规划与国土资源局

实施单位：深圳市勘察研究院

项目内容：南山区635幅图1:1000数字化地形图进行动态跟踪调查和修测。

实施日期：2001年1月~2004年12月

获奖情况：中国测绘学会授予的2005年度全国测绘优秀工程铜奖、2001年广东省第九次优秀工程勘察项目二等奖、2003年度全国城市勘察测量优秀工程二等奖。

项目介绍："深圳市南山区1:1000数字化地形图动态修测项目（2001~2004年）"，于2001年1月1日开始，2004年12月31日结束，历时4年整，是大型重点项目，为此我院调集业务骨干成立了专门的项目组，项目组由管理人员、技术人员、质量检查、作业人员等46人组成，除项目组管理人员外，分为2个控制测量组，10个地形测量组，2个内业数据处理组，1个信息化检查组，1个过程质量检查组，分片长驻在南山测区，对整个测区的635幅图（面积158.75km²）进行动态跟踪调查和修测，修测周期为每季度一次，一年四次。本项目共投入GPS接收机8台套、全站仪12台套、水准仪3台、PDA掌上电脑10台、PC-E500 4台、CHe数字化成图系

统13套、CHe-ce掌上电子平板10套，计算机及其外围设备13台套，汽车2台等设备。本项目共完成16个周期的修测，修测图幅2408幅，实测面积为123.55km²，施测一级GPS点939个、二级导线430个、四等水准737km、图根导线点5146个。

该项目施工过程中，主要使用了三项测绘高新技术：GPS定位测量、全野外数字化测图以及GIS数据入库的信息化处理。

(1) 采用GPS定位测量技术施测了939个GPS一级点。GPS卫星定位测量采用Trimble公司生产的Trimble4600LS单频接收机和Trimble5700双频接收机完成数据采集，随机软件TGO完成基线解算及网平差，历时112天全部结束，经光电测边检测精度良好。

(2) 全野外数字化测图采用全站仪进行观测，用由我院自主开发的PDA掌上电脑电子平板CHe-CE进行数据采集并实时编辑。内业成图用CHe 6.0版数字化成图软件进行数据转换、图形编辑处理。PDA掌上电脑电子平板系统CHe-CE中，根据《规范》要求，设置了检核条件，如果无检核数据，则软件不能将数据转换成图形，强制要求作业人员进行检核，用计算机软件设卡检查确保了外业数据采集的准确性和质量。

(3) 每周期1:1000数字化地形图修测完成后，数据要进入深圳市规划国土房产信息中心的基础地理信息系统（SUPLIS）的ARC／INFO数据库，为此我院自行开发研制了CHe 6.0系统，采用该系统具有自动识别并赋值代码、检查拓扑关系、检查伪结点等信息化处理功能，自动化程度较高，数据处理质量高，可以保证与国土局信息中心SUPLIS Arc/Info数据库接口的一次性成功。

本项目实施过程中采用了以图幅为单元的单元工程管理办法，并实现了3个月为一个周期的动态修补测，在动态修补测中实现这一管理模式的目前在国内还是第一个。

在本项目的施工及管理过程中，按照我院ISO9000质量管理体系的要求，制订了质量目标、质量责任框图、工序流程图、工序质量管理表、质量管理措施及安全生产措施，并严格遵照执行，使项目的管理真正做到了科学化、规范化、程序化。

在本项目的检查验收过程中，我院组织具有丰富测绘经验的技术人员组成质量审核小组，全面负责本项目的技术指导、质量检查和成果验收，部分质检人员长期派驻现场对资料成果进行跟踪检查，检查制度的完善最终保证了产品质量。

本项目创造了较好的社会效益，主要表现在以下几个方面：

(1) 数字化地形图动态修测这一模式为全国首创，我院在完成此类项目的生产实践过程中，总结出了一套较为完善的、科学的、实用的、先进的作业技术方法和管理方法，相关技术人员先后在国内一些重要的测绘杂志上发表了这方面的论文10余篇，在国内测绘行业影响较大，许多内地测绘单位比纷纷上门参观学习取经。

(2) 由于具备在数字化动态修测方面多年工作的经验和良好的质量信誉，使我单位成为深圳测绘行业中的主力军，为今后占领更大的测绘市场份额打下了良好的基础。

本项目组织严密，管理到位，采用技术先进，经深圳市国土资源和房产管理局测绘地籍处检查验收，4年均被评为优质工程。此外，其中的2001年南山区1:1000数字化地形图动态修测还获得广东省第九次优秀工程勘察项目二等奖及2003年度全国城市勘察测量优秀工程二等奖。

通过几年的作业实践，已初步形成了一套科学的作业流程，先进的技术方法，完善的质量管理制度以及合理的监理机制。为今后顺利开展1:1000数字化地形图修补测工作积累了丰富的经验。该项目的顺利完成是我院使用测绘新技术和科学化、规范化、程序化的管理方法，实现高速、高效、高质完成测绘工程的典范，是我院积极推广应用测绘新技术的必然结果，同时也充分体现了使用测绘新技术的优越性，创造了较好的社会效益和经济效益。

## （二）工程测量

**1. 深圳市二线公路勘测**

委托单位：深圳特区建设公司总工程师室

实施单位：深圳市勘察设计联合公司勘察经理部
项目内容：深圳市二线公路勘测
施测时间：1982年2月至1982年9月
项目介绍：深圳特区成立后，发展非常迅速，来往人员猛增，为了加强管理，保证特区这一新生事物有一个良好的发展环境，1982年2月深圳特区建设公司总工程师室下达了勘测深圳市二线公路任务。

二线公路东起大鹏湾的背仔角，经华侨墓园、大岭古，翻打鼓嶂、盐田坳、梧桐山，经沙湾、布吉、穿梅村、白芒、绕西丽、同乐，过南头西至一甲前海海边，全长88km。1982年2月底，勘察经理部从长勘总部调集了三个队的力量加上边防部队战士共100多人，分东、西、中几个作业面同时施工，克服了大雨、酷署、高山密林、蚂蝗叮、蛇虫咬等重重困难，历时6个月于1982年9月底胜利完成任务。受到市政府的嘉奖，被誉为特区建设的"拓荒牛"。

### 2. 深圳河治理工程测量

委托单位：深港双方深圳河防洪技术小组
实施单位：深圳市勘察测绘院
项目内容：控制测量、1:500地形图、纵、横断面测量
实施日期：1984年1～5月
获奖情况：1987年获广东省建设委员会优秀工程勘察一等奖。

项目介绍：为了提高深圳河的防洪能力，做好深圳河河道长期规划设计的前期工作，进行本次工程测量；本工程于1984年1～5月进行了控制测量、地形测量和纵横断面测量，主要工作内容包括：一级导线测量15.4km；二级导线测量5.3km；四等水准测量33.7km；1:500地形图测量共3.34km$^2$；纵断面测量12.53km；横断面测量275条；转折点和引桩测量63个。

平面控制测量采用光电导线测量方法进行施测，共测量了四条一级导线和两条二级导线，实测方位角闭合差和相对中误差均小于1/3限差；采用大平板视距、经纬仪加分度规视距等方法测绘1:500聚酯薄膜图，水下地形大部分用机动船配合人工立标杆测定，个别较深处用测深仪测定；纵横断面测量用经纬仪测得断面上各点的位置，而水下点则大部分采用人工下水立标尺、吊重锤及测深仪等方法求得高程，在测取高程的同一瞬间测定其平面位置。

所有外业记录、成果资料均进行了100%的自、互检和院级审查工作，最后由深港双方进行了联检，深港双方对成果质量进度表示满意，所测地形图内容完善、表示详尽、绘图细致、成果质量可靠，可供设计使用。

### 3. 深圳市罗湖区水贝测区地下管线探测

委托单位：深圳市规划国土局
实施单位：深圳市勘察研究院
项目内容：罗湖区水贝测区138.85km$^2$地下管线探测
实施日期：1996年6月～1997年1月
获奖情况：1998年获深圳市第八届优秀工程测量二等奖、1999年获广东省第七次优秀工程测量三等奖。

项目介绍：受市规划国土局委托，我院于1996年6月至1997年1月承担深圳市首次大面积地下管线探测任务。该测区位于罗湖区水贝、田贝一带，面积为6km$^2$，探测内容有供水、污水、雨水、煤气、电力、电信等6种地下管线，共完成地下管线探测138.85km。在完成该工程探测任务中有如下特点：① 在进行外业探测中应用先进的设备和计算机自动记录，保证了探测数据的可靠性和准确性。在内业整理中利用我院自行开发的软件"数字化成图"技术，依据所采集的数据自动生成地下管线图和断面图。由于利用该技术，因此在成果、成图过程中速度快、精度高，提高工效3倍以上，节省了工作时间，提高了经济效益。② 在充分利用地下管线探测设备基础上，还利用地质雷达进行探测验证，证实采用不同方法其结果是一致的。③ 加强质量管理，全面推广质量保证体系，在外业、内业过程中都严密把关，以优秀的地下管线探测成果、成图完成了市规划国土局交给我院的任务。

在我院完成的地下管线探测范围内，从1998年初至今进行扩建的布心路施工，自始至终没有发生过挖断地下管线事故，从而取得了社会效益。

**4. 治理深圳河第三期地形测量**

委托单位：深圳市治理深圳河办公室

实施单位：深圳市勘察测绘院

项目内容：1:500数字化地形测量、编制1:1000数字化地形图、纵横断面测量、三维数字化地形图制作。

实施日期：1998年6月10日～12月30日

获奖情况：2000年获深圳市优秀工程勘察设计一等奖、2001年获广东建委勘察优秀工程一等奖。

项目介绍：为了改善深圳河排泄洪涝的能力，深港双方政府联合对深圳河进行大规模的整治。本工程建设地点位于深圳河罗湖桥往东至平原河口，主要工作内容包括：全野外1:500数字化地形测量，面积2.72km²；在1:500数字化地形图基础上编制1:1000数字化地形图；河道纵横断面全野外数字化测量，纵断面4.05km，横断面19.80km；三维数字化地形图制作。

本工程从平面高程控制到地形测量采用全站仪、水准仪配合电子手簿记录，并将采集的数据直接传输至微机上进行数据处理和在CAD下编辑成图。

本工程外业检查精度优于规范和本工程技术要求，二、三维地形图图面表示合理，数据属性和结构正确，三维数据处理准确可靠，图幅接边无误，三维图内各元素平面高程位置与二维图一致，全部产品质量优秀，完全满足深港双方政府和设计单位的要求，得到了深圳市治河办公室和香港政府渠务署的赞许，取得了良好的社会效益和经济效益。

**5. 皇岗路改造及过境货运通道工程、梅观路改造工程测量**

委托单位：深圳市规划与国土资源局

实施单位：深圳市勘察测绘院

项目内容：GPS和水准控制测量、高程加密测量、1:500地形图、纵、横断面测量、管道探测。

实施日期：2001年3~4月

获奖情况：2002年获深圳市规划与国土资源局优秀工程一等奖、2003年获广东省建委优秀工程一等奖、2003年获中国规划协会优秀工程二等奖、2005年获中国测绘学会全国测绘优秀工程铜奖。

项目介绍：皇岗路位于深圳市福田区，是深港两地陆路连接的重要通道，规划等级为城市快速路，为满足皇岗路和梅观路改造要求，于2001年3月至2001年4月进行了道路的工程测量及管线探测，主要工作内容包括：一级GPS导线测量23.0km；三级导线测量7.98km；四等水准测量36.1km；高程加密测量点1057个；1:500地形图修补测共1.06km²；放断面桩点140个；纵、横断面测量19.61km（71条）；各种管道测量63.779km（2302个点）。

本工程由"国家测绘产品质量监督检验测试中心"和"广东省技术监督测绘产品质量监督检验站"，经过内外严格检查和验收后认为：《工程测量实施细则》内容完整齐全，设计方案正确，能够发挥指导生产作用；《测量技术报告》内容全面翔实，处理各类技术问题合理，符合《测绘技术总结编写规定》的各项要求；《测量资料》中各项观测、记录、计算过程资料完整、条目清晰，能真实反映生产的全过程；仪器鉴定资料齐全、符合要求；地形图图面整饰质量良好，各类符号运用合理、各类注记、点位密度符合规范及图式要求，图廓外整饰齐全；外业设站检查了102个地物点的平面坐标和

66个高程点，其点位中误差为±11.6cm，高程中误差为±6.9cm，平面和高程精度良好，能满足1:500地形测量的精度要求。

### 6.深圳地铁一期工程土建施工第三方监测

委托单位：深圳市地铁有限公司

实施单位：深圳市勘察研究院和中国科学院武汉岩土力学研究所。

项目内容：深圳市地铁一期工程沿线60m范围内的建（构）筑物、管线等地面设施实施多项监测。

实施日期：2001年11月～2003年12月

获奖情况：中国测绘学会授予的2005年度全国测绘优秀工程银奖。

项目介绍：深圳地铁一期工程土建施工第三方监测自深圳地铁一期土建施工开始至一期工程运营，始终对地铁沿线60m范围内的建（构）筑物、管线等受地铁施工影响的地面设施实施多项监测，其监测项目全面、监测范围广泛、监测频率密集是同类工程中较为突出的。由于使用先进的水准仪及全站仪并针对第三方监测的特点自行研发了"监测信息管理系统"，使测量数据从记录、传输、计算、入库、E-mail通讯完成向甲方及用户的监测成果传递，使甲方及施工单位能实时掌握地面设施的影响程度并能在第一时间作出正确的判断和采取相应的措施。该工程总结起来有如下明显特点：

（1）地铁一期工程沿线地质条件复杂，地下水丰富，建筑物密集，土建施工方法种类多，土建施工对地面设施的危害明显，引起地面设施沉降变形量超标的现象普遍，第三方监测在观测频率上及监测信息反馈上满足了甲方及施工单位的要求。

（2）监测项目广（共9项监测）。使甲方及监测单位能根据相关的监测项目及成果，综合分析引起地面设施变形的原因及机理，推算出变形将要出现或继续发展的量的关系，为甲方提供及时可靠的信息用以评估地铁施工对环境的影响，并对可能发生的危及环境安全的隐患或事故提供及时、准确的预报，让有关各方有时间作出反应，避免事故的发生。

（3）"监测信息管理系统"的开发和使用，大大地提高了监测资料的快速处理和分析能力，在实现信息资料快速传递的情况下，已成为监测管理人员掌握现场情况的有力工具。

### 7.广东LNG站线项目输气干线工程大中型河流勘察工作工程测量

委托单位：广东LNG站线项目输气干线工程项目部

实施单位：深圳市勘察研究院

项目内容：完成1:1000带状地形图测绘1.059km²（水下地形测绘面积0.667km²），1:500带状地形图测绘1.864km²（水下地形测绘面积0.788km²），绘制1:1000线路纵断面图4.92km（水下地形剖面长度3.64km），1:500线路纵断面图8.08km（水下地形剖面长度2.43km）。布设E级GPS控制点51个（分为6个独立的控制网）。

实施日期：2001年12月～2002年9月

获奖情况：2005年广东省第十二次优秀工程勘察项目三等奖、2004年度深圳市勘察设计优秀工程二等奖。

项目介绍：LNG工程属于国家重点工程，LNG大中型河流穿越工程测量由于测区分布在东莞——广州——佛山一线的9条大中型河流上及河流两岸，测区分散，交通不便，可供利用的控制点距测区较远，大多数河流水深、流急、浪大，水上交通繁忙，这些因素都给测绘工作造成很大困难，常规测绘手段很难满足工期及精度要求。因此，本工程采用了以下先进的测绘方法和测绘手段，保证了工期、达到了设计预期的精度要求。

（1）控制测量采用GPS静态测量方法，解决了测区周围控制点较少且远离测区、通视困难、常规控制测量加密困难而且工作量较大的问题，提高测绘作业的效率和测量精度。

（2）水下地形测绘采用实时动态定位（RTK）配合数字化测深仪进行外业数据采集（笔记本电脑实时同步采集GPS定位数据及水深测量数据）测绘水下地形及水下断面图，并实时显示导航图。采用实时动态定位（RTK）技术解决了全站仪施测过程中存在的施测距离有限、船体晃动难以定位等困难，提高了测量精度。采用数字化测深仪进行水深测量，解决了测深杆、测深锤等常规水深测量手段在水流较急、淤泥较厚的河流中进行水深测量时精度较低、可靠性差的问题。

（3）本工程首次采用了我院自行开发的水上测绘软件，保证了GPS定位数据与水深测量数据实时同步采集，并实现了实时导航功能。测深数据与定位数据的实时同步采集保证了数据采集的速度及数据采集的正确可靠。导航功能的实现，可以保证所施测的点位位于施测范围内并有效的控制测船的航行间距，保证测点密度，对航线间距密度较大的部位及时进行补测。

（4）由于LNG工程属于国家重点合资项目，所提交的测量资料要求分别提供中英文成果，本工程的所有提交的图纸、文字报告等资料均由我院组织力量进行了全面的翻译。

本项目是我院实施ISO9001:2000质量管理体系后第一个跨地区、零星分散的大型工程，项目实施过程中充分利用了ISO9001:2000质量管理体系的先进性和可操作性，详细制定了项目质量计划及质量目标、管理职责、工期及质量控制措施，并派专职检查人员跟踪监督检查，从而保证了质量和工期。项目经甲方检查验收，成果质量符合规范要求，综合评为优级产品。

我院是深圳市测绘行业的骨干企业之一，完全具备独立完成各类大型测绘工程的资源和能力。以"技术先进、科学管理、产品求精、顾客满意"为质量方针，完成了大量的深圳市基础测绘业务和大型、重点及标志性建设工程项目的测绘工作。以"测绘e"系统为代表的测绘新技术开发研究与推广应用项目已取得丰硕成果。

**8．深圳湾公路大桥首级控制网测量**

委托单位：中交公路规划设计院

实施单位：深圳市勘察测绘院

项目内容：B级GPS测量、一等水准测量

实施日期：2002年1月～2003年6月

获奖情况：2004年获深圳市规划局/深圳市勘察设计协会优秀工程一等奖、2004年获省勘察设计协会优秀工程勘察一等奖、2005年获中国测绘学会全国测绘优秀工程金奖。

项目介绍：深圳湾公路大桥是深圳市西部通道的重要组成部分，是连接深港两地的特大跨海大桥。大桥深方登陆点位于深圳市蛇口东角头码头东面约800m处，港方登陆点位于香港白泥附近，两者直线间距约为5km，若含深港两侧引桥，大桥全长超过8km。大桥预计2006年竣工通车，大桥海中跨度长，施工难度高，具有重要的政治和经济意义。为保证大桥的工程质量，建立大桥首级平面与高程控制网。

本项目从技术设计、实施纲要和项目实施均按照ISO9001:2000标准进行质量管理，服从甲方、监理和第三方测量单位的质量监督，通过了专家组验收。

按照设计书的要求进行了平面控制点和水准点的选址，依据原位钻探成果确定各控制点的桩型（共四种桩型），保证了在填海区建造控制点的稳定性。

采用了GPS测量方法进行平面控制测量，观测时间长达56小时（限差16小时）、12台GPS接收机同步观测、GAMIT软件进行基线解算和TGPPSM软件进行平差计算等有效措施的实施，平差后最弱点点位中误差为3.4mm（平面控制网最弱点点位中误差限差±8mm），最弱边相对中误差为1/68万，保证了平面控制测量的精度。

采用了一等水准测量和三种计算方法（算术平均值法、水准支线平差和环线平差）进行平差，各种计算方法所得高程较差最大值为0.01mm，平差后最弱点高程中误差为3.36mm（高程控制网最弱点高程中误差限差±8mm），而后采用了跨海高程测量进行了高差比较，保证了水准点高程精度和平差模型的正确性。

通过对部分边长使用ME5000激光测距仪进行测距和首级平面控制网第一次检测结果可知，首级平面控制点稳定可靠。

2004年我院与港方对大桥首级平面控制网前排6个B级GPS点和5个施工点进行了检测，采用11台GPS接收机同步观测方式，观测时间长达48小时，按照一等几何水准测量方法检测了5段水准点之间的高差和一段二等跨海水准；两期平面控制点成果较差最大值为5.8mm，两期高差较差最大值为4.3mm，检测结果表明首级控制点稳定、无明显位移；成果可靠，满足了大桥首级控制网的要求。

### 9.深圳市(15测区)2003年地下管线修补测工程

委托单位：深圳市规划与国土资源局

实施单位：深圳市勘察研究院

项目内容：地下管线修补测

实施日期：2003年3～9月

获奖情况：2005年度全国城市勘察测量优秀工程一等奖、2005年获广东省第十次优秀工程勘察二等奖。

项目介绍：深圳市南山区地下管线修补测工程是继2002年开始的全市修补测工程的关键和标志性工程。南山区管线变化量大，工程工期紧，15测区又是南山区变化最大的片区。

我院共完成21km²（跨1:1000地形图84幅）区域的地下管线修测工作，调查原有管线323.208km，探测新增管线405.10km。

本项目除采用传统的管线探测方法外，在外业数据采集和内业数据处理上首次采用了新的方法和技术，并取得了良好的效果。在任务重、时间紧的情况下，由于所采用的技术方法合理，管理措施有效，不仅提前完成了任务，而且保证工程质量。施工前，对管线探测仪进行了方法试验，确定了探测仪的稳定性及一致性都符合要求；施工过程中，交叉疑难金属管线采用直接法圆周探测和交会等方法综合探测，并对疑难金属管线采用多功率探测方法确定管线的位置和属性，为解决回填土地区复杂的地球物理条件下的管线探测，本工程对每段路都进行方法试验，获得不同路段不同管线的管线探测仪修正值，在实际探测中，根据试验结果，采用不同的管线探测仪修正值，从而确保了管线探测的准确性。管线点测量采用GPS RTK和全站仪相结合的方法进行采集。数据处理过程中，探测属性数据和管线点测量数据采集录入后，采用我院自主开发的CHe管线综合管理系统，自动检查：①管线点与管线属性的惟一性；②根据排水管线的特殊性，检查连通各线的流向、管径和管线点各方向的埋深；③根据给水、煤气管线的特性，检查连接管线的管径，分支情况和最大埋深；④根据电力、电信管线的特性，对分支根数进行跟踪，并检查其最大埋深。对检查过程中出现的不合理现象，及时分析原因，提出处理意见。在管线图的绘制及管线数据入库中，系统自动实行并检查管线点自动编码，管线图、管线点成果表和管线点属性数据库一一对应。最终将全部地下管线的电子数据成果转换成满足深圳市规划与国土资源信息中心Suplic系统要求的数据格式并检查入库。

在该项目的施工管理过程中，将ISO9000质量管理体系与地下管线修补测工作的实际需要相结合，制定了详细的质量目标、质量责任框图、工序流程图、工序质量管理表、质量管理措施及安全生产措施。项目实行"二级检查、一级验收"的测绘产品检查验收制度。严格工序管理，严禁将有质量问题的工序产品流入下一工序，以工序质量保证产品质量。使项目的管理真正做到了科学化、规范化、程序化。

深圳市测绘产品质量监督检验中心对该项目进行了全程的监理和检查，并与深圳市规划与国土资源局测绘地籍处、深圳市规划与国土资源信息中心对工程最终成果进行三方联合审查、验收，综合评分92.6分(总分100分)，达到优质工程标准。

### 10. 深圳游泳跳水馆工程泳池测量与复测

委托单位：中建一局

实施单位：深圳市勘察测绘院

项目内容：深圳游泳跳水馆三个泳池（比赛池、训练池、室外标准池）的纵横向间距、泳池对角线间距和池内泳道的水平长度的测量与复测。

实施日期：2002年6~7月

项目介绍：本次测量使用了Cyrax-2500三维激光扫描仪系统。该系统是美国的产品，广泛应用于工程监测领域。扫描范围(扫描仪中心至被测物体距离)为1~50m，测量精度为2~6mm，最大扫描水平角为40°，最大扫描垂直角为40°，扫描速度大于1000点/s。

操作流程为：选定目标——扫描，生成点云——彩色化——表面处理——纠正拼接——三维建模等六个步骤。外业扫描：在实地选定2个扫描点对被测物体进行扫描，两次扫描数据经过三个靶标进行三维合成，从而将两次不同坐标系的扫描数据统一到一个坐标系中。计算方法：首先以很高精度扫描"触摸面"，然后截取"触摸面"点云，最后建模成一矢量面，并得到"触摸面"的中心点，利用Cyrax-2500标准数据处理软件(Cyclone3.0)可以求得中心点到另一端对应"触摸面"的垂直距离。

采用Leica TC1800全站仪进行了比赛池泳道复测，

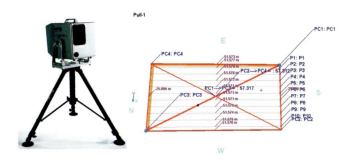

两次测量成果及其较差均满足国际泳联的要求。

使用国际先进的Cyrax-2500三维激光扫描仪系统和Cyclone3.0数据处理软件进行精密工程测量，其精度和可操作性处于国内先进水平，测量成果可靠，得到了国内和国际泳联的好评。

### 11. 深圳机场第二条跑道填海及软基处理工程测量

委托单位：深圳市规划与国土资源局

实施单位：深圳市勘察测绘院

项目内容：控制测量、1:1000数字化地形图测量、缩编1:2000和1:5000电子版地形图。

实施日期：2004年1~3月

获奖情况：2005年获广东省建委优秀工程勘察三等奖。

项目介绍：深圳机场是全国四大航空港之一，随着深圳经济特区及珠江三角洲的迅速发展，深圳机场航空流量也日益增长，为了满足这种需求，深圳机场拟修建第二条跑道，本次测量是第二跑道建设的基础，是保证跑道设计施工的重要组成部分。

完成工作量：测量二级GPS点11个，四等水准测量25km，GPS RTK三级点72个，1:1000数字化地形测量13.95km$^2$，缩编1:2000数字化地形图12幅和缩编1:5000数字化地形图4幅。

首级平面控制网采用二级GPS方法进行测量，基线解算采用了SKI2.3基线数据处理软件，GPS网平差使用TGPPSW32软件，平差后最弱点点位中误差为2.9mm，最弱边相对中误差为2.41ppm；采用几何水准观测方法进行高程控制测量，平差后最弱点高程中误差为1.11mm，水准路线闭合差最大值为-1.0cm；采用双频GPS接收机进行实时动态(RTK)测量模式进行三级点GPS点加密测量。

使用了全站仪配合PDA电子平板和GPS动态测量（RTK）配合PDA两种方法，按全要素数字化采集法进行野外数据采集，将野外采集的数据传输到室内的计算机中，并采用我院自行研制的CGS2000数字化成图软件进行展点成DWG图形文件，进行编辑成图。

本工程全过程均按ISO9001:2000《质量管理体系要求》进行质量管理，通过检查表明：控制点选埋优级品率100%，重复基线优级品率100%，同步环坐标闭合差优级品率92%，异步环坐标闭合差优级品率100%，水准路线闭合差优级品率100%，陆地地形测量高差较差优级品率100%，水下地形测量高差较差优级品率93%，该工程所提供的成果资料均满足招标书和设计书的技术要求。

## 12. 东深供水工程沿线水工建筑物变形观测

委托单位：广东粤港供水有限公司

实施单位：深圳市勘察测绘院

项目内容：一级变形观测

实施日期：2005年5月至12月

项目介绍：东深供水工程是供香港、深圳和东莞等地饮用水的国家大型水利工程，起源于东莞市桥头镇东江取水口，经东莞市桥头、常平、樟木头、塘厦、凤岗、雁田等六镇及深圳市龙岗、罗湖两区，最终汇入深圳水库，沿线长度约60km，东深供水工程的运营安全直接影响香港、深圳和东莞居民的日常生活。广东粤港供水有限公司为了保证东深供水工程沿线水工建筑物的安全和正常运营，对东深供水工程沿线水工建筑物进行变形观测。主要工作内容是对沿线水工建筑物已经埋设的水准工作基点进行校核，对已经埋设变形观测点进行垂直位移观测和平面位移观测。

工程分别从5月、8月、10月三期进行变形观测，每期观测平面位移点103个，垂直位移点250个；平面位移按三等三角要求观测，垂直位移外业观测按一等水准13.7 km，二等水准24.3 km。

平面位移点观测采用Leica TCA1800型全站仪全自动观测记录，垂直位移点观测采用电子水准仪自动记录，外业观测前把规范规定的限差预编在仪器自带程序里，超限时仪器自动提醒重测，内业数据处理采用我院自主开发的程序全部由计算机自动完成，整个过程尽量避免了人为的干预。

整个工程使用仪器先进，观测方法妥当，观测数据真实可靠；有效监视了供水工程沿线高边坡、泵站、有压箱涵、埋管、渡槽等出现的不均匀沉降及位移。

该工程为东深供水工程进行管理和维护提供了详细的第一手测绘资料，也为后续的变形监测起到了表率作用。

# 第七章

# 工程物探

# 第七章 工程物探

## 一、概 论

通常把工程地球物理勘探方法简称为工程物探。它是通过大地自然物理场和人工物理场对土层、岩体表面或内部的电阻率、波速、场强、振动大小、频率和阻尼变化、放射性强度和物质含量的变化等进行分析评价，从而得出岩土在结构、构造、裂隙、含水量、密度、抗压强度、抗剪强度、磁场强度和放射性强度等方面的特征，进而为解决各种岩土工程问题提供依据的一种地球物理勘探方法。它在我国的应用已有五十多年的历史，然而真正具有实用意义的则是近十至二十年的事情。前30年主要采用找矿找石油的勘探方法，从理论到实践上都不能满足工程需要。后20年伴随着我国改革开放和电子信息技术的不断发展，工程物探才逐步登上了历史舞台，真正解决需要较高分辨率的建筑工程问题。工程物探方法简单、快速、成本低、易大面积施测，是岩土工程勘察和检测的重要手段之一。

近20年尤其是最近10年，工程物探技术发展迅速，无论是在仪器设备开发还是在方法技术创新方面都有了长足的进步。其方法手段除传统的电法勘探、地震勘探和综合测井外，高密度电法、瞬变电磁法、探地雷达、声纳技术、工程多波地震勘探、瑞雷波勘探、超声波勘探、垂直地震剖面法、核磁共振法、弹性波与电磁波层析成像、磁法、微重力测量、井下电视、全波列声波测井、偶极子横波测井等许多新的方法相继开展并应用于工程实践。

深圳改革开放的25年正好是我国工程物探迅速发展的时期。深圳要在短时期内建设成为现代化城市，不仅需要建设座座高楼，而且离不开市政道路、机场、码头、电厂等众多相关设施。因而不仅要查明基础性的地质、环境、水文情况，而且要针对建设过程中的各个环节实施勘察、监测、检测。现代工程物探技术能象医学上的CT、B超、核磁共振一样以快捷、精细、先进的方法和技术手段解决工程中的各种问题。

深圳地处东南沿海，中西部以岭南花岗岩残积土为主，东北部分布有灰岩、发育有地下岩溶，南部毗邻大海和河滩；地貌以丘陵为主，淡水资源缺乏，地质构造十分发育。在这样的地方建设现代化城市，要解决的工程问题很多。首先是填海与平整丘陵地貌问题，需要进行软基和填土层处理和评价；其次是基坑、桩基、边坡、隧道等地下工程问题，需要进行地层探测、桩基检测、基坑边坡监测、隧道超前地质预报，以及地下水、地下孤石、地下溶洞、地下管线等障碍物的探测。

深圳市在深圳机场建设、深港西部通道、深圳地铁、深圳港（盐田港、蛇口港、赤湾港、妈湾港）、深圳河治理、大亚湾及岭澳核电站、东部电厂等众多填海类项目中大量采用工程物探配合钻探方法及其他原位测试方法解决实际问题。常用的工程物探方法有瑞雷波法、探地雷达方法、水上陆上浅层地震反射法、浅地层剖面法（水上声纳法）等。解决的问题有挖方区土石方量的确定、填方区淤泥层的确定、隔堤围堰形状及填石层厚度的确定、爆破挤淤后填石着底情况的确定；强夯置换、动力排水固结、堆载预压等各种地基处理效果的测定、强夯块石墩的着底情况的确定；地基处理后的加固深度、砂土液化层的消除程度、地基承载力分布的均匀性问题等。测试的成果不仅是探测对象的几何形状，而且包含强度方面的力学特性指标；不仅能知道其平面分布，而且知道其三维的空间特性。这些研究及应用成果具国内领先水平。

在基坑、桩基、边坡、隧道等地下工程问题中，如深圳地铁、深圳东深供水隧洞、盐坝高速隧道、横岗取

# 常见工程物探方法及其适用范围

表 7-1

| 方法名称 | | 适用范围 |
|---|---|---|
| 电法 | 自然电场法 | 1 探测隐伏断层、破碎带 |
| | | 2 测定地下水流速、流向 |
| | 充电法 | 1 探测地下洞穴 |
| | | 2 测定地下水流速、流向 |
| | | 3 探测地下或水下隐埋物体 |
| | | 4 探测地下管线 |
| | 电阻率测深 | 1 测定基岩埋深,划分松散沉积层序和基岩风化带 |
| | | 2 探测隐伏断层、破碎带 |
| | | 3 探测地下洞穴 |
| | | 4 测定潜水面深度和含水层分布 |
| | | 5 探测地下或水下隐埋物体 |
| | 电阻率剖面法 | 1 测定基岩埋深 |
| | | 2 探测隐伏断层、破碎带 |
| | | 3 探测地下洞穴 |
| | | 4 探测地下或水下隐埋物体 |
| | 高密度电阻率法 | 1 测定潜水面深度和含水层分布 |
| | | 2 探测地下或水下隐埋物体 |
| | 激发极化法 | 1 探测隐伏断层、破碎带 |
| | | 2 探测地下洞穴 |
| | | 3 划分松散沉积层序 |
| | | 4 测定潜水面深度和含水层分布 |
| | | 5 探测地下或水下隐埋物体 |
| 电磁法 | 甚低频 | 1 探测隐伏断层、破碎带 |
| | | 2 探测地下或水下隐埋物体 |
| | | 3 探测地下管线 |
| | 频率测深 | 1 测定基岩埋深,划分松散沉积层序和风化带 |
| | | 2 探测隐伏断层、破碎带 |
| | | 3 探测地下洞穴 |
| | | 4 探测河床水深及沉积泥沙厚度 |
| | | 5 探测地下或水下隐埋物体 |
| | | 6 探测地下管线 |
| | 电磁感应法 | 1 测定基岩埋深 |
| | | 2 探测隐伏断层、破碎带 |
| | | 3 探测地下洞穴 |
| | | 4 探测地下或水下隐埋物体 |
| | | 5 探测地下管线 |

续表

| 方法名称 | | 适用范围 |
|---|---|---|
| 电磁法 | 探地雷达 | 1 测定基岩埋深,划分松散沉积层序和基岩风化带 |
| | | 2 探测隐伏断层、破碎带 |
| | | 3 探测地下洞穴 |
| | | 4 测定潜水面深度和含水层分布 |
| | | 5 探测河床水深及沉积泥沙厚度 |
| | | 6 探测地下或水下隐埋物体 |
| | | 7 探测地下管线 |
| | | 8 地基处理效果评价 |
| | | 9 地下孤石及人工填土(石)厚度探测 |
| | 地下电磁波法(无线电波透视法) | 1 探测隐伏断层、破碎带 |
| | | 2 探测地下洞穴 |
| | | 3 探测地下或水下隐埋物体 |
| | | 4 探测地下管线 |
| 地震波法和面波法 | 折射波法 | 1 测定基岩埋深,划分松散沉积层序和基岩风化带 |
| | | 2 测定潜水面深度和含水层分布 |
| | | 3 探测河床水深及沉积泥沙厚度 |
| | 反射波法 | 1 测定基岩埋深,划分松散沉积层序和基岩风化带 |
| | | 2 探测隐伏断层、破碎带 |
| | | 3 探测地下洞穴 |
| | | 4 测定潜水面深度和含水层分布 |
| | | 5 探测河床水深及沉积泥沙厚度 |
| | | 6 探测地下或水下隐埋物体 |
| | | 7 探测地下管线 |
| | 直达波法(单孔法和跨孔法) | 划分松散沉积层序和基岩风化带 |
| | 瑞雷波法 | 1 测定基岩埋深,划分松散沉积层序和基岩风化带 |
| | | 2 探测隐伏断层、破碎带 |
| | | 3 探测地下洞穴 |
| | | 4 探测地下隐埋物体 |
| | | 5 探测地下管线 |
| | | 6 地基处理效果评价、地基土承载力测定 |
| | | 7 地下孤石探测 |
| | 声波法 | 1 测定基岩埋深,划分松散沉积层序和基岩风化带 |
| | | 2 探测隐伏断层、破碎带 |
| | | 3 探测含水层 |
| | | 4 探测洞穴和地下或水下隐埋物体 |
| | | 5 探测地下管线 |
| | | 6 探测滑坡体的滑动面 |
| | 声纳浅层剖面法 | 1 探测河床水深及沉积泥沙厚度 |
| | | 2 探测地下或水下隐埋物体 |

工程物探 113

水泵站、布吉二水厂输水隧道及边坡等工程，采用声波及其他物探方法进行了滑动面、破裂面、断层破碎带的超前预报、围岩类别的判定，固结灌浆及帷幕灌浆效果的检测，混凝土浇筑（含桩基）质量及喷混凝土层厚度的检测，锚杆隐蔽长度及锚固质量的检测，强夯、爆破、打桩等施工过程对环境（居民、房屋、精密车间、地下输油气电管线等）影响的监测等。

在地下水、地下孤石、地下溶洞、地下管线等障碍物的探测方面，如深圳市龙岗岩溶地质调查、深圳河治理、深圳众多的水库堤防整治工程、横穿主要交通干线、河流的顶管工程中，采用浅层地震、瑞雷波法、高密度电法、孔中层析成像（CT）、探地雷达、交变电磁感应管线探测仪等方法与设备进行了地下溶洞、地下孤石、地下储水构造、水库大坝的渗漏水部位、地下金属及非金属管线、涵洞等的探测。

## 二、典型项目

工程物探技术几乎应用在深圳市勘察设计的各个领域、各个阶段。虽然在某个具体项目中仅起到辅助作用，但其技术含量高、快速、成本低、易大面积施测、功效高等特点是其他方法无法比拟的。现选几个典型项目说明如下：

### （一）探地雷达探测

**1. 深圳市盐田港二期工程1号泥塘中心区探地雷达探测**

盐田港二期工程是深圳市的重点建设工程，1997年12月1日至1998年1月5日，深圳市大升高科技工程有限公司承担的深圳市盐田港二期工程1号泥塘中心区探地雷达探测项目，由于采用了新的技术设备，解决了传统的钻探方法无法快速解决的难题，为盐田港二期工程的建设作出了贡献。该项目获得了深圳市第九届优秀工程勘察项目一等奖。

（1）主要技术要求

由于盐田港二期工程建设的需要，工期很紧，甲方要求快速查明1号泥塘中心区内砂垫层厚度、淤泥的厚度及砂层透镜体的分布情况，为设计插板方案提供可靠的依据。

（2）解决的关键技术问题

探地雷达探测的关键问题是穿透深度问题，特别是本次探测的主要目的是海相淤泥，由于其富含海水，吸收系数特别大，接近海水的1000db/m。对于这种目的体，一般的探地雷达天线发射的电磁波很快就会被吸收，无法穿透目的体，也就探测不到淤泥的底界面，为此，特别引进了12.5MHz的超低频探地雷达天线进行本次探测，因为天线频率越低，其衰减的速度就越慢，穿透的深度也就越大，12.5MHz的天线可以穿透30m以上的淤泥层。

（3）采用的新技术、新方法、新设备

在该项目之前，大升公司一直使用的是pulse EKKO IV型探地雷达，为了做好本项目，大升公司采用了性能更稳定、探测精度更高的pulse EKKO 100型探地雷达，同时为了能更有效地探测到淤泥的底界面，本次使用了12.5MHz的天线，这在国内尚属首次。

探地雷达探测中，探测深度与探测精度是一对矛盾，要探测更深的深度，就得采用低频的天线，而天线频率越低，其探测精度就也越低。在本项目中，大升公司为了解决这一矛盾，采用了两次探测结果合成的技术，用50MHz天线探测淤泥的顶界面，用12.5MHz的天线探测淤泥的底界面，最后将两次探测的结果合成，既保证了探测精度，也达到了穿透深度的要求。

（4）经济效益与社会效益

本项目采用新引进的pulse EKKO 100型探地雷达及12.5MHz的天线，快速准确地查明了盐田港二期工程1号泥塘中心区的淤泥及砂层透镜体的分布情况，为设计插板方案提供了可靠的依据，使得1号泥塘中心区的

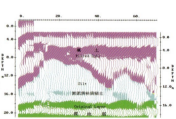

探地雷达工作现场（左）及成果图（右）

地基处理速度得到了显著的提高,保障了盐田港二期工程的顺利完成,创造了良好的经济效益和社会效益。

### 2. 深圳地铁天岗区间建筑物基础结构轮廓无损探测

深圳地铁工程是市政府为民办实事的重点工程,2000年7月25日至2000年8月30日,深圳市大升高科技工程有限公司承担了深圳地铁天虹站至岗夏站区间建筑物基础结构轮廓无损探测任务,在该项目中,由于采用了探地雷达三维切片处理等新技术、新方法,准确地探测出了福华立交桥和福华新村部分建筑物桩基的轮廓和平面位置,正确地指导地铁盾构施工,为深圳地铁建设做出了巨大贡献,该项目获得深圳市第十届优秀工程勘察奖三等奖。

（1）主要技术要求

要求采用无损探测技术准确探明深圳地铁天虹站至岗夏站区间经过的福华立交桥和福华新村部分建筑物桩基的准确位置,平面位置误差不得大于0.05m,为指导地铁隧道盾构法施工提供准确的参数。

（2）解决的关键技术问题

由于要求的平面位置精度非常高,采用常规的技术手段是无法达到的,因此大升公司采用了高精度探地雷达探测技术。首先在测网布置方面,采用了三维测网,对测线的定位非常严格,每条测线均用全站仪进行精确测量,并在现场将每一测点位置和天线需摆放的位置都用白线标出,这样在移动探地雷达天线时便不会产生位置误差。此外,根据精度的需要,将探地雷达探测的最小点距设为0.02m,大大提高了探地雷达的横向分辨率。为了探测到桩基在不同深度的平面位置和测定桩的倾斜度,还采用了两种不同频率的天线,分别满足不同探测深度的需要。通过上述设置,最终准确探测出了桩基的准确轮廓位置。

（3）采用的新技术、新方法、新设备

本次无损探测采用了三维探地雷达探测技术,所使用仪器是大升公司引进的加拿大Sensor & Software Inc.公司最新生产的Pulse EKKO 100型探地雷达,使用了50MHz和100MHz两种频率的天线。为了满足三维探地

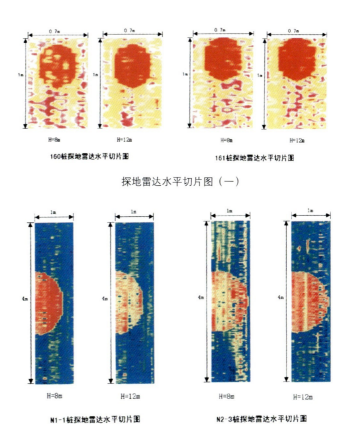

探地雷达水平切片图（一）

探地雷达水平切片图（二）

雷达资料处理的需要,大升公司特意从加拿大Sensor & Software Inc.公司购进了一套3D-EKKO探地雷达三维数据处理软件,还引进了Fortner Research LLC.公司的Slicer三维切片处理软件。保证了数据处理技术的先进性和可靠性。

（4）经济效益与社会效益

本项目采用了三维探地雷达无损探测技术,准确探测出了深圳地铁天岗区间建筑物基础结构轮廓,正确指导了地铁隧道盾构施工,不仅保证了地铁建设的工期,同时也保证了周围桥梁、建筑物的安全使用,还为地铁施工节省了一大笔截桩施工费用,为保证地铁建设的顺利进行,早日服务深圳市民做出了巨大贡献,获得了很好的经济效益和社会效益。

## （二）瑞雷波法

### 1. 深港西部通道口岸填海及地基处理工程内隔堤填石及下伏淤泥层探测

深港西部通道工程是深圳市重点建设工程,它的建设,对缓解深港口岸交通压力,促进深港乃至珠三角经

济的发展具有重大的意义。2002年9月、12月、2003年3月深圳市地质局（深圳地质建设工程公司）承担了深港西部通道东西海堤、内海堤、AB、CD便道抛石置换深度以及下伏淤泥探测项目。由于采用了瑞雷波、探地雷达等地球物理高新技术（传统的钻探工作仅为抽查验证）的综合方法，解决了仅靠钻探工作工期长、成本高、效率低、代表性差的问题。尽快为后期场坪填海及地基处理的设计与施工提供可靠的依据。

（1）主要技术要求

本次工作的主要任务是查明海堤、隔堤抛石置换深度及着底宽度、下伏淤泥层的厚度、统计抛填土石方的工程量。

（2）工程概况

本工程位于深圳市南山区，填海区域为浅海区，原始地面标高均低于平均海面水位，区域内分布7～20m左右厚的淤泥或淤泥质土，其下部为冲积砂土、黏土及花岗岩残积层。本工程海堤采用抛石挤淤泥法和爆破挤淤法完成，海堤必须稳固，能够承受场地堆载预压的推力和海浪冲击。

（3）解决的关键技术问题

由于本场地受海水影响，填石层富含海水，下部淤泥层也为海相沉积，而且深度较大，钻探法在大块填石中工效甚低，不能普遍采用。探地雷达探测受低阻的海水层影响穿透深度。因此采用了瑞雷波法为主、雷达钻探为辅助的综合勘探技术。探测到了填石层的厚度、形状、残留淤泥层的厚度等重要数据。此外，经过多个纵横断面的抽查、配合地形测量工作，还顺便完成了抛填土石方量的统计。

（4）采用的新技术、新方法、新设备

本次勘测工作主要采用了瑞雷面波和探地雷达新技术，有效地解决了勘探深度深、分辨率高等重要问题。瑞雷波法具有与力学特性直接相关而且不受低阻屏蔽的影响等优点。本次勘测瑞雷波法采用国产SWS面波仪，6道多次迭加接收，瞬态重锤激振，经过二维傅里叶变换等数据处理，获得了较理想的频散曲线。探地雷达采用加拿大EKKO-IV型雷达，50MHz天线。主要采用了滤波、迭加、反褶积和偏移等各种复杂的数据处理，形成雷达剖面。将多点瑞雷波测深数据和雷达数据综合解释形成海堤断面图。

瑞雷波（上）及探地雷达工作现场（下）

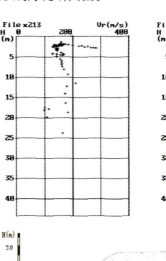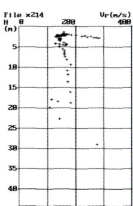

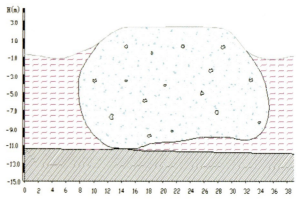

瑞雷波频散曲线（上）及解释成果图（下）

（5）经济效益和社会效益

对于填石层来讲，瑞雷波勘探单点成本仅为钻探法的1/10～1/20，功效为其200～500倍，故可大批测试，宏观控制工程数量及质量。在西部通道这样的重大项目中，可节约钻探费用数百至上千万元，具有很好的经济和社会效益。

### 2. 深圳会议展览中心强夯地基检测

深圳会议展览中心是深圳市重点建设项目，它的建成，将为深圳市一年一度的国际高新技术成果交易会以及其他各种展览交易活动提供一个很好的平台，是深圳市作为一个国际性大都市的重要建筑之一。2001年12月、2002年4月、2004年3月深圳市地质局（深圳地质建设工程公司）分别承担了该中心东区、西区场坪强夯、强夯置换及结构回填土重锤夯实法的检测工作。由于采用了瑞雷波高新技术为主、辅以钻探标贯、动力触探等综合勘探方法，在此基础上有针对性地进行静力载荷试验，大大提高了检测功效，为业主节约了工期与造价，为确保高新技术成果交易会如期举行做出了一定的贡献。

（1）主要技术要求

本次工作的主要任务是检验强夯地基处理的效果，即地基承载力、变形模量、加固深度是否达到设计要求，场地处理后的均匀性如何，是否存在未处理好的软弱下卧层等不良地基，在此基础上，选定静载试验的点位。

（2）工程概况

深圳会展中心位于深圳市福田中心区滨河大道北侧，原始地貌为一丘陵地带，西部局部为挖方区，东部为填方区。该场馆为30m×30m的超大跨度框架结构，中部设一层地下室，占地面积近30万m²。该场馆要承担大型展览项目，地坪技术要求很高，形同飞机跑道一样，差异沉降极小。为解决本大型场坪的地基均匀性问题，采用强夯法对填土区进行处理；对填土层较厚的区域，为消除软弱下卧层引起的工后沉降，采用强夯块石墩置换法进行处理；对场馆结构层回填土，为消除回填土对场坪及管线引发的不均匀沉降，采用低能量的强夯法（重锤夯实法）进行地基处理。

瑞雷波检测工作现场

（3）解决的关键技术问题

强夯地基处理的检测关键是要解决深部土层是否达到加固效果，场地是否从或软或硬改良为强度合格，场地是否均匀？对于大面积场地，仅靠静载或钻探就费时费力，难以保证代表性和全面性。为此采用瑞雷波法这种现代工程物探新技术，利用其功效高、数据量大、覆盖面广的特点，快速、全面地解决实际问题。

（4）采用的新技术、新方法、新设备

传统的强夯检测方法主要有两种，一种是静载法，即在地表用重块模拟建筑荷载，观测沉降变化，判定地表附近区域的地基强度；另一种是钻探法，通过钻孔取样并在孔中原位测试，了解该测试点自上而下的地基土强度。前者费时费工，遇上填石地基强夯或块石墩置换，后者则几乎无能为力。两者均存在一个抽测数量的代表性与工时造价的矛盾问题。为此，在本项目的检测中，采用瑞雷波法检测新技术进行大面积检测、辅以钻探标贯等传统的检测方法。本项目瑞雷波检测还采用了三维瑞雷波成像的新方法，做到了形象、直观、全面。结合该单位科研成果，利用以往瑞雷波工程中瑞雷波法与钻探标贯及静载试验的对比统计关系，推算出了夯后地基承载力及变形模量。该单位瑞雷波强夯检测新技术于2004年获得了广东省地勘局科学技术成果二等奖。

（5）经济效益和社会效益

在本项目强夯检测中，瑞雷波法施工速度快、成本低，故可大批测试，全面控制工程施工质量。在此基础上有针对性地采用钻探标贯等原位测试技术及静力载荷试验，既做到宏观控制又做到微观控制，既有代表性又有全面性。在会展中心这样的重大项目中，可节约钻探静载费用数百万元，具有很好的经济和社会效益。

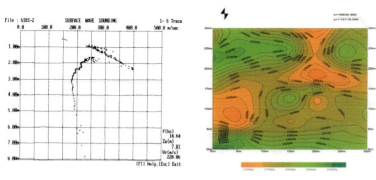

瑞雷波频散曲线（左）及解释成果图（右）

### （三）浅层地震法

**1. 深港西部通道深圳湾公路大桥工程地球物理勘探**

深圳湾公路大桥是拟建的一座为缓解现有深港各公路口岸压力的跨海大桥，是将来连接深港西部的重要通道。它的建成将大大促进深港两地的经济繁荣以及珠江三角洲经济的发展，进一步加强深港两地的经济、旅游、文化的交流与合作。拟建大桥位于深圳东角头至香港鳌石勘石之间的深圳湾海域，全长5.1km，其中深圳侧1.9km，为钢筋混凝土斜拉桥，双向6车道。深圳市大升高科技工程有限公司于2002年2月21日至4月27日进行了该大桥初步设计阶段的工程地球物理勘探工作，该项目经交通部组织评审通过。

（1）主要技术要求

1）沿桥轴线布线，查明覆盖层厚度、地层岩性、地质构造、不良地质现象等问题。

2）对桥轴线附近及其两侧地段（海域）发育的断裂，拟查明断裂的具体位置、规模、产状、破碎带宽度，第四系地层是否被错断等。评价断裂的活动性以及对桥位稳定性的影响程度。

3）查明桥址基岩风化程度分界线，验证钻探工作及指导钻探工作量的布置。

4）测量桥轴线的海底地形，点距20m。

（2）解决的关键技术问题

由于深圳湾公路大桥设计使用年限要和香港接轨，要求达到120年，这对场地的稳定性等方面要求更加严格，对场地发育的断层平面位置及规模等要求探测得非常准确，同时探测深度要达到100m以上，这就给地球物理勘探提出了更高的要求，为此采用了利用炸药作为

大桥设计效果（上）及物探工作现场（下）

震源，采用12道水上检波器进行数据采集，GPS导航定位的方式进行了高精度的水上浅层地震勘探，准确地探明了场地内断裂的具体位置、规模、产状、破碎带宽度以及第四系地层否被错断等问题，为场地稳定性评价提供了充足的地球物理依据。

（3）采用的新技术、新方法、新设备

在该项目中，采用了GPS系统和水深测深系统联测技术测量海底地形的起伏情况，选用了长春科技大学生产的GEOPEN－SE2404型24道浅层地震仪和美国生产的12道10-2000Hz水上漂浮电缆，采用12道双边放炮4次覆盖观测系统进行地震反射采集，为了确保勘测精度，每个炮点均由GPS定位。在数据处理方面采用了由中国地质大学物探系研制开发、并通过数以百个测区检验获得用户好评的浅层反射波法处理解释软件进行，由于原始数据可靠、软件先进、参数选择得当，因而全部测线的时间剖面质量良好，保证了后续的地质推断解释的顺利进行。

（4）经济效益与社会效益

经过本次地球物理勘探，查明了场地内存在的两条断层的平面位置、规模、产状、破碎带宽度及其活动型，得出了场地稳定的结论，为深圳湾公路大桥的建设提供

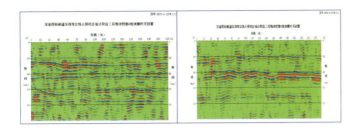

了地球物理依据，保证了后续工作的有序进行，创造了良好的经济效益和社会效益。

## 2. 深圳水库溢洪道两侧场地断裂探测

深圳水库于1961年建成，位于深圳市东北隅之沙湾河下游，是东江——深圳供水工程之调节水库。东深工程是深港地区主要饮用原水给水工程，不但肩负着供水的重要任务，还具有防洪和发电功能，因而深圳水库的政治、社会、经济地位十分显要。2001年9月12日，深圳市规划与国土资源局委托深圳市勘察研究院承担深圳水库溢洪道（右坡）活动断裂构造及地面裂缝稳定性与建筑适宜性评价工作任务。目的是通过查明断层破碎带、裂缝形态、规模、形成机理、发展规律，评价水库溢洪道右边坡的危险性、预测其变化趋势并提出初步防治对策建议，为确保深圳水库供水工程的安全提供科学依据。

**（1）主要技术要求**

深圳水库溢洪道右坡拟建场地断层带破碎，有明显的连续性裂缝，原有的工程地质勘察资料对断层揭露不多。因此，在分析原有资料的基础上，采用综合工程物探方法结合工程钻探，进一步查明断层的空间分布特征和断层带的岩体破碎情况。

**（2）解决的关键技术问题**

深圳水库被纳入东湖公园成为深圳最早建设的旅游景点之一，溢洪道位于主坝右岸条形山之右侧马鞍形冲沟处，其附近兴建了"劳乐亭"、瞭望台以及水库山庄舞厅茶座和美术展览馆等建筑物，因而对查明断层破碎带的位置和性质具有很大的干扰，为此，采用综合工程物探的方法来解决这一难题。

**（3）采用的新技术、新方法、新设备**

采用综合工程物探查明断层破碎带、裂缝形态、规模，这些方法包括：浅层地震反射波法、电法勘测、探地雷达探测。

1）浅层地震反射波法

采用浅层地震反射波法目的是为了解勘测路线的覆盖层的变化情况以及断裂、裂缝的发育情况。为了获得优良的地震记录，在实际工作中，针对不同地形的场地，充分利用RS24仪器高精度及动态范围宽的优势，进行多次重锤激发叠加，尽可能压抑干扰和获取较深部的信息，有效地提高地震记录质量。资料解释使用美国《EAVES DROPPRE》处理系统。

2）电法勘测

本次使用的仪器是北京地质仪器厂生产的DWD-2A微机电测仪，为最新一代电法仪器，该仪器多用途、多功能、全数字化，内部设计的固态存贮器具有掉电保护功能，测量数据可长期保存于仪器中，即使关机也不会丢失。电法勘探工作开展前有针对性地进行了方法试验，最后以对称四极法为主开展工作。针对库区的情况，采用12V/4.5AH的可充电电瓶20个，使供电电流达200mA以上的恒流供电，以提高勘测效果。

3）探地雷达探测

仪器采用加拿大SSI公司生产的Pulse EKKO IV型探地雷达，鉴于精度及深度的要求，通过现场试验，选用中心频率为50Hz的天线，点距为1m。为了尽可能探测深部界面，提高信噪比，采用了类似地震的多次覆盖技术，以增大所记录地下介质的分辨能力。

综合工程物探的运用取得了良好的效果，本次工作发现了F102断裂，断裂北端穿过溢洪道边坡，往南从边坡后缘通过。分布于水库溢洪道东坡，长450m，宽3～5m，走向10°～20°，倾向北西、倾角50°～75°。浅层地震Z4剖面、电法勘测D2剖面、探地雷达R4剖面等，均在相应位置发现异常（见物探综合解释图）。

**（4）经济效益与社会效益**

经过本次综合工程物探，查明了场地内断层破碎带、裂缝形态、规模、产状。通过对断裂形成机理、发展规律的研究，评价了水库溢洪道右边坡的危险性、预测其变化趋势并提出了初步防治对策建议。深圳水库溢洪道两侧场地断裂活动性及地面裂缝稳定性与建筑适宜

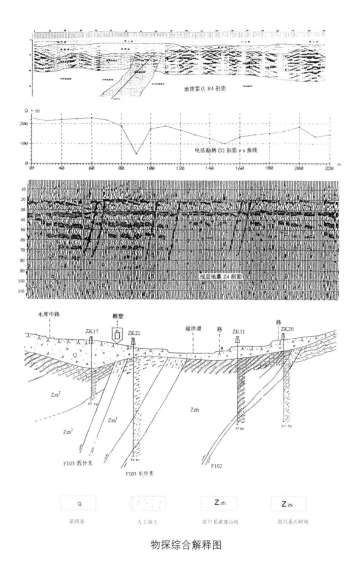

物探综合解释图

性评价为确保深圳水库供水工程的安全提供科学依据，创造了良好的经济效益和社会效益。

## 三、新技术新方法

现代工程物探的新方法新技术很多，几乎所有的新方法在深圳都有应用或试验。下面仅对深圳市较常用的几种新方法作一介绍。

### （一）浅层地震勘探

浅层地震勘探是近几年来应用于城市工程建设中的新方法新技术。它被广泛应用于路基、坝基、地基基础、隧道工程、海底、湖底等的地质勘探与检测工程中。应用于工程的主要方法有反射波法、折射波法、波速测井、面波法及横波勘探等。地震勘探能详细划分地层，高精度地确定沉积地层的倾角，能够准确探明岩体构造（褶皱、断层、破碎带、裂隙带）；对于回填工程（路基、坝基），地震勘探可以检测其回填处理效果；对于隧道工程，可以探测隧道洞体的围岩分类及洞口地质情况；利用面波勘探所得到的瑞雷波速度，可以准确推算地基的承载力、动弹模量等力学参数。该项技术主要服务于大中型建设工程部门（高速公路公司、勘察设计部门、水务局、规划国土局、建设局及其他业主）。近年我市完成的主要工程项目有：

（1）深圳机场选址海上地震勘探；

（2）深圳市污水排海干管顶管工程海上地震勘探；

（3）深圳市盐坝高速公路地震勘探；

（4）大南山滑坡勘察浅层地震勘探；

（5）布吉二水厂输水隧道浅层地震勘探；

（6）深圳龙口——茜坑输水隧道浅层地震勘探；

（7）龙岗区岩溶地质调查浅层地震勘探及孔中CT成像；

（8）大沙河桥址浅层地震勘探；

（9）深港西部通道海上浅层地震勘探及浅地层剖面扫描；

（10）深圳湾公路大桥海上浅层地震勘探等。

### （二）探地雷达

探地雷达以其高探测分辨率而成为地球物理勘探的一种有力工具。自1904年Hulgmeyer首先使用电磁信号来确定地下金属目标物的存在，至今探地雷达的发展经历了将近一个世纪。鉴于高频电磁波在媒质中的高衰减性，很长一段时间内，探地雷达仅作为冰层、淡水、盐层、沙漠地带、岩石层上的探测工具。70年代以后，探地雷达的实践应用也不断扩大。目前，探地雷达的应用已取得了很大进展，美国联邦公路局对探地雷达在道路工程中的应用进行了深入的研究；Tadeuse.J.Ulrych (1994)等人采用探地雷达准确定位了一冶金工厂和一废物处理工厂排泄的污染物。

我国的探地雷达研究工作始于70年代初期，中国地质大学、中南工业大学、地质矿产部等单位相继引进探地雷达开展了广泛的工作，并在隧道探测、堤坝探测、地基探测、地质灾害勘查等方面积累了丰富的经验。探地雷达在深圳地区工程应用非常广泛。

**1. 探地雷达方法原理及深圳地区应用特点**

探地雷达（Ground Penetrating Radar，简称GPR），是一种对地下的或物体内不可见的目标体或界面进行定位的电磁技术。它具有高分辨率、无损性、高效率的特点，这决定了探地雷达在浅层勘探、工程检测等领域具有广阔的应用前景。

探地雷达探头（上）及工作现场（下）

它主要应用于：山体土石方检测、路基、不同回填物界面检测、填海回填物、岩溶检测、桩基无损检测、地下管道探测、地下隐蔽物探测、考古、斜坡滑体探测、地质结构探测、湖底探测、高速公路路面及路基检测。

探地雷达工作原理如下：高频电磁波以宽频带脉冲形式，通过发射天线被定向送入地下，经存在电性差异的地下地层或目标体反射后返回地面，由接收天线所接收。高频电磁波在介质中传播时，其路径、电磁场强度与波形将随所通过介质的电性质及几何形态而变化。故通过对时域波形的采集、处理和分析，可确定地下界面或地质体的空间位置及结构。反射信号的特征与地下界面的性质有关，而地下界面的性质可用界面反射系数来描述，当界面两侧介质的介电常数差别越大，则电磁波反射系数越大。这表明界面两侧介质的介电常数相差越大，则界面越容易根据反射波的特征来识别。这就是说，探地雷达的工作前提是介质存在介电常数的差异。

深圳是一个滨海城市，在地层中普遍存在淤泥类软土层，强夯法和强夯置换法等不良地基处理方法应用较多。另外，填海工程也是建设中的重大项目。由此，提出了新的工程问题，即如何检测强夯置换法的效果和监测强夯施工；如何确定抛石的方量和填石海堤的形态，等等。探地雷达的成功应用较好地解决了这些问题，这是因为在深圳地区工程探测工作中遇到的是如下几个地层：海水、淤泥、黏土、砂和碎石。探测工作所需查明的也就是上述几个地层的分界面。根据工作经验，在深圳地区这些岩土的地球物理参数如表7-2所示。由此可见，海水与淤泥、海水与碎石、碎石与淤泥、碎石与黏土、黏土与淤泥之间存在明显的电性差异，雷达波遇到这些界面将产生明显的反射。所以，深圳地区存在探地雷达的工作前提，这也是探地雷达取得良好效果的关键。

深圳地区典型地层岩土物性参数表　　表7-2

| 岩土名称 | 天然密度 (g/cm³) | 介电常数 $\varepsilon_r$ | 电磁波速度 (m/ns) |
|---|---|---|---|
| 海水 | 1.00-1.11 | 81 | 0.033 |
| 淤泥 | 1.40-1.50 | 60-65 | 0.056 |
| 黏土 | 1.70-2.00 | 15-20 | 0.06-0.08 |
| 砂 | 1.60-1.90 | 20 | 0.07 |
| 碎石 | 1.70-2.30 | 7 | 0.1 |

近年我市完成的主要工程项目有：

（1）深圳市盐田港填海工程探地雷达检测；

（2）深港西部通道东西海堤及内隔堤填石勘测；

（3）深圳湾填海工程探地雷达检测；

（4）宝安新城大道探地雷达检测；

（5）龙岗文化体育中心探地雷达岩溶探测；

（6）深圳龙口水库坝基探地雷达检测；

（7）深圳地铁福华段地下障碍物探地雷达探测；

（8）深圳地铁竹子林车辆段排污干管探地雷达探测；

(9) 深圳机荷高速公路路基土石方探地雷达勘测；

(10) 深圳会展中心周边管线探测等。

**2. 深圳地区探地雷达典型的工程应用——深港西部通道海堤形态探地雷达探测**

为减轻深圳——香港现有口岸通道的交通压力，拟兴建深港西部通道。为了满足深港西部通道口岸区填海及软基处理工程设计的需要，拟对目前已完成的海堤形态包括填石挤淤的有效厚度进行全面了解，为此深圳市勘察研究院受托采用探地雷达进行探测。本次探测工作采用美国GSSI公司的SIR-10A型探地雷达，探测中选用的参数如下：天线中心频率64MHz，采样范围300~500ns，采样点512个。

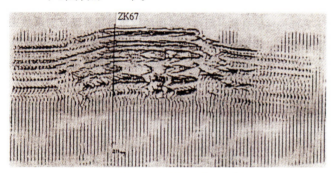

海堤某纵剖面探地雷达探测记录图

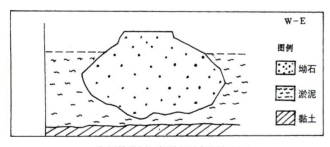

海堤某纵剖面探地雷达探测解释图

从海堤某剖面探地雷达探测记录图可以看出：记录中间部分波幅强、波组粗、频率乱而低，而且界面不连续无规则，判断该处为填石海堤之反映。原因是采用填石挤淤方法形成的海堤，由于块石间隙较多，块石之间淤泥和水的充填，形成的雷达波形表现为振幅的强反射、反射波多而宽大、同相轴的不一致。记录左右和下部波组连续、幅值低而细即为淤泥层和黏土层之反映。这是由于淤泥颗粒细小，含水量饱和，电阻率低，对电磁波表现为高吸收性，探地雷达的波形图反映为波幅值小而细，连续性好；在块石和淤泥的交界面处，由于介质的突变，物性差异大，造成强弱反射的同相轴错断现象。由此，根据探地雷达探测记录可以在时间剖面图上勾划出填石挤淤海堤的剖面形态(海堤某纵剖面雷达记录解释图)：海堤呈梯形，其底部界面呈锅形。填石厚度最大为13.8m，最小为12.4m，平均为13.7m。

通过上述探测剖面的67号钻孔验证了探地雷达探测的结果：ZK67标高为3.04m，钻孔深度19.30m。3.041~-0.16m，厚度为13.20m，为素填土层，主要为花岗岩块石组成，含少量花岗岩碎屑。-10.16~-12.66m，厚度为2.50m，为黏土层，灰黄色、可塑、湿、土质均匀。-12.66~-15.26m，厚度为2.60m，为含黏性土粗砾砂。-15.26~-16.26m，厚度为1.00m，为强风化粗粒花岗岩。

**3. 小结**

深圳是一个建设中的沿海城市，在建设工程中面临不少新的问题，探地雷达作为一种新型的高分辨率探测工具在此取得了良好的应用效果，从强夯地基检测、强夯地基施工监测、海堤形态的确定、抛石厚度的确定到城市管线探测、高速公路垫层检测、岩溶地区溶洞的探测以及山体土方量的计算等探地雷达都显示出了其优越性和有效性，这方面的许多经验值得总结和学习。应该注意的是切不可将探地雷达视为万能的工程检测工具，地下物性参数的差异以及周围环境是影响其应用效果的主要因素。此外，生态环境保护等方面的应用是探地雷达的研究方向之一。

**（三）瑞雷波法**

瑞雷波法近期发展起来的一种工程物探新技术。瑞雷波的传播与介质结构及分界面的力学性质有较敏感的关系。瑞雷波是一种面波，具有传播速度低、水平方向衰减小、抗干扰能力强的特点。瑞雷波法可应用于探查覆盖层厚度、划分松散地层沉积层序；探查基岩埋深和基岩界面起伏形态，划分基岩的风化带；探测构造破碎带；探测地下隐埋物体、古墓遗址、洞穴和采空区；探测非金属地下管道；探测滑坡体的滑动带和滑动面起伏形态；地基动力特性测试；地基加固效果检验等。这里所列的工程领域，基本上覆盖了岩土工程勘察、检测与监测的各个方面，但并不排斥随着方法技术的进步所带来的应用范围的拓展或延伸。例如，在堤坝隐患的勘察等方面，也有成功的实例。

## 1. 瑞雷波检测原理及深圳地区应用特点

瑞雷波是在非均质半无限空间中，由于自由边界的作用，非均匀平面波P和SV波相互干涉而衍生出来的，且P与SV波都沿自由面以同一视速度前进。瑞利波具有频散特性，其质点运动轨迹为一椭圆。均质半空间中也存在瑞雷波，但不具频散性。

瑞雷波法是利用瑞雷波沿地面表层传播，表层的厚度约为一个波长，因此，同一波长的瑞雷波的传播特性反映了地质条件在水平方向的变化情况，不同波长的瑞雷波的传播特性反映着不同深度的地质情况。通过检测强夯地基的瑞雷波传播速度，就可计算出地基的承载力特征值、压缩模量、变形模量，从而反映地基处理的效果。

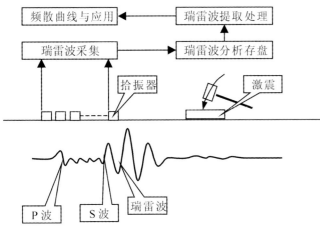

瑞雷波检测原理、流程图

深圳地区填海与软土地基处理中，大量使用强夯法。该方法具有提高地基承载力、加固深层地基、消除液化、减少地基沉降量等优点。强夯效果的检测方法有：压板试验、钻探标贯、动（静）力触探等。这些方法具有耗时长、费用高、检测量少的缺点，瑞雷波法具有轻便、经济、快速、大范围检测的特点，不仅能检测出强夯地基加固深度、影响深度，而且可以推测出地基承载力。

我市几乎在每个大型项目的地质勘察、地基处理效果的检测、水库大坝现状的勘测中均有使用。代表性的项目有：

(1) 岭澳核电站等多个电厂强夯地基检测；
(2) 深圳港（盐田、蛇口、赤湾、妈湾等）强夯地基检测；
(3) 深港西部通道填海隔堤检测；
(4) 深圳前湾填海地基处理检测；
(5) 深圳某大型物流基地地基处理检测；
(6) 深圳某大型污水处理厂地基检测；
(7) 深圳某采石场土石方量测；
(8) 深圳三洲田、西丽等水库大坝瑞雷波勘测；
(9) 深圳宝安某花园地下孤石探测；
(10) 深圳龙岗某小区地下溶洞探测等。

## 2. 深圳地区瑞雷波法典型的工程应用
### ——深圳某配送中心强夯地基瑞雷波检测

拟建的某配送中心场地位于深圳市龙岗区平湖镇物流基地，原始地貌为山地丘陵，现已填土整平，根据不同区域，采用了强夯、强夯碎石置换、碾压三种处理方法。场地呈多边形，总占地面积约4万$m^2$左右，瑞雷波检测面积2.4万$m^2$左右。场地涉及的土层主要有人工填土：主要为素填土，建筑线内高架库区置换一定量开山块石，褐黄等杂色，松散；第四纪淤泥质土为灰、灰黑色，饱和，流塑；粉质黏土为浅黄、褐黄色，坚硬。

本次试验检测方法主要有瑞雷波法，同时采用静载试验法、钻探标贯、取土试验补充验证。共布置瑞雷波探测线12条，总长度1824m。检测目的是确定强夯地基承载力标准值（特征值）是否满足建筑线内高架库区250kPa、建筑线内非高架库区160kPa设计要求。

根据瑞雷波检测结果建筑线内高架库区承载力标准值（特征值）在255~270kPa之间分布，满足设计要求，整区地基处理比较均匀。建筑线内非高架库区承载力标

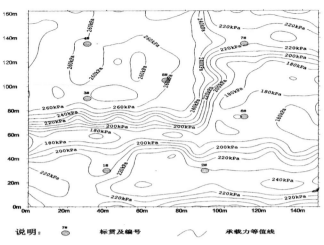

万佳百货深圳配送中心强夯处理复合地基
瑞雷波检测承载力平面分布图

准值（特征值）在170~250kPa之间分布，满足设计要求（见瑞雷波检测承载力平面分布图），建筑线内高架库区承载力标准值（特征值）平均值275kPa，建筑线内非高架库区承载力标准值（特征值）平均值205kPa。两者有良好的对应关系，此外静载荷试验的结果也证实了瑞雷波检测结果的准确性。

### 3.小结

瑞雷波法是一种间接的物理原位测试方法，能快速、经济、有效地对地基处理的整体效果进行评价。通过一定量的平板载荷法、重型动力触探法、钻探标贯法与瑞雷波法的对比试验，证明瑞雷波波速$Vr$与$N_{63.5}$、$f_k$值有较好的相关性，速度的高低反映了地基处理的效果。目前，瑞雷波波速与地基承载力的关系需要进一步的研究。

# 第八章

# 深圳地区技术标准的编制

# 第八章 深圳地区技术标准的编制

**一、《深圳地区钢筋混凝土高层建筑结构设计试行规程》(SJG 1 – 84)**

该规程是遵照我国《工业与民用建筑结构荷载规范》(TJ 9 – 74)、《钢筋混凝土结构设计规范》(TJ 10 – 74)、《工业与民用建筑抗震设计规范》(TJ 11 – 78)、《工业与民用建筑地基基础设计规范》(TJ 7 – 74)，根据《钢筋混凝土高层建筑结构设计与施工规定》(JZ 102 – 79)、《工业与民用建筑灌注桩基础设计与施工规程》(JGJ 4 – 80)、《高层建筑箱形基础设计与施工规程》(JGJ 6 – 80)，并结合深圳地区地质条件特点和实践经验编制的，它是深圳市人民政府批准颁发的第一本技术标准，也是全国钢筋混凝土高层建筑结构设计的第一本地方标准。

该规程虽然是结构设计标准，但它专门设置了基础设计一章，包括：基础选型、桩基设计及桩承台的内力计算及强度验算等三节。在桩基设计一节中，除列出当时通用的预制桩外，还列出了钻孔、冲孔、沉管、挖孔等四种就地灌注桩的适用范围；对桩端的入土、入岩深度作了规定；对桩端遇断层破碎带如何处理作了较详细规定，这些规定在其他桩基规范中是没有的，且至今都还有适用价值；提出了花岗岩残积土的容许摩擦力和容许端承力表；提出了深圳地区常见岩土容许端承力，这套承载力表是根据深井载荷试验和工程经验提出的，是全国以基岩和其风化带作为桩端持力层时，最早的一套承载力表，很有价值。后来纳入了《深圳地区建筑地基基础设计试行规程》(SJG 1 – 88)，一直引用至今。

**二、《深圳地区建筑地基基础设计试行规程》(SJG 1 – 88)**

该规程于1984年开始成立编制组，1987年5月完成送审稿，于1987年12月邀请国内专家召开审查会，通过该规程送审稿，编制组根据专家意见对送审稿加以补充修改，完成本规程报批稿，1988年3月市基本建设办公室根据市人民政府批准后颁发报批稿试行。深圳市人民政府于1990年2月13日以深府[1990]44号文正式批准 SJG 1 – 88 规程，自1990年5月1日起施行。

该规程是全国最早的一批地方标准，具有鲜明的地区性特色，并具有如下主要特点：

1. 由于深圳地区花岗岩残积土分布广泛，该规程在大量勘探、原位测试和室内试验研究的基础上，首次提出花岗岩风化程度的划分标准（附录四）；首次提出花岗岩残积土，根据其大于2mm颗粒含量（%）划分为砾质黏性土、砂质黏性土和黏性土三类的标准，以及三类土的野外鉴别方法（附录六）；首次提出花岗岩残积土液性指数$I_L$的计算方法。这些规定不仅奠定了深圳地区岩土工程勘察设计的基础，亦为我国南方、北方沿海广泛分布的花岗岩残积土提供了有益的经验，这些规定后来均纳入了国家标准《岩土工程勘察规范》(DB 50021 – 94) 和 (GB50021 – 2001)。

2. 该规程不仅制定了按天然含水量$w$和孔隙比$e$查求地基承载力的表，还提供了按标准贯入击数$N$值查求承载力的表，以及花岗岩风化带和残积土计算承载力设计值时的深、宽修正系数；还根据大量载荷试验资料与标贯击数的对比建立了非常简练、但很适用的变形模量$E_0$与标贯击数$N$的关系，即$E_0=2.2N$。这些成果不仅对花岗岩残积土上的建筑地基工程起到非常重要的作用，还在学术上填补了国内花岗岩残积土研究的空白。

3. 花岗岩残积土孔隙比大、含水量高、压缩模量小，初期认为花岗岩残积土是一种高压缩性土，经过大量试验研究和工程实践后认识到花岗岩残积土是一种具有高承载力和较低压缩性的、良好的地基土,按压缩模量$E_s$计算所得沉降与实测沉降值相比偏大很多,不符合实际。因而该规程没有采用国内通常所用按$E_s$值计算浅基础沉降,而采用按变形模量$E_0$计算浅基础沉降。前者较后者所计算沉降量大8~10倍,而后者所计算沉降与实测结果接近。该规程用$E_0$值计算沉降的方法,后被列入现行两本中华人民共和国行业标准,即《高层建筑箱形与筏形基础技术规程》(JGJ6-99),和《高层建筑岩土工程勘察规程》(JGJ72-2004),一直沿用至今。

4. 在桩基础方面,该规程首次提出了花岗岩残积土摩擦力和桩端土承载力表,以及花岗岩、花岗片麻岩、硅化凝灰岩、硅化千枚岩、构造岩、硬塑状断层泥等深圳地区常见岩石的桩端岩石承载力表,这是这类岩土全国最早列入技术标准的承载力表,不仅对深圳地区大量桩基工程起了非常重要的作用、保证了桩基工程质量和经济合理性,且对全国其他地区的类似岩土亦有重要的参考价值。

该规程篇幅不大,简明扼要,重点突出,对深圳地区大规模建设工程起到了非常重要的作用,是一本在全国很有影响的地基基础设计标准。

### 三、深圳市标准《深圳地区地基处理技术规范》(SJG 04-96)

《深圳地区地基处理技术规范》(SJG04-96)是根据深圳市建设局深建字[1994]132号文的要求,由深圳市勘察研究院、深圳市环宇岩土工程公司(现深圳市工勘岩土工程有限公司)主编,共10个单位参加编制。该规范于1993年下半年开始启动,1994年9月完成征求意见稿,在全国和省、市内广泛征求意见。1995年10月完成了送审稿,并通过全国知名专家的审查,修改后形成报批稿。1996年6月1日,深圳市建设局以深建字[1996]173号文批准为强制性地方标准,自1996年7月1日起施行。

本规范是我国第一本地方性技术标准,有如下特点:

1. 经国内知名专家评审认为:"是一本具有明显地方特色、技术先进、经济合理、安全适用、完整和系统的优秀地方技术标准,是地基设计、施工、质量检验标准化的重要成果,其中强夯和强夯置换法等处于国内领先水平。"

2. 该规范总共10章、6个附录,包括总则、术语符号、基本规定、换填垫层法、加载预压法、强夯法和强夯置换法、深层搅拌法、高压喷射注浆法、压入桩托换法、注浆法等8种工法的设计、施工、质量检验。内容全面、翔实,可操作性强。

3. 根据深圳地区淤泥层厚度大、分布广的特点,首次提出将碎石、块石填于夯坑中的强夯置换法的复合地基。给出了复合地基承载力标准值、地基处理后变形和压缩模量的估算公式。

4. 该规范颁发施行以来,对地基处理工程的管理、设计、施工和质量检验、环境保护等起到非常显著的效果。有明显的经济效益和社会效益。获得深圳市科学技术进步奖三等奖。

### 四、深圳市标准《深圳地区建筑深基坑支护技术规范》(SJG 05-96)

《深圳地区建筑深基坑支护技术规范》(SJG05-96)是根据深圳市建设局深建字[1994]132号文的要求,由深圳市勘察测绘院、深圳市岩土公司主编,共11个单位参加编制。该规范于1994年7月开始启动,1995年3月完成征求意见稿,在全国和省、市内广泛征求意见,1996年4月完成了送审稿,并通过全国知名专家的审查,修改后形成报批稿。1996年8月7日,深圳市建设局以深建字[1996]209号文批准为强制性地方标准,自1996年12月1日起施行。

本规范经中国技术监督情报研究所用计算机联机检索,未查到和本规范相对应的国标(ISO)及各先进国家的标准,我国国标及部标也没有相对应的标准,它是我国第一本基坑工程方面的技术标准。

该规范有如下特点:

1. 1996年4月24~26日经国内知名专家评审认为:"是一本具有明显地方特色、技术先进、经济合理、安全适用、完整和系统的优秀地方技术标准,是建筑深基坑支护技术标准化的重要成果,其中土钉墙支护技术,支护结构监控标准,邻近荷载对土压力影响的计算方法等内容都是首次列入技术标准。规范的技术内容在总体上达到了国内领先水平。"

2. 该规范总共13章、8个附录,包括岩土勘察、坡率法,排桩支护、钢板桩支护、地下连续墙支护,土钉墙支护,深层搅拌桩支护,锚杆、降水、截水等九种工法的设计、施工、质量检验和监测,内容全面、翔实,可操作性强。

3. 根据基坑安全等级提出了支护结构最大水平位移的允许值,经过近十年的工程实践验证,该限值是合适的,对保证基坑工程安全起到了非常重要的作用。

4. 首次将根据岩土特性、选择和采用合适的边坡坡率、以保证基坑稳定性的方法定名为"坡率法"列入技术标准。此定名获得以后规范的采用,如国家标准《建筑边坡工程技术规范》(GB50330－2002)。

5. 有关排桩、地下连续墙的支护设计,按悬臂、单支点、多支点分别提出了土、水压力、抗隆起稳定、抗渗流稳定、嵌固深度、内力计算及桩身承载力计算,锚杆及支撑设计的计算简图和计算方法,与后续同类规范相比最为详尽,可操作性更强。

6. 将在原位土体中设置土钉墙和混凝土面层的原位土加固土体技术,定名为"土钉墙"列入基坑支护工程,由于它是一种原位土体加固技术,且与基坑开挖同时进行,对于深度不大的基坑,安全、经济、施工工期短,因而这种工法有非常强的生命力。规范所定适用范围为地下水位以上,深度5~12m,但后经工程实践逐步改进,如设置预压力锚杆和微型桩等,将这类"土钉墙"改称为"复合型土钉墙",大大突破了原定适用深度的限制。据不完全统计,全市基坑工程中,可能有80%以上采用土钉墙,或复合土钉墙支护。

7. 该规范颁发施行以来,对建筑基坑工程的管理、质量的检验和监督、保护环境、指导基坑工程的勘察、设计和施工起到非常显著的效果,基本上杜绝了基坑坍塌事故,节约了建设投资,缩短了施工周期,有显著的经济效益和社会效益,在全国同类规范中是一本很有影响的技术标准。经深圳市人民政府组织评审,获得"1999年深圳市科学技术进步奖二等奖"。

## 五、深圳市标准《深圳地区夯扩桩技术规定》(SJG 03－96)

由深圳市建筑设计总院主编,深圳市勘察研究院、深圳市勘察测绘院、深圳市地质局、中国建筑科学研究院深圳分院、深圳市建设基础工程公司参编的《深圳地区夯扩桩技术规定》,于1996年6月28日被深圳市建设局深建字[1996] 180号文件批准为深圳市强制性行业标准,编号SJG03－96,自1996年7月1日起施行。该规定共5章2个附录,对夯扩桩的设计、施工、质量检测与验收等做了具体规定。对单桩竖向承载力标准值的估算、单桩竖向承载力设计值的计算、桩端扩大头直径的估算等给出了具体的计算公式。该规定对统一和规范深圳地区夯扩桩的设计与施工,保证夯扩桩应用在桩基工程中的质量,都起到了重要作用,使其符合技术先进、经济合理、安全可靠的基本要求。本规定适用于深圳地区二、三级建筑桩基安全等级的夯扩桩设计、施工、质量检测与验收。

## 六、深圳市标准《深圳地区基桩质量检测技术规程》(SJG 09－99)

该规程由深圳市建设局技术管理处、深圳市勘察研究院、深圳市工程质量监督检验总站主编,冶金部建筑研究总院、铁道部科学研究院、福田区质检站、"长勘"深圳院、深圳市勘察测绘院、中国建筑科学研究院深圳分院参编。于1999年12月3日由建设局以深建技[1999] 28号文件批准为深圳市强制性地方标准,自2000年1月1日起施行。该规程共8章6个附录,包括静载法、高应变法、低应变法、超声法、钻芯法等。对每种方法的仪器设备、检测工作、检测结果,检测单位的资质、人员、仪器设备以及检测项目、方法和数量、验证检测与扩大抽检、检测报告等都做了具体规定。该规程于2000年获深圳市科技进步三等奖。

# 附 录

# 附录一： 深圳市历次优秀工程勘察评选及获奖项目

| 次数 | 时间、地点 | 评委及专家组 | 获奖等级 | 序号 | 获奖项目 | 获奖单位 |
|---|---|---|---|---|---|---|
| 第一次 | 1989年12月在市府二办召开 | 主任委员：陈义林 副主任委员：黎克强、丁明往、吴书领 工程勘察评审组： 组长：梁炳泉 副组长：姜云龙 组员：魏万信、姜仁贵、刘铁夫 | 一等奖一项 | 1 | 皇岗口岸软基处理工程地质勘察 | 深圳市工程地质勘察公司 |
| | | | 二等奖三项 | 1 | 环宇商场工程地质勘察 | 深圳市勘察测量公司 |
| | | | | 2 | 坪山基地三、四等平面控制及三、四等水准测量 | 深圳市勘察测量公司 |
| | | | | 3 | 华联纺织工业大厦工程地质勘察 | 深圳市工程地质勘察公司 |
| | | | 三等奖一项 | 1 | 南华大厦付楼工程地质勘察 | 深圳市勘察测量公司 |
| 第二次 | 1991年3月在市府二办召开 | 主任委员：陈义林 副主任委员：黎克强、丁明往、吴书领、何新基 工程勘察评审组： 组长：梁炳泉 副组长：姜云龙 组员：魏万信、刘铁夫、高振奎 | 一等奖四项 | 1 | 深圳市火车新客站水文地质勘察 | 深圳市工程地质勘察公司 |
| | | | | 2 | 深圳中国银行国际金融大厦勘察 | 深圳市勘察测量公司 |
| | | | | 3 | 深圳蛇口工业区控制测量 | 深圳市勘察测量公司 |
| | | | | 4 | 深圳前后海蚝田1:1000测量 | 长沙勘察院深圳分院 |
| | | | 二等奖三项 | 1 | 深圳湖北宝丰大厦工程地质勘察 | 深圳市勘察测量公司 |
| | | | | 2 | 深圳市深南路与皇岗路立交桥工程地质勘察 | 深圳市勘察测量公司 |
| | | | | 3 | 深圳福田开发区工程地质勘察 | 深圳地质勘探开发公司 |
| | | | 三等奖三项 | 1 | 深圳文锦大厦工程地质勘察 | 深圳市勘察测量公司 |
| | | | | 2 | 深圳南山区南村1:1000地形测量 | 深圳市勘察测量公司 |
| | | | | 3 | 沙河华侨农厂1:1000土地管理专用地形图测量 | 长沙勘察院深圳分院 |
| | | | 表扬奖一项 | 1 | 深圳东方皇宫大厦工程地质勘察 | 深圳市工程地质勘察公司 |
| 第三次 | 1992年12月在盐田海关干休所召开 | 主任委员：何家琨 副主任委员：黎克强、颜松悦、姚玉珍 工程勘察评审组： 组长：梁炳泉 成员：魏万信、管文义、高振奎、庄学正、肖建业 | 一等奖三项 | 1 | 深圳火车站新客站房工程地质勘察 | 有色总公司长沙勘察院深圳分院 |
| | | | | 2 | 深圳市福田保税区东部软基加固处理工程地质勘察 | 深圳市工程地质勘察公司 |
| | | | | 3 | 深圳市邮政大厦工程地质勘察 | 深圳市勘察测量公司 |
| | | | 二等奖三项 | 1 | 深圳机场候机楼工程地质勘察 | 深圳市工程地质勘察公司 |
| | | | | 2 | 深圳市海富花园中海大厦工程地质勘察 | 有色总公司长沙勘察院深圳分院 |
| | | | | 3 | 深圳市雅园立交1:500地形测量 | 深圳市勘察测量公司 |
| | | | 三等奖五项 | 1 | 深圳电子科技工业大厦勘察 | 深圳市工程地质勘察公司 |
| | | | | 2 | 深圳市华侨城海景大厦勘察 | 深圳市工程地质勘察公司 |
| | | | | 3 | 深圳市布心小区市政工程1:500带状地形测量 | 有色总公司长沙勘察院深圳分院 |
| | | | | 4 | 深圳市轻便铁路（宝安段）1:1000带状地形测量 | 深圳市勘察测量公司 |
| | | | | 5 | 深圳市南山区南头1:1000地形测量 | 有色总公司长沙勘察院深圳分院 |
| 第四次 | 1993年12月1~4日在深圳大学粤海门客舍举行 | 主任委员：何家琨 副主任委员：黎克强、颜松悦、支国桢、姚玉珍、江庆年 | 一等奖三项 | 1 | 海丽大厦工程地质勘察 | 中国有色金属工业长沙勘察院深圳分院 |
| | | | | 2 | 深圳荔都大厦详勘 | 深圳市勘察测量公司 |
| | | | | 3 | 桑达大厦工程地质勘察 | 深圳市工程地质勘察公司 |
| | | | 二等奖五项 | 1 | 深圳市海燕大厦详勘 | 深圳市勘察测量公司 |
| | | | | 2 | 深圳机场航管楼工程地质勘察 | 深圳市工程地质勘察公司 |
| | | | | 3 | 中粮外运综合大楼工程地质勘察 | 中国有色金属工业长沙勘察院深圳分院 |
| | | | | 4 | 梅林联检站及梅龙公路1:500地形测量 | 深圳市勘察测量公司 |
| | | | | 5 | 深圳市轻轨联检站至机场1:1000带状地形图（机场部分） | 深圳市工程地质勘察公司 |

续表

| 次数 | 时间、地点 | 评委及专家组 | 获奖等级 | 序号 | 获奖项目 | 获奖单位 |
|---|---|---|---|---|---|---|
| 第四次 | 1993年12月1~4日在深圳大学粤海门客舍举行 | 工程勘察评审组：组长：李伟然（深圳市建设局）、郑於文 成员：魏万信、管文义、高振奎、庄学正、肖建业、刘铁夫、戴运祥 | 三等奖六项 | 1 | 深圳市罗湖口岸交通楼详勘 | 深圳市勘察测量公司 |
| | | | | 2 | 深圳市东湖大厦详勘 | 深圳市勘察测量公司 |
| | | | | 3 | 东方大厦工程地质勘察 | 深圳市工程地质勘察公司 |
| | | | | 4 | 春风路立交桥1:500地形测量 | 深圳市勘察测量公司 |
| | | | | 5 | 龙华镇一级导线测量及龙华坐标系改为深圳市独立坐标系 | 中国有色金属工业长沙勘察院深圳分院 |
| | | | | 6 | 嘉宾大厦A座沉降观测 | 中国有色金属工业长沙勘察院深圳分院 |
| | | | 表扬奖三项 | 1 | 深圳市福田房地产开发公司高层商住楼勘察 | 深圳市勘察测量公司 |
| | | | | 2 | 西丽水库库区1:2000地形测量 | 深圳市勘察测量公司 |
| | | | | 3 | 深圳机场候机楼生活区工程地质勘察 | 深圳地质勘探开发公司 |
| 第五次 | 1994年12月5~8日在盐田海关干休所召开 | 主任委员：颜松悦 副主任委员：江庆年、支国桢、李世华、赵维国 工程勘察评审组：组长：刘铁夫 组员：何维新、郑於文、肖建业、李伟然、管文义、李荣强、魏万信、高振奎 | 一等奖四项 | 1 | 笔架山河加盖工程勘察 | 中国有色金属工业长沙勘察院深圳分院 |
| | | | | 2 | 福星大厦详勘 | 深圳市勘察研究院 |
| | | | | 3 | 深圳市雅园立交工程勘察 | 深圳市勘察测绘院 |
| | | | | 4 | 珠海国际赛车场测量 | 深圳市勘察测绘院 |
| | | | 二等奖五项 | 1 | 深圳市动植物检疫所住宅、办公楼场地勘察 | 深圳市勘察测绘院 |
| | | | | 2 | 东乐大厦详勘 | 深圳市勘察研究院 |
| | | | | 3 | 动植物检疫所职工培训楼勘察 | 中国有色金属工业长沙勘察院深圳分院 |
| | | | | 4 | 深圳市1:1000基本地形图测量 | 中国有色金属工业长沙勘察院深圳分院 |
| | | | | 5 | 华民大厦勘察 | 中国有色金属工业长沙勘察院深圳分院 |
| | | | 三等奖十一项 | 1 | 丰田汽车维修厂勘察 | 中国有色金属工业长沙勘察院深圳分院 |
| | | | | 2 | 深大电话中心详勘 | 深圳市勘察研究院 |
| | | | | 3 | 宝安县建委大厦勘察 | 中国有色金属工业长沙勘察院深圳分院 |
| | | | | 4 | 华侨城汕头街高层公寓勘察 | 深圳市勘察测绘院 |
| | | | | 5 | 华侨城光侨街1号大厦勘察 | 中国有色金属工业长沙勘察院深圳分院 |
| | | | | 6 | 海王大厦工程地质勘察 | 中国建筑西南勘察研究院深圳分院 |
| | | | | 7 | 福田B118-25、26地块工程地质勘察 | 中国建筑西南勘察研究院深圳分院 |
| | | | | 8 | 深圳市建筑艺术设计展览综合楼勘察 | 深圳市勘察测绘院 |
| | | | | 9 | 市卫生局住宅楼沉降倾斜观测 | 中国有色金属工业总公司长沙勘察院深圳分院 |
| | | | | 10 | 上沙村1:500地形测量 | 深圳市勘察研究院 |
| | | | | 11 | 宝安县工程测量 | 华东勘测设计院深圳宝安院 |
| | | | 表扬奖三项 | 1 | 峰景台大厦勘察 | 中国有色金属工业总公司长沙勘察院深圳分院 |
| | | | | 2 | 华日综合楼勘察 | 中国有色金属工业总公司长沙勘察院深圳分院 |
| | | | | 3 | 深圳市燃气—蒸汽循环电站工程勘察 | 深圳地质勘探开发公司 |
| 第六次 | 1996年1月22~25日在小梅沙海客山庄建设局培训中心进行 | 主任委员：颜松悦 副主任委员：支国桢、李世华、赵维国、高 泉、江庆年 | 一等奖三项 | 1 | 福建大厦工程勘察 | 深圳市勘察研究院 |
| | | | | 2 | 治理深圳河一期测量 | 深圳市勘察测绘院 |
| | | | | 3 | 市体育馆体育场地勘察 | 中国有色工业总公司长沙勘察院深圳分院 |
| | | | 二等奖五项 | 1 | 金田大厦工程勘察 | 深圳市勘察研究院 |
| | | | | 2 | 梅龙公路详勘 | 深圳市勘察测绘院 |
| | | | | 3 | 景田小区1:1000基本图修测 | 深圳市勘察测绘院 |
| | | | | 4 | 天安国际大厦工程勘察 | 中国有色工业总公司长沙勘察院深圳分院 |
| | | | | 5 | 市爱联乡房地产测量 | 中国有色工业总公司长沙勘察院深圳分院 |

续表

| 次数 | 时间、地点 | 评委及专家组 | 获奖等级 | 序号 | 获奖项目 | 获奖单位 |
|---|---|---|---|---|---|---|
| 第六次 | | 工程勘察评审组：<br>组长：高泉<br>组员：刘铁夫、郑於文、何维新、肖建业、李伟然、管文义、李荣强、高振奎 | 三等奖七项 | 1 | 深纺大厦工程勘察 | 深圳市勘察研究院 |
| | | | | 2 | 布吉镇1:1000地形测量 | 深圳市勘察研究院 |
| | | | | 3 | 深勘大厦详勘 | 深圳市勘察测绘院 |
| | | | | 4 | 南海商业中心详勘 | 深圳市勘察测绘院 |
| | | | | 5 | 深圳市银湖长途汽车站工程勘察 | 中国有色工业总公司长沙勘察院深圳分院 |
| | | | | 6 | 深圳市1:1000地形图测量 | 中国有色工业总公司长沙勘察院深圳分院 |
| | | | | 7 | 国企大厦工程勘察 | 中国建筑西南勘察研究院深圳分院 |
| | | | 表扬奖四项 | 1 | 市国际人才培训中心及海连大厦工程勘察 | 深圳市勘察研究院 |
| | | | | 2 | 龙岗区坑梓镇、坪地镇1:1000地形测量 | 深圳市水利规划设计院 |
| | | | | 3 | 中银花园基坑支护工程 | 深圳市岩土工程公司 |
| | | | | 4 | 南山中心区2B地块商住楼工程勘察 | 中国建筑西南勘察研究院深圳分院 |
| 第七次 | 1997年元月20~23日在深圳市迎宾馆翠湖楼召开 | 主任委员：颜松悦<br>副主任委员：支国桢、黄英燧、王幼鹏、高泉<br>勘察组：<br>组长：高泉<br>副组长：刘铁夫<br>组员：郑於文、李荣强、何维新、尹德潜、赵利生、管文义、杨瑞清、王如山 | 一等奖一项 | 1 | 深圳市南山区西丽测区1:1000地形图测量 | 深圳市勘察研究院 |
| | | | 二等奖六项 | 1 | 深圳特区内1:1000地形图测量 | 中国有色工业总公司长沙勘察院深圳分院 |
| | | | | 2 | 罗湖湖贝综合楼工程勘察 | 中国有色工业总公司长沙勘察院深圳分院 |
| | | | | 3 | 深圳市华联纺织工业区C区二期工程勘察 | 深圳市勘察研究院 |
| | | | | 4 | 北环大道深云立交工程详勘 | 深圳市勘察测绘院 |
| | | | | 5 | 深圳泰宁花园高层住宅详勘 | 深圳市勘察测绘院 |
| | | | | 6 | 深圳市西丽测区1:1000数字化测量 | 深圳市勘察测绘院 |
| | | | 三等奖四项 | 1 | 深圳市福莲花园工程勘察 | 深圳市勘察研究院 |
| | | | | 2 | 深圳发展银行大厦详勘 | 深圳市勘察测绘院 |
| | | | | 3 | 深圳市宝安区楼村果场1:1000地形测量 | 深圳市勘察测绘院 |
| | | | | 4 | 深圳市罗湖小区雨水管道调查测量 | 深圳市水利规划设计院 |
| | | | 表扬奖四项 | 1 | 南山商业大厦基坑测量 | 长沙勘察院深圳院 |
| | | | | 2 | 深圳龙岗区检察院办公楼工程勘察 | 深圳市龙岗地质技术开发公司 |
| | | | | 3 | 深圳市成业冷冻有限公司冷冻库工程勘察 | 深圳地质勘探开发公司 |
| | | | | 4 | 深圳艺丰广场沉降观测 | 深圳市勘察研究院 |
| 第八次 | 1998年10月26~30日在小梅沙海客山庄召开 | 评审委员会主任：支国桢<br>副主任：颜松悦、黄英燧、王彦深<br>秘书长：刘铁夫<br>副秘书长：张伟仪 | 一等奖三项 | 1 | 福田保税区STS工程（意发微电子厂）厂房地基处理施工方案 | 深圳市特浩建设基础工程有限公司 |
| | | | | 2 | 五洲宾馆岩土工程勘察 | 深圳市勘察研究院 |
| | | | | 3 | 深圳市城市测量控制网改造工程 | 深圳市勘察测绘院 |
| | | | 二等奖七项 | 1 | 东部供水水源工程控制测量 | 深圳市水利规划设计院 |
| | | | | 2 | 深圳市武警六支队老虎坳滑坡工程勘察 | 中国有色金属工业长沙勘察院深圳院 |
| | | | | 3 | 西丽水库扩建工程地质勘察 | 深圳市水利规划设计院 |
| | | | | 4 | 罗湖水贝测区地下管线探测 | 深圳市勘察研究院 |
| | | | | 5 | 国际文化大厦基坑支护 | 深圳市岩土工程公司 |
| | | | | 6 | 京隆苑基坑边坡支护设计与施工 | 深圳市勘察研究院 |
| | | | | 7 | 南山区政府第二办公楼岩土工程勘察 | 中国建筑西南勘察研究院 |

续表

| 次数 | 时间、地点 | 评委及专家组 | 获奖等级 | 序号 | 获奖项目 | 获奖单位 |
|---|---|---|---|---|---|---|
| 第八次 | | 工程勘察评审组：组长：刘铁夫 副组长：郑於文 评委：魏万信、刘伏秋、林旭光、曾德清、张旷成、于济民、丁向阳、徐军、王如山、曾联斌 | 三等奖十二项 | 1 | 深圳市1:1000地形图数字化测绘 | 中国有色金属工业长沙勘察院深圳院 |
| | | | | 2 | 华厦新城D座岩土工程勘察 | 中建西南勘察院 |
| | | | | 3 | 东方半岛花园地基强夯置换 | 深圳市龙岗地质技术开发公司 |
| | | | | 4 | 深圳市地下管线探测 | 长沙勘察院深圳院 |
| | | | | 5 | 中电信国际商贸仓储大厦岩土工程勘察 | 深圳市勘察研究院 |
| | | | | 6 | 深圳市污水排海海底管线工程地质勘察 | 中国有色金属工业长沙勘察院深圳院 |
| | | | | 7 | 深大附中强夯置换 | 深圳市岩土工程公司 |
| | | | | 8 | 罗芳气化站边坡工程地质勘察 | 深圳市勘察测绘院 |
| | | | | 9 | 宝安区创业路与广深路立交桥岩土工程勘察 | 深圳市勘察研究院 |
| | | | | 10 | 粮食储备仓库工程勘察 | 深圳市勘察测绘院 |
| | | | | 11 | 深圳青岛啤酒有限公司拟建厂房岩土工程勘察 | 深圳市地质勘探开发公司 |
| | | | | 12 | 石岩镇捷和工业城地基强夯加固设计与施工 | 深圳市工勘岩土工程有限公司 |
| 第九次 | 2000年11月13～17日在小梅沙海客山庄召开 | 评审委员会主任：邹国华 副主任：支国桢、黄英燧、王彦深 秘书长：刘铁夫 副秘书长：郑於文 工程勘测评审组：组长：刘铁夫 副组长：郑於文 组员：林旭光、刘官熙、曾德清、何维新、常璐、黄明年、全科政、赵利生、王如山、曾联斌 | 一等奖六项 | 1 | 滨海大道线路（海堤道路）详勘 | 深圳市勘察测绘院 |
| | | | | 2 | 深圳市盐田港二期工程1#泥塘中心区雷达探测 | 深圳市大升高科技工程有限公司 |
| | | | | 3 | 深圳市赛格广场岩土工程勘察 | 深圳市勘察研究院 |
| | | | | 4 | 华为龙岗机械加工中心场地强夯地基设计与施工 | 深圳市协鹏工程勘察有限公司 |
| | | | | 5 | 治理深圳河第三期工程地形测量 | 深圳市勘察测绘院 |
| | | | | 6 | 深圳市盐田地籍调查和建立地籍调查管理系统 | 深圳市勘察研究院 |
| | | | 二等奖九项 | 1 | 金城大厦岩土工程勘察 | 中国建筑西南勘察院 |
| | | | | 2 | 中海华庭岩土工程勘察 | 中国建筑西南勘察院 |
| | | | | 3 | 深圳国际会议中心（一期）详勘 | 深圳市勘察测绘院 |
| | | | | 4 | 深圳市鸿昌广场岩土工程勘察 | 深圳市勘察研究院 |
| | | | | 5 | 赛格人厦基坑支护工程设计 | 冶金部建筑研究院深圳院 |
| | | | | 6 | 深圳市香蜜湖至大沙河测区地下管线探测 | 长沙勘察院深圳院 |
| | | | | 7 | 深圳市供水网络干线工程控制测量 | 深圳市水利规划设计院 |
| | | | | 8 | 深圳市下沙村等行政村红线内外私人建筑现状调查 | 深圳市勘察研究院 |
| | | | | 9 | 深圳市行政区域界线勘界测绘 | 深圳市勘察测绘院 |
| | | | 三等奖十九项 | 1 | 香榭里花园工程地质勘察 | 长沙勘察院深圳院 |
| | | | | 2 | 龙岗镇政府大楼工程地质勘察 | 长沙勘察院深圳院 |
| | | | | 3 | 大连市自来水公司漏水调查工程 | 深圳市大升高科技工程有限公司 |
| | | | | 4 | 深圳市中心医院详勘 | 深圳市勘察测绘院 |
| | | | | 5 | 蛇口招商局桂园四期住宅岩土工程勘察 | 深圳蛇口华力工程有限公司 |
| | | | | 6 | 深圳妇女儿童活动中心岩土工程勘察 | 深圳地质建设工程公司 |
| | | | | 7 | 深圳市供水水源工程平湖—松子坑段工程地质勘察 | 深圳市水利规划设计院 |

| 次数 | 时间、地点 | 评委及专家组 | 获奖等级 | 序号 | 获奖项目 | 获奖单位 |
|---|---|---|---|---|---|---|
| 第九次 | 2000年11月13~17日在小梅沙海客山庄召开 | 评审委员会主任：邹国华<br>副主任：支国桢、黄英燧、王彦深<br>秘书长：刘铁夫<br>副秘书长：郑於文<br><br>工程勘测评审组：<br>组长：刘铁夫<br>副组长：郑於文<br>组员：林旭光、刘官熙、曾德清、何维新、常璐、黄明年、全科政、赵利生、王如山、曾联斌 | 三等奖十九项 | 8 | 深圳九龙海关一院住宅大楼勘察 | 深圳市龙岗地质技术开发公司 |
| | | | | 9 | 深圳市福景花园岩土工程勘察 | 深圳市勘察研究院 |
| | | | | 10 | 加福住宅楼场地岩土工程详勘 | 市协鹏工程勘察公司 |
| | | | | 11 | 爱普生技术（深圳）有限公司新工厂拟建场地工程地质勘察 | 市协鹏工程勘察公司 |
| | | | | 12 | 东海花园工程地质勘察 | 深圳华兴茂设计公司 |
| | | | | 13 | 创世纪滨海花园二期基坑支护 | 深圳市岩土工程公司 |
| | | | | 14 | 华为龙岗单身公寓场地地基处理——强夯设计与施工 | 深圳市勘察研究院 |
| | | | | 15 | 深圳市利联广场基坑支护工程 | 深圳市工勘岩土工程有限公司 |
| | | | | 16 | 龙岗区横岗六约新兴丝花厂厂房深层搅拌桩地基加固设计与施工 | 深圳市协鹏工程勘察有限公司 |
| | | | | 17 | 龙岗区（横岗测区）1:1000数字化地形图修测 | 长沙勘察院深圳院 |
| | | | | 18 | 深圳市（97）福田区1:1000数字化地形图修测 | 深圳市水利规划设计院 |
| | | | | 19 | 深圳市（98）南山区1:1000地形图数字化修测 | 深圳市勘察研究院 |
| 第十次 | 2003年1月3~7日在深圳市山水宾馆召开 | 评审委员会主任：王芃<br>副主任：许重光、谢建民、郁万钧、何家琨<br>秘书长：李台然<br>副秘书长：张宇星、张一莉、顾汇达<br><br>工程勘察评审组：<br>组长：魏万信<br>成员：张镇、邓文龙、彭元生、林旭光 | 一等奖四项 | 1 | 赛格群星广场岩土工程勘察 | 深圳市勘察研究院 |
| | | | | 2 | 广业大厦岩土工程勘察 | 深圳市岩土工程公司 |
| | | | | 3 | 深圳市天健集团香蜜三村5栋深基坑支护工程设计 | 深圳地质建设工程公司 |
| | | | | 4 | 深圳市皇岗路改造及过境货运通道工程梅观路改造工程测量 | 深圳市勘察测绘院 |
| | | | 二等奖十项 | 1 | 共和世家岩土工程勘察 | 深圳市长勘勘察设计有限公司 |
| | | | | 2 | 广州自来水管道漏水调查 | 深圳市大升高科技工程有限公司 |
| | | | | 3 | 深圳市华为技术有限公司坂田电气中心岩土工程勘察 | 深圳市协鹏工程勘察有限公司 |
| | | | | 4 | 深圳市观澜、龙华地区隐伏岩溶及富水断裂水文地质勘察 | 深圳市勘察测绘院 |
| | | | | 5 | 华侨城锦绣苑会所地下室抗浮锚杆设计 | 深圳市工勘岩土工程有限公司 |
| | | | | 6 | 深圳市市民中心基坑支护工程设计 | 深圳市岩土工程公司 |
| | | | | 7 | 长城畔山花园基坑支护工程设计 | 冶金部建筑研究总院 |
| | | | | 8 | 深圳华为电气中心土方及强夯工程设计 | 深圳市特皓建设基础工程有限公司 |
| | | | | 9 | 2001年南山区1:1000数字化地形图动态修测 | 深圳市勘察研究院 |
| | | | | 10 | 港湾大道地基处理施工监测 | 深圳市长勘勘察设计有限公司 |
| | | | 三等奖二十八项 | 1 | 葵涌盐灶水库地勘工程 | 深圳市水利规划设计院 |
| | | | | 2 | 西乡镇福永镇供水水文地勘工程 | 深圳市水利规划设计院 |
| | | | | 3 | 九运会自行车场馆岩土工程勘察 | 深圳市龙岗地质技术开发公司 |
| | | | | 4 | 深圳地铁天岗区间建筑基础结构轮廓无损探测 | 深圳市大升高科技工程有限公司 |
| | | | | 5 | 珠海三灶科技工业园填土工程探地雷达检测 | 深圳市大升高科技工程有限公司 |

续表

| 次 数 | 时间、地点 | 评委及专家组 | 获奖等级 | 序号 | 获 奖 项 目 | 获 奖 单 位 |
|---|---|---|---|---|---|---|
| 第十次 | 2003年1月3~7日在深圳市山水宾馆召开 | 岩土工程评审组：<br>组长：张旷成<br>成员：周洪涛、武 威、刘都义、常 璐<br>工程测量评审组：<br>组长：时晓燕<br>成员：杨沾吉、王双龙、方门福、王如山 | 三等奖二十八项 | 6 | 招商名府花园场地详细岩土工程勘察 | 深圳蛇口华力工程有限公司 |
| | | | | 7 | 彩田商住中心（彩天名苑）勘察 | 深圳市勘察研究院 |
| | | | | 8 | 和记黄埔（一期）岩土工程勘察 | 深圳市长勘勘察设计有限公司 |
| | | | | 9 | 嘉汇新城岩土工程勘察 | 深圳市长勘勘察设计有限公司 |
| | | | | 10 | 益田花园D区岩土工程勘察 | 中国建筑西南勘察研究院 |
| | | | | 11 | 华为技术有限公司（四期）科研/行政中心详勘 | 深圳市勘察测绘院 |
| | | | | 12 | （市龙岗区环保局）龙岗区环保监测大厦详勘 | 深圳市勘察测绘院 |
| | | | | 13 | 深圳市蛇口南海怡苑场地岩土工程详细勘察 | 深圳市协鹏工程勘察有限公司 |
| | | | | 14 | 星海名城七、八组团基坑支护工程设计 | 深圳市特皓建设基础工程有限公司 |
| | | | | 15 | 后海名苑居地基加固工程设计 | 深圳市勘察研究院 |
| | | | | 16 | 皇达花园基坑支护设计 | 中国建筑西南勘察研究院 |
| | | | | 17 | 深圳湾花园基坑支护设计 | 深圳市岩土工程公司 |
| | | | | 18 | 中国移动江胜大厦基坑支护设计 | 深圳市岩土工程公司 |
| | | | | 19 | 深圳世界之窗舞台改建深基坑设计 | 深圳市工勘岩土工程有限公司 |
| | | | | 20 | 深圳市全海花园基坑支护工程设计 | 深圳市勘察测绘院 |
| | | | | 21 | 深圳市后海路软基处理工程设计 | 深圳市勘察测绘院 |
| | | | | 22 | 海月花园二期用地填海造地及软基处理工程设计 | 深圳市协鹏工程勘察有限公司 |
| | | | | 23 | 南山蛇口测区电信管线断面详查 | 深圳市勘察研究院 |
| | | | | 24 | 梧桐岭索道基础检测 | 深圳市长勘勘察设计有限公司 |
| | | | | 25 | 大工业区一级导线网（GPS）控制测量（北片区） | 深圳市水利规划设计院 |
| | | | | 26 | 深圳河定期测量及底泥采样化验项目 | 深圳市勘察测绘院 |
| | | | | 27 | 107国道旧路改造二期1:500数字化地形测量 | 深圳市龙岗地质技术开发公司 |
| | | | | 28 | 岭澳核电站一期竣工地形图测量 | 深圳市勘察测绘院 |
| 第十一次 | 2004年12月6~9日在云海山庄召开 | 评审委员会主任：王 芃<br>副主任：洪海灵、许重光、赵鹏林、何家琨<br>评委：徐忠平、薛 峰、朱廷峰、王玉国、陆士忠、吕 迪、王幼鹏、顾汇达、陶美泉<br>秘书长：邵亦飞<br>副秘书长：李台然<br>秘书处：张宇星、张一莉、郑 毅 | 一等奖四项 | 1 | 深圳水库流域污水截排工程勘察 | 深圳市勘察测绘院 |
| | | | | 2 | 深圳市彩田小区岩土工程勘察 | 深圳市勘察研究院 |
| | | | | 3 | 深圳市宝安新中心区裕安路动力排水固结软基加固设计 | 深圳市勘察测绘院<br>深圳市岩土工程公司 |
| | | | | 4 | 深圳湾公路大桥工程首级控制网测量 | 深圳市勘察测绘院 |
| | | | 二等奖十一项 | 1 | 海月花园二期2号地块详细岩土工程勘察 | 深圳蛇口华力工程有限公司 |
| | | | | 2 | 园博会边坡整治工程勘察 | 深圳市勘察测绘院 |
| | | | | 3 | 东莞市鸿福路跨河桥岩土勘察 | 深圳市长勘勘察设计有限公司 |
| | | | | 4 | 江门文昌沙水质净化厂长堤集污渠探地雷达检测 | 深圳市大升高科技工程有限公司 |
| | | | | 5 | 漾日湾畔岩土工程勘察 | 深圳市协鹏工程勘察有限公司 |
| | | | | 6 | 深圳会议展览中心基坑支护工程 | 深圳地质建设工程公司 |
| | | | | 7 | 深圳新银座深基坑支护工程 | 深圳市工勘岩土工程有限公司 |
| | | | | 8 | 罗湖区司法综合大楼深基坑支护工程设计 | 深圳市工勘岩土工程有限公司 |

续表

| 次数 | 时间、地点 | 评委及专家组 | 获奖等级 | 序号 | 获 奖 项 目 | 获 奖 单 位 |
|---|---|---|---|---|---|---|
| 第十一次 | 2004年12月6~9日在云海山庄召开 | 工程勘察专家组：<br>组长：张旷成<br>副组长：魏万信<br><br>勘察评审组：<br>张文华、魏万信、邓文龙、彭元生、林旭光<br>岩土设计评审组：<br>周洪涛、张旷成、唐越、金亚兵、江辉煌<br>测绘评审组：<br>王双龙、方门福、梁纯洁 | 二等奖十一项 | 9 | 深圳市（15测区）2003年地下管线修补测工程 | 深圳市勘察研究院 |
| | | | | 10 | 深圳市2003年地下管线17（南山）测区修补测工程 | 深圳市长勘勘察设计有限公司 |
| | | | | 11 | 广东LNG站线项目输气干线工程大中型河流勘察工作工程测量 | 深圳市勘察研究院 |
| | | | 三等奖十项 | 1 | 国际商会大厦岩土工程勘察 | 深圳市长勘勘察设计有限公司 |
| | | | | 2 | 深圳市机荷高速公路K36+360-K36+650段滑坡工程地质勘察 | 深圳市大升高科技工程有限公司 |
| | | | | 3 | 水官高速公路文化城详细阶段工程勘察 | 深圳市岩土工程公司 |
| | | | | 4 | 深圳市机场海堤加固工程地质勘察 | 深圳水利规划设计院 |
| | | | | 5 | 深圳市沙河世纪村三期基坑支护工程 | 深圳地质建设工程公司 |
| | | | | 6 | 深圳新世界中心深基坑支护工程设计 | 深圳市工勘岩土工程有限公司 |
| | | | | 7 | 深圳市2003年地下管线修补测工程14测区 | 深圳市勘察测绘院 |
| | | | | 8 | 后海填海市政工程测量 | 深圳市勘察研究院 |
| | | | | 9 | 茜坑水库水下地形测量及影像图制作工程 | 深圳水利规划设计院 |
| | | | | 10 | 深圳地铁一期工程一号线罗湖站地下综合管线复测 | 深圳市大升高科技工程有限公司 |
| | | | 表扬奖七项 | 1 | 东莞观澜湖高尔夫球会会所岩土工程勘察 | 深圳市大升高科技工程有限公司 |
| | | | | 2 | 蛇口海上世界填海工程岩土工程勘察 | 深圳蛇口华力工程有限公司 |
| | | | | 3 | 金港豪庭岩土工程勘察 | 中国建筑西南勘察设计研究院 |
| | | | | 4 | 安岚苑加筋土挡墙边坡支护 | 中建西南勘察设计研究院 |
| | | | | 5 | 九州创展大厦基坑支护工程设计 | 深圳市岩土工程公司 |
| | | | | 6 | 深圳市宝安区2003年度数字化地形图修测（松岗、沙井） | 深圳市勘察研究院 |
| | | | | 7 | 2003年深圳市大工业区（坑梓测区）1:1000数字化地形图动态修测 | 深圳市勘察测绘院 |

# 附录二：深圳市工程勘察单位历届党、政领导及总工程师名录

## 一、深圳市勘察研究院历届党政领导总工程师

| 届别 | 职务 | 姓名 | 任职时间 |
|---|---|---|---|
| 第一届 | 总经理 | 王振辉 | 1983.12~1990.12 |
| | 书记 | 李世根 | 1987.08~1988.02 |
| | | 黄先贞 | 1988.03~1990.08 |
| | 总工程师 | 梁炳泉 | 1984.12~1987.05 |
| | | 康镇江 | 1987.06~1990.12 |
| 第二届 | 院长 | 杨仁明 | 1990.12~2003.12 |
| | 书记 | 朱荣根 | 1990.09~2003.12 |
| | 总工程师 | 康镇江 | 1990.12~1994.07 |
| | | 李荣强 | 1994.08~2002.07 |
| 第三届 | 董事长 | 杨仁明 | 2004.1至今 |
| | 总经理 | 张健康 | 2004.1至今 |
| | 书记 | 朱荣根 | 2004.1至今 |
| | 总工程师 | 邓文龙 | 2004.01~2005.04 |
| | | 周洪涛 | 2005.05至今 |

## 二、深圳市勘察测绘院历届党政领导总工程师

| 届别 | 职务 | 姓名 | 任职时间 |
|---|---|---|---|
| 第一届 | 经理 | 卢世然 | 1982~1989 |
| | 代经理 | 周长瑚 | 1989~1990 |
| | 书记 | 姚俊峰 | 1986~1990 |
| | 总工程师 | 姜云龙 | 1982~1990 |
| 第二届 | 经理（院长） | 吴照荣 | 1990~1999 |
| | 书记 | 吴照荣 | 1990~1999 |
| | 总工程师 | 李伟然 | 1995~1999 |
| 第三届 | 院长（经理） | 田玉山 | 1999~2005 |
| | 书记 | 田玉山 | 1999~2004 |
| | 书记 | 雷振行 | 2004~2005 |
| | 总工程师 | 丘建金 | 2000~2005 |

## 三、深圳市岩土工程公司历届党政领导总工程师

| 职务 | 姓名 | 任职时间 |
|---|---|---|
| 总经理 | 曹云 | 1988~1990 |
| | 周长瑚 | 1990~1991.01 |
| | 张镇 | 1991.01~1991.10 |
| | 谭光汉 | 1991~1994 |
| | 丘建金 | 1995~1997 |
| | 许宏 | 1998~1999 |
| | 曾庆义 | 2000~2001 |
| | 雷振行 | 2001~2002 |
| | 温科伟 | 2002~ |
| 书记 | 李建武 | 2002~ |
| 总工程师 | 冯遗兴 | 1990~1994 |
| | 盛桂山 | 1995~1997 |
| | 温科伟 | 1998~2001 |
| | 张镇 | 2001~2003 |
| | 李爱国 | 2003~2004 |
| | 吴传清 | 2004~ |

## 四、深圳市工勘岩土工程有限公司历届党政领导总工程师

| 职务 | 姓名 | 任职时间 |
|---|---|---|
| 董事长 | 李荣强 | 1996.3~2002.10 |
| | 朱荣根 | 2002.11~2004.3 |
| | 梁振球 | 2004.4至今 |
| 总经理 | 黄岫峰 | 1991.10~1995.5 |
| | 崔怀彪 | 1995.6~1996.3 |
| | 黄明年 | 1996.4~1996.10 |
| | 李必文 | 1996.10~1997.7 |
| | 胡景文 | 1997.7~1999.4 |
| | 徐金台 | 1999.5~2004.8 |
| | 丁国贵 | 2004.9~ |
| 书记 | 巫资硕 | 1991.10~1996.3 |
| | 李必文 | 1996.4~1997.10 |
| | 蒋笃恒 | 1997.7至今 |
| 总工程师 | 沈孝宇 | 1991.10~1993.8 |
| | 张凤均 | 1993.8~1997.9 |
| | 黄明年 | 1997.10~1998.10 |
| | 黄力平 | 1998.11~1999.4 |
| | 徐金台 | 1999.4~2000.4 |
| | 刘小敏 | 2000.5~2002.5 |
| | 周洪涛 | 2002.6~2003.5 |
| | 王贤能 | 2003.6至今 |

## 五、深圳市协鹏工程勘察有限公司历届党政领导总工程师

| 职务 | 姓名 | 任职时间 |
|---|---|---|
| 董事长 | 何家琨 | 1995.11~2001.4 |
| | 刘官熙 | 2001.4~ |
| 总经理 | 王振辉 | 1995.11~ |
| 总工程师 | 林尚泉 | 1995.11~1997.8 |
| | 唐越 | 2001.4~ |

## 六、深圳地质建设工程公司历届党政领导总工程师

| 职务 | 姓名 | 任职期 |
|---|---|---|
| 深圳市地质局局长 | 张茂德 | 1983.12~1984.12 |
| | 杨传耕 | 1988.6~1989.1 |
| | 徐绍史 | 1992.12~1993.9 |
| 深圳地质建设工程公司总经理 | 蔡炳成 | 1988.3~1992.5 |
| | 谢荣忠 | 1992.5~2004.5 |
| | 阮文波 | 2004.5~ |
| 书记 | 胡昌永 | 1981.3~1984.3 |
| | 徐绍史 | 1992.12~1993.9 |
| 总工程师 | 周德雨 | 1981~1988 |
| | 周钦安 | 1989~1996 |
| | 谭泽斌 | 1997~2005 |

## 七、深圳市长勘勘察设计有限公司历届党政领导总工程师

| 职务 | 姓名 | 任职期 |
|---|---|---|
| 院　长 | 高振奎 | 1982～1998.7 |
|  | 张建民 | 1998.7至今 |
| 书　记 | 高振奎 | 1988～1998.7 |
|  | 左启连 | 1999～2001 |
|  | 阳跃进 | 2001至今 |
| 总工程师 | 高振奎 | 1988～1998.7 |
|  | 杨瑞清 | 1998～2001 |
|  | 彭元生 | 2001至今 |

## 八、深圳市大升高科技工程有限公司历届党政领导总工程师

| 职务 | 姓名 | 任职期 |
|---|---|---|
| 法人代表 | 姜育恒 | 1993.2～1998.1 |
|  | 徐之浩 | 1998.2～2000.4 |
|  | 巢民强 | 2000.5至今 |
| 总工程师 | 姜育恒 | 1993.2～1998.1 |
|  | 陈林洲 | 1998.2～2000.3 |
|  | 林旭光 | 2000.3至今 |

## 九、中国建筑西南勘察设计研究院深圳分院历届党政领导总工程师

| 职务 | 姓名 | 任职时间 |
|---|---|---|
| 院　长 | 张绳先 | 1982～1983 |
|  | 张作精 | 1983～1984 |
|  | 梁士灿 | 1985～1987 |
|  | 江仁贵 | 1988～1991 |
|  | 彭盛恩 | 1991～1996 |
|  | 齐瑞忱 | 1997至今 |
| 书　记 | 余大律 | 1985～1987 |
|  | 梅可望 | 1988～1991 |
|  | 彭盛恩 | 1991～1996 |
|  | 齐瑞忱 | 1997至今 |
| 总工程师 | 梁士灿 | 1985～1987 |
|  | 江仁贵 | 1988～1991 |
|  | 彭盛恩 | 1991～1996 |
|  | 赵翔 | 1996～1999 |
|  | 曾德清 | 2000至今 |

## 十、中国京冶建设工程承包公司深圳分公司(原冶金部建筑研究总院深圳分院)党政领导总工程师

| 职务 | 姓名 | 任职期 |
|---|---|---|
| 院　长 | 王永孝 | 1988～1996 |
|  | 陆贻杰 | 1996～2001 |
|  | 杨志银 | 2001～ |
| 书　记 | 武宽生 | 1990.3～1992.3 |
|  | 武一翔 | 1992.3～ |
| 总工程师 | 王志品 | 1988～1996 |
|  | 杨志银 | 1995～2003 |
|  | 常正非 | 2003～ |

## 十一、深圳市特皓建设基础工程有限公司历届党政领导总工程师

| 职务 | 姓名 | 任职期 |
|---|---|---|
| 经　理 | 史光金 | 1993.1～1998.8 |
|  | 王正福 | 1999.7～2005.4 |
| 书　记 | 肇普君 | 1993.1～1998.8 |
|  | 文哲定 | 1998.8～1999.7 |
| 总工程师 | 常璐 | 1994.8～2005.11 |

## 十二、中南勘察设计院深圳院历届党政领导总工程师

| 职务 | 姓名 | 任职期 |
|---|---|---|
| 院　长 | 高桥芳 | 1992.6～1994.12 |
|  | 李洁 | 1995.1～1999.7 |
|  | 许国武 | 1999.8～2002.12 |
|  | 黄伟 | 2003.1至今 |
| 书　记 | 孙秀实 | 1992.6～1994.12 |
|  | 李洁 | 1995.1～1999.7 |
|  | 高桥芳 | 1999.8～2002.12 |
|  | 冯贤忠 | 2003.1至今 |
| 总工程师 | 李枝萃 | 1992.6～1994.12 |
|  | 李洁 | 1995.1～1999.7 |
|  | 许国武 | 1999.8至今 |

## 十三、深圳蛇口华力工程有限公司历届党政领导总工程师

| 职务 | 姓名 | 任职期 |
|---|---|---|
| 董事长 | 王承毓 | 1983～1989 |
|  | 王志宏 | 1990～1996 |
|  | 杨志光 | 1997～2001 |
|  | 洪东生 | 2001至今 |
| 总经理 | 谭瑞 | 1983～1996 |
|  | 洪东生 | 1997 |
| 总工程师 | 罗文雄 | 1983～1989 |
|  | 江帮银 | 1990～1996 |
|  | 王冬贤 | 1997～2001 |
|  | 吴群 | 2001至今 |

附录三：

# 深圳市勘察设计行业 2005 年度优秀企业简介
## （岩土工程勘察）

**一、深圳市勘察研究院有限公司简介**

深圳市勘察研究院有限公司成立于 1983 年 12 月，系原基建工程兵水文地质部队第 912 团，集体转业组建（原名"深圳市工程地质勘察公司"，简称"工勘"）。1994 年，深圳市编委为规范事业单位名称，批准更名为"深圳市勘察研究院"，隶属市建设局。2003 年 12 月，经市政府批准为改制单位，2004 年完成产权交易和工商变更登记，更名为"深圳市勘察研究院有限公司"。

深圳市勘察研究院有限公司具有国家综合甲级工程勘察、甲级测绘、甲级工程技术咨询、甲级岩土工程、甲级工程建设场地地震安全性评价、甲级地质灾害防治工程勘查、设计、施工资质和甲级地质灾害危险性评估、甲级地质勘查、二级地基与基础施工资质。是深圳市最先同时获得质量/环境/职业健康安全管理体系和 CMA 计量认证的勘察单位。被建设部和国家统计局评为"中国勘察设计综合实力百强"单位。

经营范围包括：各类岩土工程勘察、水文地质勘察及供（降）水成井；工程测量；地籍测绘；地理信息系统工程；海洋测绘；各类岩土工程设计、监测、检测、检验、监理、治理；地质勘查；地质灾害防治设计、施工；地质灾害危险性评估；各类地基及基础工程；工程技术咨询；工程场地地震安全性评价、基桩质量检测；室内土工实验及现场原位测试等业务。

公司设备精良，专业齐全，技术力量雄厚。拥有各类专业技术人员 200 余人，其中注册岩土工程师 21 名。拥有先进的 GPS 接收机、全站仪、经纬仪、红外测距仪、电子水准仪、管线探测仪、各类工程钻机、强夯机、锚杆机、深层搅拌机、静（动）力触探仪、载荷仪、旁压仪、超声波检测仪、瑞利波仪、地质雷达、KTG-DS 全自动三轴仪、KTG-98 全自动固结仪和物理性质数据采集卡、"测绘 e 系统"、"勘察 e 系统"、"岩土 e 系统"和城市勘察信息管理系统（GIS）等先进的岩土工程勘察、治理和测试、测量、检测仪器设备和软件，200 余台电脑集成了公司局域网络。

20 多年来，共完成勘察、测绘、基础和岩土工程等任务 12000 多项。其中包括广深高速公路、深圳国际机场、深港西部通道深圳湾公路大桥、深圳火车站、深圳地铁、五洲宾馆、深圳赛格广场大厦、深圳市民中心广场、深圳游泳跳水馆、广东 LNG 站线项目输气干线工程、深圳南坪快速路、广州花都国际机场、西部通道口岸区地基处理、前海填海地基处理等岩土工程设计、大铲湾大型填海工程检测等大型及重点工程项目 400 余项。先后获国家、部、省、市级优秀工程奖和科技进步奖 100 余项。其中赛格广场大厦岩土工程勘察与基坑支护设计获"国家级优秀工程勘察金奖"，深圳游泳跳水馆基坑设计施工获"国家工程建设质量奖银奖"。由公司自主开发，具有独立版权的"测绘 e"系统处国内同行业先进水平；"岩土工程勘察制图与分析系统"CAD 软件获省、市科技进步二等奖，国家科技进步三等奖；先后参编和主编国家、行业、地区规范、标准 12 项，岩土工程勘察设计手册、岩土工程监理手册等各类手册共 6 册。其中主编的《深圳地区地基处理技术规范》、《基桩质量检测技术规程》获市科技进步二、三等奖。先后被国家建设部、国家统计局、国家工程建设质量审定委员会、中国城市规划协会和深圳市政府评为"全国工程勘察先进单位"、"中国勘察设计综合实力百强单位"、"中华人民共和国质量奖银奖单位"、"全国城市勘测金奖单位"、"全国建设系统企业文化先进单位"、"深圳勘察设计行业综合实力 50 强排名第一"、"深圳市优秀企业"、"中国深圳诚信经营企业"、"深圳市顾客满意服务明星单位"等。

## 二、深圳市勘察测绘院有限公司简介

深圳市勘察测绘院有限公司(深勘)成立于1981年元月,具有国家综合甲级勘察,甲级测绘,甲级岩土工程设计,甲级工程咨询,甲级地震安全性评价,一级地基基础施工,甲级地质灾害评估、勘查、设计和施工等资质,是国家级勘察测绘行业的骨干企业。

经营范围包括:岩土工程勘察;城市测量、工程测量及各种变形监测;岩土工程设计、监测、治理与监理;水文地质勘察及凿井工程;地质灾害评估、勘查、设计和施工;各类地基与基础工程施工等。本公司设备先进,专业齐全,技术力量雄厚,拥有各类技术人员160余名,具有高级专业技术职称人员50余名(其中中国勘察大师1名、教授级高工5名、博士后2名、博士4名、硕士31名),下设勘察公司、测绘公司、岩土工程设计所、环境地质测试中心、东莞工程处、大亚湾工程处、深圳市深勘基础工程有限公司、深圳市荔兴防震技术有限公司、深圳市深勘工程咨询有限公司、海南深勘岩土工程有限公司、深勘物业管理公司、深圳市岩土工程有限公司。

公司是深圳市最早成立的工程勘察测绘单位,为深圳特区建设做出了重要贡献。成立至今,共完成勘察测绘工程、软基处理工程、深基坑支护工程和桩基工程、环境地质防治和测试工程等万余项,包括深圳市测量控制网改造、深圳河治理工程测量、深圳市1:1000数字化测绘、深圳市地下管线探测、深圳市市界测量;深圳地铁、滨海大道、深港西部通道、皇岗路、福龙路、侨城花园、深圳会展中心、联合广场、地王大厦、雅园立交工程勘察;深圳机场、福田保税区、后海路、白石州路软基处理;市民中心、电视中心、中银花园深基坑支护工程及国都高尔夫花园、东海花园桩基工程。工程合格率100%,具有承担高层和超高层建筑、大型水利工程、市政工程等的岩土工程勘察、设计经验;建立了深圳市城市二、三等三角网、导线网和GPS控制网;具有完成各项软基处理,深基坑支护和桩基工程施工的技术和设备。曾获部、省、市级优秀工程奖100多项,参编和主编国家行业、地方规范、手册等10余本,其中参编的国家标准《岩土工程勘察规范》获部级科技进步二等奖,主编的深圳市标准《深圳地区建筑深基坑支护技术规范》和"深圳市测量控制网改造工程"获市科技进步二等奖,参编的深圳市标准《深圳地基处理技术规范》获市科技进步三等奖。2002年被中国城市规划协会授予全国勘测先进单位;2002~2003连续两年被中国勘察设计协会授予全国勘察设计100强单位(排名分别为第66位和第79位)。

公司一贯以"尊法纪、守合同、讲信用、重质量"为服务宗旨,坚持"守法诚信,精心精品,环保安康,持续改进"的质量、环境、职业健康方针,竭诚为用户提供优质服务。

## 三、深圳地质建设工程公司简介

深圳地质建设工程公司(简称深圳地建)始建于1984年,属全民所有制企业。是一家具有地基与基础工程专业承包壹级;土石方工程专业承包贰级;工程勘察综合类甲级(岩土工程、水文地质勘察和工程测量);地质灾害防治工程勘查、设计、施工甲级;物探甲级(专项);测绘乙级、建设工程地震安全性评价乙级;地质勘查等资质的专业性公司。通过ISO9001:2000质量管理体系和OHS18001:2001职业健康安全管理体系及NOSA安健环管理体系的认证;取得了安全生产许可证。

有20年历史的深圳地建公司,已逐步形成了主场深圳、覆盖广东、外延香港、面向全国的经营格局。在地基与基础施工;土石方工程;岩土工程设计、测试、监测、检测、治理;工程勘察;地质灾害防治工程勘查、设计、施工;工程测绘;水文地质勘察与凿井工程;区域基础地质调查、矿产地质调查;重大工程和复杂地质条件技术咨询;场地地震安全性评价;室内土工试验及现场原位测试等专业领域,创建了广东省同行业专业品牌。

专业品牌,一切源于公司以人为本的管理理念、人才济济的专业团队、体现优势的先进设备。

——以人为本的管理理念

公司长期以来坚持"以人为本"的管理理念;倡导

以专业品牌为核心，员工、顾客、合作伙伴和谐双赢的经营理念；推行ISO9001和OHS18001一体化管理，为顾客提供满意的、符合法律法规要求的工程产品；为员工营造职业健康安全、努力工作、提高生活质量的良好氛围。

**——人才济济的专业团队**

公司现有员工475名、专业人才235名，其中具有高级专业技术职称的75名、初中级专业技术职称的178名，享受政府特殊津贴专家1名、教授级高工4名、博士后2名、博士4名、硕士20名；国家一级项目经理12名、二级项目经理8名、三级项目经理15名、注册岩土工程师7名、注册建造师5名。一支专业化技术团队逐渐成长壮大，是公司长足发展的核心竞争力。

**——体现优势的先进设备**

公司长期以来注重设备的规范管理，现有施工设备234台套，专业检测设备186件套，为创建专业品牌奠定了基础。

多年来，地建公司创造了辉煌业绩。2000年被中共广东省委、省人民政府授予广东省先进集体称号；2004年深圳建筑施工企业专业承包实力排名百强企业第三名。完成各类工程12000多项，承揽了龙岗河治理、香港中华电力、中山南朗燃机电厂、宝安国际机场、大亚湾核电站、高交会馆、宝安体育中心、海上田园风光、欢乐谷、百仕达花园、万科四季花城、市民广场、会展中心、跳水馆、富士康厂址、沃尔玛亚洲总部、妇女儿童发展中心、商报编采综合大楼、盐田港、广州刘屋州、三峡库区等众多跨地区、跨行业、重大、有影响的标志性工程。其中获得省部级、市级颁发的优质工程奖和科学技术进步奖31项。如："深圳市商报编采综合大楼基坑支护"获原地矿部优秀工程勘察、岩土工程治理一等奖及文明工地称号；"深圳市龙岗区岩溶塌陷灾害勘察报告"获深圳市科技进步一等奖及广东省科技进步二等奖；"深圳市天健集团香蜜三村5栋深基坑支护岩土工程设计"获深圳市优秀岩土工程设计一等奖；"深圳市会展中心工程勘察及基坑支护工程"获省地质科技成果一等奖。

展望未来，公司将一如既往以维护人类生存的地质环境及基础设施建设为己任，不断超越自我，携高尖的人才、先进的设备、良好的管理理念，以市场及顾客为导向，热忱为各个地区、各行业的经济振兴和社会发展提供专业服务，致力在专业领域打造精品。

# 深圳市工程勘察行业部分优秀企业名录

| 单　　位 | 荣　誉　称　号 | 获得时间 | 评　授　部　门 | 备　注 |
|---|---|---|---|---|
| 深圳市勘察研究院 | 全国工程勘察先进单位 | 1992年 | 建设部 | 省、部级称号 |
| | 全国勘察设计综合实力百强单位 | 1993年 | 建设部、国家统计局 | |
| | 中华人民共和国质量奖银奖单位 | 2003年 | 国家工程建设质量审定委员会 | |
| | 企业文化建设先进单位 | 2003年 | 建设部 | |
| | 企业文化建设明星企业 | 2003年 | 广东省 | |
| | 全国城市勘测先进金奖单位 | 2004年 | 中国城市规划协会 | |
| | 城市勘测工作先进单位 | 2004年 | 建设部 | |
| | 深圳市先进企业 | 1993年 | 深圳市人民政府 | 市级称号 |
| | | 1994年 | | |
| | 深圳市综合实力50强（第一名） | 1995年 | 深圳市企业评价协会 | |
| | 顾客满意服务明星单位 | 2002年 | 深圳市总工会、市质量协会、市团委、市企业联合会 | |
| | | 2003年 | | |
| | 中国深圳行业10强企业 | 2003年 | 深圳市企业评价协会 | |
| | 诚信经营企业 | 2003年 | | |
| | 深圳市勘察设计行业优秀企业 | 2005年 | 深圳市勘察设计协会 | |
| 深圳市勘察测绘院 | 科技工作先进集体 | 1987年 | 深圳市科委 | |
| | 全国测绘质量优秀单位 | 1998年 | 国家测绘局 | |
| | 文明企业 | 2000年 | 深圳市人民政府 | |
| | 全国城市勘察测绘先进单位 | 2002年 | 中国城市规划协会 | |
| | 中国深圳行业10强企业 | 2002年 | 深圳市企业评价协会 | |
| | 深圳市300家最具成长性企业 | 2002年 | 深圳市企业评价协会 | |
| | 深圳市建设控股系统先进集体 | 2002年 | 深圳市建设投资控股公司 | |
| | | 2003年 | | |
| | 全国勘察设计100强单位 | 2002年 | 中国勘察设计协会 | 第66位 |
| | | 2003年 | | 第79位 |
| | 深圳市大型伟业综合实力100强 | 2004年 | 深圳市企业评价协会 | |
| | 守合同重信用企业 | 2004年 | 深圳市工商行政管理局 | |
| | | 2005年 | | |
| | 深圳市勘察设计行业优秀企业 | 2005年 | 深圳市勘察设计协会 | |
| 深圳市长勘勘察设计有限公司 | 1990年度先进单位 | 1991年 | 深圳市建设局 | |
| | 深圳市综合实力50强（第15名） | 1995年 | 深圳市企业评价协会 | |
| | 中国深圳行业10强企业 | 2002年 | 深圳市企业评价协会 | |
| | 深圳市300家最具成长性企业 | 2002年 | 深圳市企业评价协会 | |
| | 诚信经营企业 | 2003年 | 深圳市企业评价协会 | |
| 深圳市地质建设工程公司 | 广东省先进集体 | 2000年 | 广东省人民政府 | |
| | 深圳市建筑施工企业百强 | 2002年 | 深圳市建筑业协会 | 第30名 |
| | | 2003年 | | 第3名 |
| | | 2004年 | | 第23名 |
| | 安全生产先进单位 | 1999年 | 广东省地质矿产勘查开发局 | |
| | | 2002年 | | |
| | 深圳市勘察设计行业优秀企业 | 2005年 | 深圳市勘察设计协会 | |
| 冶建总院深圳分院（中国京冶深圳公司） | 深圳市建筑施工企业专业承包类综合实力百强企业（排名第十四） | 2003年 | 深圳市企业评价协会 | |
| | 深圳市建筑企业明星单位 | 2005年 | 深圳市企业评价协会 | |

**附录四：**

# 深圳市勘察设计行业 2005 年度优秀院长（总经理）、优秀总工程师简介
## （岩土工程勘察）

**深圳市勘察研究院有限公司总经理 张健康**

**工作经历：**

1976年2月～1983年9月，在中国人民解放军基本建设工程兵第912团任战士、团政治处干事；1983年10月～2003年5月，在深圳市勘察研究院，历任队长、政工师、高级政工师、办公室副主任、主任、院长助理、副院长；2003年5月至今任深圳市勘察研究院总经理。

**个人荣誉：**

2004年获中国测绘学会科学技术奖励委员会"测绘科技进步奖"三等奖一项，被建设部评为"建设部城市勘测工作先进个人"，2005年被中国勘察设计协会工程勘察与岩土分会评为"先进协会工作者"等荣誉称号。

**单位荣誉：**

2000年和2002年被中国城市规划协会评为"全国城市勘测先进单位金奖"和"全国城市勘察测绘先进单位"；2002年7月和2003年5月被深圳市企业评价协会评为"深圳市300家最具成长性企业"和"中国深圳诚信经营企业"；2003年12月和2005年5月被深圳市总工会、深圳市质量协会、深圳市企业联合会评为"深圳市顾客满意服务明星单位"和"深圳市顾客满意服务明星合格单位"；2004年3月被建设部评为"建设部城市勘测工作先进单位"。

**业绩介绍：**

张健康同志是新时期"三个代表"的忠实实践者，他在推动和促进企业经营机制转换，发展生产力，提高企业经济效益方面均做出了重要贡献。

一、张健康同志作为一名企业家，具有超前意识和良好的经营理念。转变观念，开阔视野，勇于开拓创新，在本职岗位上作出了不懈努力，取得了较好的业绩。

1994年，勘察研究院由原来的事业单位，转变为事业单位企业化管理，经费自收自支。工作任务由原来的指令性，变为市场调节型。如何转变经营机制，引入竞争机制，增强职工风险意识，是摆在经营者面前的一个重要问题。张健康同志在经过市场调查和走访考察后，制定了"双文明全员风险抵押承包经济责任制"及其实施细则。将国有经营资产在总资产中剥离出来，职工按各职位职称的不同、岗位责任大小、技能高低，制定不同的风险抵押金额度。全部抵押金占经营性国有资产的25%，与国有经营性资产融合运行。实现了职工既是公司的劳动者，又是公司部分经营资本的投资者。把国家利益、集体利益和职工个人利益用资产的纽带紧密结合起来，创造一个企兴我兴，企衰我衰的激励机制。极大地提高了职工的市场意识，较好地转变观念、增强了竞争意识、质量意识、成本意识、风险意识，收效明显。1997年，在"双文明全员风险抵押承包经济责任制"的

基础上，又推行"经理经济责任制（年薪制）"，并制定了实施方案和系列考核考评办法。此方案极大地调动了经理和经营班子的积极性，推行经理年薪制五年来，除个别年度个别单位外，其余都完成和超额完成了指标任务。单位综合实力进一步提高。连续五年营业额突破二亿大关，分别获得全国城市勘测金奖单位称号，市"先进单位"、"文明企业"称号和"全市三百家最具成长性企业"的荣誉称号。

2003年，勘察研究院经市政府批准为国有企业改制单位，张健康同志任院改制工作小组副组长。国有企业改革是一个复杂的社会系统工程。如何处理好国家与企业利益关系，维护企业员工的合法权益，将关系到国有资产的安全和员工队伍稳定问题。张健康同志坚持把学好用好"1+10"文件、"1+6"文件（市政府为国企改制先后推出的政策性文件）作为工作突破口，在熟悉政策、掌握政策的基础上，拟定了院改制实施方案，并获得政府主管部门的批准。在方案具体实施过程中，从上报材料的起草开始，到员工经济补偿金的计算方案等，他总是亲自动手，亲历亲为。在他的辛勤努力下，该院的改制工作顺利完成，并于2005年6月完成了工商变更登记。

二、张健康同志是一位政治素质高、廉洁自律、克己奉公、吃苦在前、享受在后、一心为员工谋利益的企业家。

企业改制为有限责任公司后，张健康同志被董事会聘任为公司总经理。在第一次股东大会上他就郑重承诺："是全体股东和广大员工的信任，让我走上了总经理的岗位。我会全身心地投入到总经理的角色里，以身作则、吃苦在先、享受在后，与大家同甘苦、共患难、共渡难关"。他是这样说的，也是这样做的。上任伊始，在构建现代企业制度上，他采取了一系列重大举措：

一是选配好经营班子，缩短管理链条。在公司班子配备上，张健康同志十分注重班子成员的整体素质，他大胆地聘用既懂管理，又具备专业技术才能，在各个专业领域里比较有影响的年轻干部到领导岗位。新经营班子成员的平均年龄由原来的52岁下降到了44.5岁，其中具有研究生学历的占50%，年龄、专业知识结构更加优化。在管理模式方面，实行副总经理兼任专业公司经理的方式，直接缩短了管理链条，提高了工作效率。

二是重新定编定岗定责，建立与现代企业制度相匹配的薪酬管理体系。合理配置人力资源是企业生存发展的基础。张健康同志根据专业分工和工作流程，本着科学、合理、精简的原则，制定出定编定岗位及员工安置方案，经临时股东大会通过。目前，该方案已在全公司推行。以往岗位责任不明确，相互推诿，人浮于事的现象已不复存在，公司上下形成了良好的工作氛围。

在定编定岗的基础上，建立起一套"与企业规模、行业水平、企业经济效益相匹配，与企业成本相吻合，与资本投入产出相适应"的薪酬体系。经过充分调研，依照国家劳动人事工资的政策法规，参照《2004年深圳市劳动力市场工资指导价位》，推出了《深圳市勘察研究院有限公司薪酬管理暂行办法》，该办法经董事会通过并开始实行。

三是建立企业"基本法"，用企业规章制度来规范和管理员工的工作和行为。使员工在健康、有序、向上的环境中工作，使企业立于不败之地。企业完成改制以后，经营者和员工是企业投资的主体，如何为投资者获得比较高的效益，实实在在地为全体员工谋取利益，张健康同志每时每刻都在思考这个问题。针对企业以往的经验教训，他从建立完善制度入手，堵塞漏洞。如重新制定财务管理制度，通讯费用包干制度，生产成本控制制度等，从源头上堵住不合理的开支渠道。

三、张健康同志是一位学习型和探索型的企业家，他理论联系实际，勤于思考，善于总结，他认真学习马列主义、毛泽东思想、邓小平理论，特别是"三个代表"的重要思想，不断地加强学习，不断吸取先进的管理模式和管理方法，结合实际，勇于实践，在实践中总结提高。他在深化国企改革上进行了深层次思考和探索。近年来，他撰写的多篇论文先后在《中国勘察设计》、《中国测绘学会论文集》，勘察设计年会、工程勘察与岩土分会年会上发表和交流，并赢得了广泛的好评。

## 深圳市勘察测绘院有限公司董事长 田玉山

**工作经历：**

1976~1983年10月，在中国人民解放军基本建设工程兵第912团任技术员、团政治处干事；1983年10月~1999年10月，在深圳市勘察研究院历任工程师、经营部部长、副院长；1999年11月至今，任深圳市勘察测绘院院长（1999年11月~2003年12月兼任院党委书记）。

**个人荣誉：**

2002年全国城市勘察测绘先进单位优秀院长、深圳市建设控股系统先进个人，2003年建设部先进个人。

**单位荣誉：**

2001年深圳市建设控股公司授予"先进集体"，2002年，深圳市政府授予"深圳市文明企业"，中国城市规划协会授予"全国城市勘察测绘先进单位"，中国勘察设计协会授予"全国勘察设计100强单位"，深圳市企业评价协会授予"中国深圳行业10强企业"、"深圳市300家最具有成长性企业"，深圳市建设控股公司授予"先进集体"；2003年，中国勘察设计协会授予"中国勘察设计100强单位"，深圳市企业评价协会授予"深圳市大型企业综合实力100强"，2004年，深圳市工商局授予"守合同重信用企业"。

**业绩介绍：**

1999年11月担任深圳市勘察测绘院院长兼党委书记以来，田玉山同志带领党政班子认真宣传贯彻党的各项基本路线、方针、政策，认真学习并带头实践"三个代表"重要思想，以市场为导向，从管理入手，带领全院员工奋力拼搏，取得了以经济建设为中心的各项工作的骄人成绩。

以市场为导向、以经营为龙头，全院经济效益连创历史新高。2000年实现产值1亿元、2001年实现产值1.3亿元、2002年实现产值1.61亿元、2003年实现总产值2亿元、2004年达到2.4亿元；上缴国家税费2000年700万元、2001年790万元、2002年900万元、2003、2004连续两年超过1000万元，利润连续五年超额完成上级下达的计划。勘察测绘院的综合实力已名列全国勘察设计行业的前列。

进行了企业改制，为今后的发展奠定基础。从2002年开始，该院在深圳市政府和上级产权单位的领导下，积极参与企业改制工作。2003年12月31日该院和深圳市政府签订了产权转让合同，2004年12月31日前已经完成内部机制转换。至此，该院的改制工作全面完成。改制过程中，田玉山同志做了大量细致的工作，并带领领导班子认真执行市委、市政府的有关文件精神，在确保国有资产安全的前提下，维护了企业和员工的利益，使企业改制获得了圆满成功，做到了政府满意、企业满意、员工满意。

领导组织了一系列内部经营管理机制的改革。为了在改制后建立健全企业内部的管理制度，田玉山同志亲自起草了《深圳市勘察测绘院有限公司机构设置和经营管理暂行规定》，并组织领导了《人事、劳资管理规定》、《经营管理规定》、《财务管理规定》等一系列管理文件的起草工作。这些管理文件的出台，理顺了企业的内部关系，完成了企业内部的"三项制度"改革，使企业真正走上了自负盈亏、自主经营的正常轨道。

通过ISO9001质量体系认证，质量管理工作跃上新台阶。几年来，该院的产品合格率始终保持在100%，优质品率达85%以上。田玉山同志到任之初，就十分重视产品质量。早在2002年初，他就制定了"精品、精诚、精益求精"的质量方针，并成立了专门机构从事质量管理工作，同时还把质量管理指标层层落实，直到生产第一线。辛勤的耕耘换来了丰硕之果，该院在全市勘察系统贯彻质量标准评比中荣获第一名，2003年通过ISO9001质量体系认证，全院的质量管理工作跃上了新台阶。2005年又通过了质量、环境及职业健康安全标准认证。

偿还了5000多万元的内外债，降低了企业资产负债率。同时，还解除了3600多万元的对外企业贷款担保，化解了企业风险，确保了国有资产的安全。1999年初新班子刚组建时，深勘有不良贷款和内外债5000多万元，另外还有3600多万元的对外企业贷款担保。这对于净资产仅有3200万元的深勘来说，无疑风险很大。为了解除企业风险，确保国有资产的安全，田玉山同志团结全院员工努力工作，克勤克俭，到2002年底，基本上清理了5000多万元的不良贷款和内外债以及3600万元的对外企业贷款担保，为改制工作奠定了良好基础。

关心群众生活，为员工解除后顾之忧。田玉山同志到职以前，深勘员工的工资水平可以说处于深圳市勘察设计行业的较低水平。2000年春节，市委书记来院视察工作时，语重心长的对田玉山同志说："这些员工大多是80年代来深的基建工程兵，是深圳的拓荒者，你们一定要重视、关心他们的生活，把他们的生活水平提高上去。"田玉山同志当即表示，在一年内解决问题。自从他来深勘后，深勘人的工资水平每年都有较大提高，不仅彻底消灭了困难户，而且目前深勘人的工资水平已经处于深圳市勘察行业的前列。从2000年开始，该院逐步解决员工的住房难问题。截至2003年底，该院员工全部有了自己的住房。

重视人才引进和新技术开发。田玉山同志十分重视人才的引进和新技术开发工作。从2000年至今，该院共引进博士后等专业人才40多名，并予以重用。同时还投入300多万元开发城市基础地理信息系统CUGIS，并购置GPS等一批高新技术设备和施工机械，强化新技术的开发工作，这些都为企业的发展增添了后劲。

立"深勘"品牌，创"优秀"工程。田玉山同志在重视工程质量的同时，还注重立"深勘"品牌，搞"创优"工程。2000年以来该院先后组织了数十项创优工程，并收到了可喜的成果。2000年以来，该院共荣获中国测绘学会全国优秀测绘工程金奖1项，国家勘察银质奖2项，部、省级一等奖七项，二等奖七项，三等奖三项；市级一等奖八项、二等奖六项、三等奖十六项，为深勘树立了良好的品牌形象。

## 深圳市勘察测绘院有限公司总工程师　丘建金

**个人经历：**

1993年7月~1998年6月　深圳市岩土工程公司，副总工程师、总经理

1998年7月~2000年12月　深圳市勘察测绘院，副总工程师

2001年1月至今　深圳市勘察测绘院，总工程师；深圳市深勘基础工程有限公司，总经理

**个人荣誉：**

省部级二等奖2项、三等奖1项，市级优秀设计奖一等奖1项、二等奖1项，科技进步奖和优秀科技成果奖1项

**业绩介绍：**

丘建金，1985年7月本科毕业于武汉水利电力学院(现武汉大学)水工建筑专业，1988年取得该校硕士研究生学位，毕业后留校任教，担任水建系助教、讲师等职

位。1995年7月，取得武汉大学岩土工程专业博士学位。在校教学期间，他参加了国家"八五"攻关项目"李家峡窑洞式地下厂房围岩稳定分析"科研工作，指导过研究生、本科生毕业设计和论文。调深圳工作后主要从事地基处理、深基坑支护等岩土工程设计与施工项目近百个项目。

在担任深圳市勘察测绘院总工程师期间，他发挥优秀的领导才能，组织全院各专业公司的专业总工同心协力，争创精品工程。由他主持的"深圳市宝安新中心区裕安路动力排水固结软基加固设计"、"深圳市国际文化大厦基坑支护"分别获得深圳市优秀工程勘察设计一、二等奖。近年来他主持了"深圳后海填海及地基处理设计"、"深港西部通道填海及地基处理工程Ⅲ标段"、"深圳市福田香格里拉大酒店基坑支护工程"、"惠州LNG电厂桩基工程"等数十个重要工程项目，成绩显著。

1999年至2005年间，他参加了包括深港西部通道填海及地基处理工程设计审查会、深圳地铁白石洲站开挖及支护方案评审会、深圳宝安西海堤设计方案评审会等重要评审会议。他积极参加各级协会、学会工作，目前担任中国建筑学会工程勘察分会理事、中国地质学会工程地质专业委员会常务委员、中国勘察设计协会工程勘察与岩土分会常务理事、广东省岩土力学与工程学会副理事长、深圳市土木建筑学会岩土工程专业委员会副主任委员等职务。同时，他被深圳、广州、东莞、珠海等城市聘请为专家成员。

丘建金同志除了是一名优秀的总工程师，还是一位成功的管理者。到深圳市勘察测绘院工作以来，他凭着扎实的理论基础、丰富的实践经验以及出色的管理才能，为企业发展探索出一个新的方向。在企业组织建设方面，他经常利用空余时间，研读有关管理学方面的理论知识，并将理论与企业实际结合。他组织各专业公司的总工和技术人员，通过认真探索和实践，把深圳市勘察测绘院建设成为一家具有现代化运作模式的勘察、设计、施工企业。企业综合评估指标由原来的效益、成本平面坐标体系转向服务、效益、成本、安全系数立体坐标体系，大大改善了企业的经营模式，提高了经营效益。

在工程质量管理方面，他一贯坚持"增加安全生产系数、提高项目服务质量"的宗旨，严格要求每项工程的施工程序和施工质量。从人员组织、机械设备、材料采购、施建运作，一直到完工后的质量回访等各个环节，绝不掉以轻心。无论项目大小，他总是指挥在最前线，狠抓项目精品，把质量和安全当作企业发展的生命线。在他和众多同仁的努力下，2004年，深圳市勘察测绘院被评为深圳市大型综合实力100强企业、"重合同守信用"企业。

参加工作以来，丘建金同志先后发表学术论文10余篇(其中国家级论文7篇)，主编学术论文集和手册3本，参编行业规范《高层建筑岩土工程勘察规程》(JGJ72-2004)、广东省标准《建筑地基处理技术规范》(DBJ1538-2005)和深圳市标准《深圳地区地基处理技术规范》(SJG04-96)等标准3本。代表性的论文或专著包括：《水泥土挡墙在软土地区深基坑支护工程中的应用》(第一作者)、《软土路基动力排水固结法实践与理论 分析》(第一作者)、《深圳地区岩土工程理论与实践》(主编)、《简明岩土工程监理手册》(副主编)等。

# 深圳市工程勘察行业优秀院长（总经理）、优秀总工程师名录

## 一、优秀院长(总经理)

| 姓名 | 籍贯 | 所在单位 | 称号 | 评授时间 | 评授部门 | 备注 |
|---|---|---|---|---|---|---|
| 杨仁明 | 四川省合川市 | 深圳市勘察研究院 | 全国优秀勘察设计院院长 | 2000年 | 建设部 | |
| | | | 全国城市勘测先进单位优秀院长 | 2001年 | 中国城市规划协会 | 连续二届 |
| | | | | 2002年 | | |
| | | | 劳动模范 | 1995年 | 深圳市政府 | |
| 田玉山 | 河南省信阳市 | 深圳市勘察测绘院 | 全国城市勘测先进单位优秀院长 | 2002年 | 中国城市规划协会 | |
| | | | 建设部城市勘察工作先进个人 | 2003年 | 建设部 | |
| | | | 深圳市勘察设计行业优秀院长 | 2005年 | 深圳市勘察设计协会 | |
| 张健康 | 江苏省常熟市 | 深圳市勘察研究院 | 建设部城市勘察工作先进个人 | 2004年 | 建设部 | |
| | | | 深圳市勘察设计行业优秀院长(总经理) | 2005年 | 深圳市勘察设计协会 | |

## 二、优秀专家、优秀总工程师

| 姓名 | 籍贯 | 所在单位 | 称号 | 评授时间 | 评授部门 | 备注 |
|---|---|---|---|---|---|---|
| 李荣强 | 浙江省宁波市 | 深圳市勘察研究院 | 享受政府特殊津贴优秀专家 | 1998年 | 国务院 | 现任深圳市建设局副局长 |
| | | | 深圳市文明市民 | 1999年 | 深圳市政府 | |
| 高振奎 | 河北省唐山市 | 深圳市长勘勘察设计有限公司 | 享受政府特殊津贴优秀专家 | 1992年 | 国务院 | |
| | | | 深圳市优秀专家 | 1992年 | 深圳市委 | |
| 丘建金 | 福建省上杭市 | 深圳市勘察测绘院 | 深圳市勘察设计行业优秀总工程师 | 2005年 | 深圳市勘察设计协会 | |
| 周长琨 | 北京市 | 深圳市勘察测绘院 | 城乡建设环境保护部先进科技工作者 | 1986年 | 国家建设部 | 现任深圳市政协副主席 |

# 附录五：

# 中国工程勘察大师在深圳

自深圳建立经济特区始，工程勘察老一辈专家就一直关注和重视并积极参与深圳地区的勘察工作。在隆重纪念深圳经济特区建立25周年之际，我们不能忘记勘察大师们对深圳工程勘察的发展做出的重大贡献。

林杰勋大师1981年带领冶金部长沙勘察公司技术人员来到深圳，对深圳工程勘察中多个特殊的、没有前人经验的技术问题做出判断和决策。对深圳断裂对高层建筑桩基的影响，淤泥质土的成因和强度指标以及强风化岩的承载力等进行研究。他具体主持了深圳国际贸易中心（国贸大厦）、金城大厦（深圳第一个桩端放置在强风化岩上的挖孔桩基高层建筑）等工程勘察的技术工作。

黄志仑大师是中航勘察设计院副总工程师，1982年来到深圳。对深圳地区广泛分布的花岗岩残积土进行了深入的、系统的、多种手段的研究，得出了花岗岩残积土具有高承载力、低压缩性的结论。使深圳地区二十层以下高层建筑在花岗岩残积土上采用天然地基成为现实，为高层建筑采用天然地基打下了坚实的基础。其研究成果编入《深圳地区地基基础设计试行规程》(SJG1－88)。

张旷成大师1982年来深圳考察。1987年作为专家应邀参加《深圳地区建筑地基基础设计试行规程》(SJG1－88)的评审工作。1993年张大师受聘于深圳市勘察测绘院。除了对深圳市勘察测绘院的技术工作做全面的指导外，还对整个深圳市重大岩土工程的技术问题提供决策性的意见，并在技术培训方面做了大量的工作。从1994年开始，主编了全国第一部地区性的深基坑支护技术规范——深圳市标准《深圳地区建筑深基坑支护技术规范》(SJG05－96)，该规范于1996年由深圳市建设局发布实施。2001年起，主持修编了国家行业标准——《高层建筑岩土工程勘察规程》(JGJ72－2004)，该规程由建设部于2004年发布实施。张旷成大师在深圳地区享有很高的声望。

林宗元大师为深圳市勘察研究院技术顾问。在主编"岩土工程丛书"的百忙之中，多次来深圳参加各种技术研讨会，举行学术讲座，指导深圳重大（典型）工程项目勘察设计方案的拟定，并深入勘察现场检查指导勘察、测试和取试样等工作，传授技术经验，解决各种技术难题。

上海勘察院原总工程师莫群欢大师1987年来深圳，为编制国家行业标准《软土地区工程地质勘察规范》(JGJ83－91)搜集深圳地区软土的分布特点、工程特性及指标参数等资料，并给深圳的软土工程勘察提出了很有价值的建议。

香港王钟琦大师多次来深圳参加学术交流，将香港工程勘察的现状和新技术新装备及其管理经验介绍给深圳的同行，使深圳对香港乃至世界的勘察现状有所了解。

林在贯大师1986年来深圳，给从事工程勘察一线工作的同志讲课，亲自参加深圳市建设局组织的工程勘察质量大检查。他结合深圳地区的地质条件，深入浅出地传授工程勘察技术和经验。以后多次来深圳参加各种学术活动。

陈德基大师直接参与了深圳宝安机场的场道软土和花岗岩残积土的工程特性的分析研究。张在明大师（工程院院士）、张苏民大师、常士骠大师、袁浩清大师、熊大阅大师、顾宝和大师、方鸿琪大师等都不同程度地参与了深圳的工程建设和学术研究。深圳工程勘察界永远不能忘记大师们对深圳工程建设的贡献，他们的到来和参与给深圳工程勘察界很大的帮助，对促进深圳工程勘察行业的发展和技术进步的作用是不可替代的。

# 附录六：
## 深圳市部分工程勘察单位发展历程

### 一、路在脚下延伸
——深圳市勘察研究院 25 年发展历程

深圳市勘察研究院成立于1983年，伴随着特区成长的钟声，伴随着深圳发展的步伐，更伴随着深圳湾在全世界的崛起，他们默默无闻、无私奉献，他们是"万厦的基石，无名的丰碑"。

（一）光荣传统的历史。

深圳市勘察研究院是一个具有光荣传统的单位，其前身为中国人民解放军第二炮兵第一四四团，承担军事工程施工任务，1974年改编为基建工程兵九一二团，主要承担国家区域水文工程地质普查任务，从1974到1983年九年间共完成 21 个 1:20 万国际标准图幅，15万多平方公里的普查任务，成果全部由国家验收出版，其中六个图幅获部级优秀成果奖，12名工程技术人员获国家科技进步二等奖，九一二团被国家计委授予"有重大贡献单位"，被基建工程兵树为"标兵团队"。

（二）艰苦创业的岁月。

1983年，遵照国务院、中央军委命令（国发[1983]157号文），九一二团南下进入深圳，整体转业为市属单位，即深圳市工程地质勘察公司(1994年为规范勘察设计单位名称，更名为深圳市勘察研究院)，开始了在深圳的艰苦创业。当时房无一间，瓦无半块，干部、职工全是在草棚里生活、工作。没有自来水，没有电，靠点蜡烛、抽井水和汽车拉水生活，施工设备只有几台解放牌汽车和几台300型、600型旧钻机，生活、生产设备十分落后，条件极为艰苦。一个长期供给制的单位，转业断奶，在市场中求生存与发展，现实是十分残酷的。为了生存，干部、职工发扬部队光荣传统，咬紧牙关拼命干，吃苦受罪不叫累，人拉肩扛安装设备，挑灯夜战赶工期，保质保量完成任务，靠敢打硬拼的精神，靠敢拼

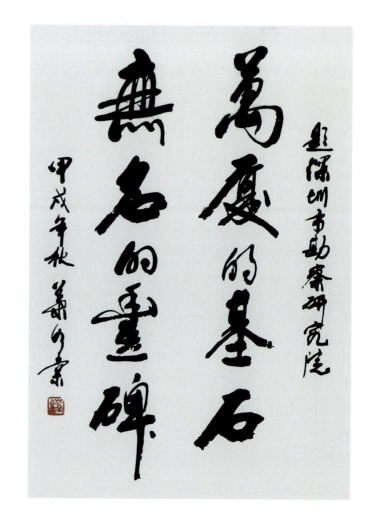

敢闯的精神，终于在特区打开了局面，站住了脚跟。

（三）自强不息的求索。

随着深圳特区的建设与发展，深圳的勘察市场日益成熟，内地大批勘察设计队伍涌入深圳，市场竞争异常激烈。优胜劣汰、强者生存的严峻现实迫使勘察研究院不得不努力探索生存之路——改革、创新，果断采取了五大举措：一是内部改革，压缩非生产人员；二是试行"经济承包责任制"，生产技术人员和工程队的收入与工程产值直接挂钩，机关人员收入与全单位年度经济效益挂钩浮动；三是引进技术力量，先后调入教授1名、硕士研究生2名，本科毕业生6名，并与成都地质学院、

武汉地质学院、铁道部第四勘察设计院建立技术协作关系，大大增强了单位的技术力量；四是克服困难，自筹资金，自行组织编制深圳地区"工程地质图系"，"南头半岛规划地质图"、"华侨城旅游区规划地质图"等图系为深圳整体规划建设提供了科学依据，"工程地质图系"被《深圳地区建筑地基基础设计规程》采用，并被市科委评为"深圳市优秀科技成果三等奖"；五是以优质、高效和良好的服务赢得了市场。在此期间，先后承担了深圳国际机场选址、广深珠高速公路(深圳段)、深圳火车站、皇岗口岸、妈湾港、电子科技大厦等重点工程勘察任务。广深珠高速公路是英国"奥雅纳"公司设计，工程采用英国"BS5930:1981"和"BS1377:1975"规范进行，技术要求高，测试手段先进，为保质保量完成任务，引进了"荷兰锥"静力触探仪和Mazier"三套管"真空薄壁取土器等先进仪器，所有资料均按中英文双语提供成果。勘察研究院全力以赴，克服种种困难，提前完成任务，受到省领导好评。新都大酒店工程地质勘察，皇岗口岸软基处理工程勘察，深圳机场候机楼勘察、福田保税区软基处理岩土工程勘察等获得广东省、建设部优秀工程奖。1987年单位靠着扎实的业绩，取得了建设部颁发的工程勘察甲级证书，进入全国甲级勘察单位行列。

（四）合力齐心的闯劲。

1990年，院领导班子进行较大的调整，健全了党政领导，理顺了内部关系，用"团结、奉献、务实、拓新"的企业精神，塑造勘察研究院的团队形象。院领导借小平南巡讲话的东风，大胆开拓创新，推进了勘察研究院各方面的建设。主要采取了以下措施：

1. 制定了"一业为主，多种经营，立足深圳、辐射珠江三角洲"的经营战略，在较短时期内勘察研究院的业务扩展到珠江三角洲市场，形成了较大的经营格局。

2. 全国同行业中率先推行"双文明全员风险抵押经济承包责任制"，将干部、职工的风险抵押金与国有经营资产融合运行，职工劳动报酬与资产回报相结合，风险共担、利益共享，极大地调动了广大干部、职工的积极性，1993年产值突破亿元大关，1996年以后，每年产值2~3亿之间。

3. 在同行中率先拓展岩土工程，推行岩土工程体制，引入新科技、新技术，开展软土地基工程治理。为了完善基础工程施工，成立深圳市基础工程公司，拓展单位业务，实现了测绘、勘察、岩土工程设计、地质灾害防治、防震评价检测工程、地基与基础工程施工一条龙的生产布局。

4. 引进人才，加强技术培训，提高业务素质和管理水平。市场竞争是人才的竞争，谁拥有人才并用好人才，谁就是强者，单位先后引进各类技术干部100名，极为有效地构筑了人才梯队，形成合理的人才结构。其中：勘察大师1名，教授级高工6名，高级工程师70名，工程师58名。各类专业技术人员占总数的62.7%，成功实现向技术型企业转轨。

5. 全面推行质量管理，严格质量标准，系统地提升单位质量管理水平。1992年通过广东省建委TQC达标验收并颁发证书，1998年推行ISO9000标准，2002年成为全市同行业首家通过ISO9001:2000版认证的企业，2004年获得质量/环境/职业健康安全三合一管理体系认证证书和CMA计量认证证书。

6. 敢于投入，增强单位实力。先后投入3000多万元，购置各类岩土工程勘察治理、测试、测量仪器设备、工程钻机。其中包括强夯机、锚杆机、旋喷机、深层搅拌机、静(动)力触探仪、静动两用三轴仪、荷载仪、旁压仪、浅层地震仪、瑞雷波仪、高(低)应变仪、超声波检测仪、双频GPS接收仪、全站仪、测深仪、高精度电子水准仪、管线探测仪等。2005年全市首家引进KTG-98全自动固结试验系统、KTG-DS全自动三轴仪，极大地提高工程勘察试验数据采集分析技术水平，形成强有力的技术生产能力。

7. 技术创新，占领科技高地。深圳市勘察研究院十分注重技术创新，采取引进、消化、运用、突破的方法大胆开展施工工艺改造，敢闯、敢干、敢试，向高新难技术领域进军，改变了单一的工程地质、水文地质、勘察测量施工，全方位拓展了岩土工程，基础工程施工、工程咨询、场地安全性评估、防震减灾等业务。同时,结合施工特点进军计算机领域,大胆开发计算机软件并取得了成功。他们自主开发的"测绘e系统"获建设部、国家测绘局科技进步奖,岩土工程勘察制图与分析、基坑支护挡土墙设计通用计算分析软件"勘察e系统"被建设部列为科研项目,通过了部科技司组织的专家评审。

（五）默默无闻成就辉煌。

深圳市勘察研究院在深圳共完成勘察、测绘、基础和岩土工程等任务10000余项,其中:福田保税区、深圳宝安机场、深圳地铁、贤成大厦、市民中心广场、赛格广场、五洲宾馆、深港西部通道深圳湾公路大桥、滨河路及立交桥、梅林一村住宅区、松坪山住宅区、益田村住宅区、宝安龙岗中心区等市重点工程和高层建筑500余项,获国家优秀工程金质奖1项,国家工程质量奖银奖2项,科技进步奖8项,部、省、市级优秀工程奖100余项。赛格广场岩土工程勘察、基坑支护设计(基坑深－24m),在深圳市首次设计了"全逆作法施工设计方案",获得极大成功,为投资方节约基础施工费用1200万元左右。为深圳地区在复杂施工环境中采用"全逆作法施工"积累了宝贵经验,获得国家优秀工程金质奖。

勘察研究院主编和参编的国家、行业和省、市标准规范共12项。其中《深圳地区地基处理技术规范》(SJG04－96)、《深圳地区基桩质量检测技术规程》(SJG09－99)、《深圳地区建筑深基坑支护技术规范》(SJF05－96)分别获深圳市科技进步二、三等奖,岩土工程丛书《岩土工程勘察设计手册》和《岩土工程监理手册》为编委和第一副主编。2000年勘察研究院主编的《深圳市海域地质矿产资源开发利用与地质环境保护规划》(2000～2010年),经广东省国土资源厅组织专家评审,认为"达到国内领先水平,其中规划的综合地质调查和研究程度、内容、图系编制等方面达到国际先进水平",在广东省国土资源厅国土资(地环)字[2000]152号文件中称"该规划可作为深圳市城市和社会经济发展规划及沿海国土资源开发利用和保护的决策依据;对深圳市社会经济发展具有重要的潜在价值,为深圳市沿海防灾减灾提供了科学依据。"

深圳市勘察研究院先后多次被建设部和深圳市政府评为"全国工程勘察先进单位"、"中国勘察设计综合实力百强单位"、"全国勘测先进单位"、"全国城市勘测金奖单位"、"全国企业文化先进单位"、"深圳市勘察设计综合实力50强"排名第一、"深圳市优秀企业"、"深圳市文明企业"、"深圳市先进单位"、"深圳市质量管理先进单位"、"深圳市先进党组织"等。

（六）新起点新征途。

深圳市勘察研究院现拥有建设部颁发的《综合甲级工程勘察证书》,《甲级岩土工程(设计、检测、监测、治理)资格证书》,国家测绘总局颁发的《甲级测绘资格证书》,国家计委颁发的《甲级工程咨询证书》,国土资源部颁发的《甲级地质灾害防治工程(勘查、设计、施工)资格证书》,国家地震局颁发的《甲级建设工程地震安全性评价资格证书》等。

**深圳市勘察研究院部分荣誉证书**

深圳市勘察研究院现已由国有企业改制为经营者、员工持股的有限责任公司，开始了单位的新的创业。目前，他们正按照现代企业制度要求构建法人治理结构，大胆推进人事制度改革，转换经营机制，建立现代企业制度，全方位改变公司的形象，加强公司建设步伐。勘察研究院有限公司前途无限，光明无限。

雄关漫道真如铁，而今迈步从头越，路，在他们脚下延伸……。

## 二、深圳市勘察测绘院25年发展历程

1979年前，深圳还是一个宁静、安谧的小渔村。

1979年，邓小平南巡后，深圳开始了它由小渔村迈向大都市的步伐。1980年，有色冶金长沙勘察院（简称"长勘"）抽调了部分工程人员来到深圳，与当时深圳建委部分人员组成了深圳市勘察设计联合公司勘察经理部。

1981年元月，深圳市勘察测量公司（现深圳市勘察测绘院，简称"深勘"）正式成立，形成"长勘"与"深勘"联合经营的格局。当时的办公场地和居住场所是在通心岭旁边自己搭设的几间草棚。人员近100人，其中地质专业技术人员只有7~8人，实验室5~6人，两个钻探队和一个测量队。成立之初完成的代表性工程项目有：罗湖大厦工程勘察和人民医院门诊部，翠竹苑,金城大厦等。

1983年长勘深圳公司成立，除部分正式调入"深勘"的人员外，原"长勘"来深圳的人员回到了"长勘"深圳公司，这时深圳市勘察测量公司全体员工不到30人。1983年底，工程兵912团进入"深勘"，为深圳市勘察

测量公司输入了新鲜血液，此时各类专业技术人员配套齐全，勘察测量任务饱满，经济效益显著增长。1984年，"深勘"建成了一栋7层的办公楼和一幢住宅楼。但1984年12月，根据深圳市人民政府[1984]690号文件，工程兵912团又与"深勘"分开了，成立了深圳市工程地质勘察公司（简称"工勘"）。

1985～1992年，是深圳市勘察测量公司逐步扩大的一个时期。1985年"深勘"与工程兵912团分开后，"深勘"在全国各地引进各类专业技术人才补充单位的技术力量，同时大量接收和培养大学毕业生充实自己的专业队伍。专业范围除勘察测量工程外，也增加了施工降水等。1987年，"深勘"申请了工程勘察综合类甲级资质，同年参加广东省评优，获得了4个一等奖、2个二等奖、2个三等奖。1988年4月，深勘下属的深圳市岩土工程公司成立。这个阶段完成的主要工程项目有：深圳市金融中心施工图阶段工程勘察、深圳河治理工程测量、深圳市精密水准测量、深圳市白沙岭住宅1、2、3栋高层施工降水工程、深圳市医药大厦详细勘察、深圳市渣打外贸银行中心大厦基础施工降水工程、深圳市长安大厦详细勘察（补充）、深圳市国际信托大厦基础施工降水工程。

1992～1999年是"深勘"多元化发展的一个时期。1994年单位名称由"深圳市勘察测量公司"改为"深圳市勘察测绘院"，1998年"深勘"的主管单位由深圳市建设局变更为深圳市建设投资控股集团公司。在这个阶段，"深勘"领导班子除了发展勘察测量工程主业外，还开展了房地产开发、物业管理、岩土工程设计与施工、基础工程施工、装饰工程设计与施工、抗震等业务。1996年深圳市荔兴抗震技术有限公司成立。1994年，21层高的深勘大厦落成。1995年7月14日深圳市深勘基础工程有限公司成立。该阶段完成的代表性工程有：深圳滨海大道（海堤、道路）勘察、深圳市荔都大厦详勘、深圳市雅园立交桥详勘、深圳市罗芳气化站边坡勘察、深圳市深云立交桥详勘、深圳市城市测量控制网改造工程、治理深圳河第三期地形测量、深圳市行政区域界线勘界测绘。

1999～2005年是"深勘"稳步发展、形势最为喜人的一个时期。2003年底改成股份制企业，改名为"深圳市勘察测绘院有限公司"。这个时期，单位的生产形势明显好转，产值达到了"深勘"有史以来的最高产值，企业的经济效益明显，员工收入大幅度提高，员工住房问题得到解决。特别是新的领导班子成立后，加强了企业的内部管理，建立健全了一套行之有效的管理制度，使企业适应市场需求；彻底解决了企业的遗留问题，使企业摆脱了大的风险；实行企业改制，由国有企业转为民营企业，为企业的今后发展奠定了坚实的基础；调整人才结构，引进一大批有管理经验又有专业能力的人才，形成一支特别有战斗力的员工队伍。目前院技术力量雄厚，拥有各类技术人员160余名，具有高级专业技术职称人员50余名（其中：中国工程勘察大师1名、教授级高工4名、注册岩土工程师11名、高工35名、博士后2名、博士4名、硕士25名）。企业资质不断扩大：2001年1月获得国家测绘局颁发的甲级测绘资质证书，2001年2月获得深圳市建设局颁发的工程地震承担资格许可证，2002年2月获得深圳市建设局颁发的深圳市基桩工程质量检测许可证，2002年4月获得国家地震局颁发的甲级建设工程地震安全性评价许可证书，2002年6月获得深圳市规划国土局颁发的深圳市勘察设计许可证（工程勘察综合类甲级资质证书），2002年9月"深勘"获得了ISO9001质量管理体系认证证书，2004年获得国家发展和改革委员会颁发的甲级工程咨询资格证书和计量认证证书。2002年被中国城市规划协会授予全国勘测先进单位；2002～2003年连续两年被中国勘察设计协会授予全国勘察设计100强单位（排名分别是第66位和第三产79位）。这个阶段完成的代表性工程有：深圳水库流域污水截排工程初步设计阶段工程地质勘察、深圳园博园边坡整治工程勘察、侨城花园岩土工程勘察、皇岗路改造及过境货运通道工程、梅观路改造工程测量、深圳湾公路大桥首级控制网测量、深圳市后海湾填海（4.2km$^2$）及软基处理工程设计、深圳市前海湾填海及软基处理工程设计、深圳市宝安新中心区填海工程设计等。这个阶段，"深圳滨海大道岩土工程勘察"获国家第八届优秀工程勘察银奖,"深圳湾公路大桥首级控制网测量"获2005年度中国测绘学会全国优秀测绘工程金奖。

"深勘"成立至今,主编和参编的国家行业、地方规范、手册等十多项,主要有:

1) 姜云龙、张镇参编的深圳市标准《深圳地区建筑地基基础设计试行规程》(SJGI-88);

2) 管文义参编的深圳市标准《深圳地区夯扩桩技术规定》(SJG03-96);

3) 张旷成主编、张镇、曾庆义参编的深圳市标准《深圳地区建筑深基坑支护技术规范》(SJG05-96),获深圳市科技进步二等奖;

4) 张旷成、姜云龙、樊颂华作为主要起草人参编的国家标准《岩土工程勘察规范》,获部级科技进步二等奖;

5) 丘建金、管文义参编的深圳市标准《深圳地区地基处理技术规范》(SJG04-96)获市科技进步三等奖;

6) 张旷成为主编、丘建金、张文华为编制组成员的行业标准《高层建筑岩土工程勘察规程》(JGJ72－2004)等。

### 深圳市勘察测绘院部分荣誉证书

## 三、深圳地质建设工程公司发展历程

### (一)成长史

深圳市地质局（深圳地质建设工程公司）是深圳经济特区内最早从事工程勘察的专业队伍，她以开荒牛的身份伴随特区25年的腾飞历程，自身也在茁壮成长。

深圳市地质局正式成立于1981年10月。其前身是1980年成立的广东省深圳水文工程地质公司；1985年1月其主体改建为"深圳地质勘探开发公司"，2000年1月更名为"深圳地质建设工程公司"。

深圳市地质局（深圳地质建设工程公司）从成立到现在，无论从人力资源、专业范围、经济规模、综合实力等方面都有很大的发展，取得了良好的业绩。

**1. 人力资源**

公司员工从成立之初的不到100人，发展到目前已有正式员工260人；人员结构已从劳务型转变为技术管理型，工程技术人员从当初的13人发展到目前的90多人，其中，高级工程师从只有1人到现在的40人（含3名教授级高工），硕士、博士（后）学历人员从无到有，目前已拥有硕士9人，博士及博士后5人。

**2. 专业范围**

公司成立之初的主要业务范围为地质矿产勘查及水文工程地质勘察，目前，公司的主营业务已得到全面的扩展和提升，拥有的资质证书包括：工程勘察综合类甲级、地质灾害防治工程勘察、设计治理甲级、地基基础施工壹级、土石方工程贰级、场地地震安全性评价乙级等。

**3. 经济规模**

随着公司规模的扩大和业务范围的发展，经济总量也得到快速提高，营业收入从1981年的90万元提高到2004年的2.3亿元。

**4. 综合实力**

2000年本公司被广东省人民政府及省委授予"广东省先进集体"称号。

2004年深圳市建筑施工企业排名中，本公司获专业承包类综合实力排名第三名。

### (二)获奖情况（见附表）

**深圳地质建设工程公司获奖情况表**

| 序号 | 获奖项目 | 获奖时间 | 获奖等级 |
|---|---|---|---|
| 1 | 深圳机场停机坪航站工程地质勘察 | 1990 | 建设部二等奖 |
| 2 | 南山开发股份有限公司赤湾钻井供水勘察 | 1990 | 建设部二等奖 |
| 3 | 深圳银海企业公司自行车工程地质勘察 | 1990 | 建设部三等奖 |
| 4 | 深圳福田开发区工程地质勘察 | 1991 | 深圳市二等奖 |
| 5 | 深圳机场超载予压砂井排水固结试验场检查性工程勘察 | 1993 | 建设部三等奖 |
| 6 | 深圳市燃汽蒸汽联合循环电站工程地质勘察 | 1994 | 建设部二等奖 |
| 7 | DKCAD（1.0版）工程勘察绘图软件的开发与应用 | 1995 | 深圳市三等奖 |
| 8 | 深圳青岛啤酒有限公司拟建厂房岩土工程勘察 | 1998 | 深圳市三等奖 |
| 9 | 深圳商报编采综合大楼基础工程 | 1998 | 建设部一等奖 |
| 10 | 佛山摩托厂主厂房地基处理工程 | 1998 | 建设部二等奖 |
| 11 | 深圳财政大厦工程地质勘察 | 1999 | 建设部二等奖 |
| 12 | 东莞市樟木头镇银详工业区工程地质详查 | 1999 | 建设部三等奖 |
| 13 | 深圳水库一东深供水水渠水源保护区一级保护线定位、定线测量 | 1999 | 建设部三等奖 |
| 14 | 深圳妇女儿童活动中心岩土工程勘察 | 2000 | 深圳市三等奖 |
| 15 | 深圳市龙岗区岩溶塌陷灾害勘查 | 2000 | 深圳市一等奖 |
| 16 | 深圳黄贝岭F8断层微量位移监测研究 | 2001 | 广东省一等奖 |
| 17 | 深圳龙华镇第十工业区E1、E2、F8、D1、D2等厂房强夯工程 | 2001 | 广东省三等奖 |
| 18 | 深圳市天健集团香蜜三村5栋深基坑支护工程设计 | 2003 | 深圳市一等奖 |
| 18 | 深圳市天健集团香蜜三村5栋深基坑支护工程设计 | 2003 | 广东省三等奖 |
| 19 | 深圳市罗湖汝南大厦深基坑支护 | 2003 | 广东省三等奖 |
| 20 | 瑞雷波法在强夯地基检测中的运用 | 2004 | 广东省二等奖 |
| 21 | 深圳会展中心基坑支护 | 2004 | 深圳市二等奖 |
| 22 | 深圳市沙河世纪村三期深基坑支护工程 | 2004 | 深圳市三等奖 |

### (三)主要业绩

#### 工程勘察

1. 1982年6月，完成了本公司在特区内承接的第一项勘察业务——深圳市基建服务公司场地工程地质勘察。

2. 1984年2月至6月，完成了"深圳国际机场"的龙华、后海、长安、固戍等六个可能场址的选地工程地质勘察工作，为深圳机场的最终选址提供了充分的依据。

3. 1988年，完成了"广东省深圳市福田开发区工程地质勘察"任务，对福田中心区11km²的范围进行为规划阶段的综合地质调查和研究。通过地质测绘、工程钻探、综合物探（浅震、复合联剖、测井、甚低频等）、原位测试、土工试验以及岩矿、化学成分、孢粉、$C^{14}$年龄测定、岩石鉴定、水化学等分析测试手段，对测区的水

**深圳市地质建设工程公司部分荣誉证书**

文工程地质条件、地层成因及年代、古地理气候环境等进行了较深入的研究,为福田中心区的规划建设提供了充分的依据。

4. 1989年,完成"深圳机场停机坪航站场地工程地质勘察",通过采用物探、钻探、原位测试,室内测试等手段,详细查明了场区的工程地质条件,对软土层的性质特征进行了大量的测试分析,为场区的软基处理和基础施工提供了准确的依据。

5. 1990年,完成了"深圳经济特区1:5万工程地质图系"的编制工作,对特区的水文工程地质条件进行了全面系统的综合分析研究,编制并出版了第四纪地质图、地貌及外动力地质现象图、沉积土体工程地质图、风化土体工程地质图、岩体工程地质图、稳定性分区图、水文地质要素图、综合工程地质图、工程地质区划图等。

6. 1992年,完成"深圳市下坪垃圾填埋场综合地质勘察"。该项目为深圳市第一个也是最大规模的垃圾填埋处理场。通过地质测绘、物探、地质钻探、水文地质试验、其他原位及室内测试等手段,详细查明了场地的水文工程地质及环境地质条件。

7. 1994年12月,完成"深圳特区报新闻业务综合大楼岩土工程勘察"。该大楼(报业大厦)已成为深圳市中心区标志性的超高层建筑物。

8. 1999年3月,完成"深圳西部田园海上风光旅游区岩土工程勘察"。勘察区面积2.5km²,采用综合勘察手段,详细查明了场区的工程地质条件,对软土层进行了大量原位及室内测试,为大面积软基处理提供了详细的工程参数及准确合理的建议。

9. 2005年3月至5月,完成"深圳市前海填海区岩土工程勘察"。勘察区面积10km²,为目前深圳市最大的填海区,也是最大的软基处理工程项目。

## 四、深圳市长勘勘察设计有限公司发展历程

1979年12月,冶金工业部长沙勘察公司派出经营及勘察技术人员拿着介绍信来到深圳——这个中国改革开放的前沿阵地,开拓勘察业务。此刻的深圳经济特区刚刚批准设立,没有自己的专业勘察队伍,也没有一栋

像样的建筑,最高的房屋就是一栋三层建筑,真正是遍地荒芜,到处乱草丛生,百业待兴。

这批人由赵锡山、段清章带领,开展工程地质勘察业务,他们在老街东面的黄贝岭村附近安营扎寨,用茅竹和油毡搭起了自己办公兼住宿用的竹棚,饮水靠自己打井开掘的地下水,生活条件十分艰苦,对外进行业务联系的惟一交通工具就是一辆自行车,这便是深圳市长勘勘察设计有限公司的前身,第一个进驻深圳经济特区的专业勘察单位。

为适应特区建设和公司测绘业务发展的需要,1980年3月——冶金工业部长沙勘察公司又向深圳经理部派出了自己的测量队——这也是专业测绘队伍首次入驻深圳特区。

随着深圳经济特区全面建设高潮的来临,勘察工作业务剧增。1981年开始勘察进入了兴旺时期,这一年我们相继勘察了深圳国际贸易中心大厦(53层),罗湖大厦,南洋大厦,金城大厦,德兴大厦,友谊大厦(7栋24层),笋岗立交桥,泥岗立交桥等特区有影响的重要工程。尤其是深圳国际贸易中心大厦的勘察(该工程位于罗湖繁华的商业中心地段),作为深圳市第一栋超高层建筑,当时的中国内地从没搞过,完全没有可借鉴的经验,也没有可参考的资料。我们选派了最优秀的工程地质人员,组成强劲的技术班子,凭借着满腔热情和科学态度,多方论证、探讨最佳勘察方案,精心施工,大胆实践。工程中我们采用了当时国内最先进的钻具和最领先的技术,以多种测试方法相互验证,按项目设计要求提供了准确可靠的地层参数和土壤物理力学指标,并查明了场地的断裂构造产状,为大厦基础顺利施工提供了保证。大厦建成后,经省市有关专家鉴定,大厦的沉降和倾斜均符合设计规定,被评为深圳市全优工程,该项目同时被评为国家优秀工程勘察银质奖。

1981年底至1984年——组建以"长勘"为基本力量的"深圳市勘察设计联合公司勘察经理部"(今长勘、深勘的前身),长勘赵锡山担任勘察经理部经理。这期间完成的勘察任务主要有:金融中心,红岭大厦,统战办公及商住楼,北方、西丽、长安、金鹏等大厦,深圳体育馆,深圳图书馆,深圳大剧院,深圳展览馆,深圳科技馆,火车站联检大楼,银湖旅游中心等重大工程。

1984年深圳市勘察设计联合公司勘察经理部分家,长勘人立足深圳,独立成立长沙有色冶金勘察公司深圳经理部(1993年更名为中国有色金属工业长沙勘察设计研究院深圳分院),由高振奎同志担任经理。经理部位于罗湖区清平路2号,办公及宿舍均设在长勘综合楼(该6层楼房1983年竣工,建筑面积达3140m²,联合公司分家所得),仓库及实验室仍旧在综合楼旁边搭起的工棚里。这期间完成的代表工程有:深圳体育场,深圳火车站新站房,广西外贸大厦,笔架山河加盖,海丽大厦,天安车公庙工业村,天安大厦,银湖汽车站,国际科技大厦,深圳机场二期等。

1998年长勘更名为中国有色金属工业长沙勘察设计研究院深圳院,张建民任院长。同年,由长勘和其他单位合作开发的福德花园大厦竣工,长勘随即迁入新大厦A栋四楼办公(2002年10月A栋三楼装修完毕,迁入三楼)。

2001年6月长勘改制,"深圳市长勘勘察设计有限公司"正式成立,新公司为深圳市一家具有独立法人资格的有限责任公司,杨传德董事长任命张建民同志为公司总经理,负责公司全面工作,长勘进入了一个崭新的发展时期。这期间公司完成的代表工程有:深圳电视中心,罗湖体育发展中心,深圳大学城,深圳国际园林花卉博览园,共和世家益田住宅群,湖贝路改造,深圳国际会展大厦等工程。

二十多年来,在深圳市主管部门和上级的关怀和领导下,长勘人以"拓荒牛"精神,团结拼搏,无私奉献,脚踏实地,勇于创新。伴随着深圳特区的发展而发展,为深圳建设作出了重要的贡献。

按照现代企业管理要求,公司1998年12月通过了ISO9001质量体系的达标认证,2003年10月顺利进行了ISO9001:2000版标准换版工作。2003年8月被广东省质量技术监督局评为"计量认证合格单位"。

依照公司法,公司制定了公司章程,设立了更完善的组织机构。实施董事会领导下的总经理负责制,并由行政、生产副总经理,总工程师组成领导班子,下设经营部、总工办、办公室、财务部、工会、技术室、生产办、实验测试室、基桩检测室、微机室、资料加工室。

面对激烈的市场竞争,公司全体员工奋发图强,立足深圳,面向周边,发展经营网点,扩大业务来源,已先后设立了东莞、龙岗、布吉、惠阳等经营网点,并积极拓展业务范围,参与岩土工程设计和施工市场,取得了良好的成效。

今日的深圳市长勘勘察设计有限公司已发展成为一家设备精良,专业齐全,技术力量雄厚的科技型企业,国家综合甲级勘察单位。公司持有建设部颁发的《工程勘察综合类甲级证书》,国家测绘局颁发的《甲级测绘资格证书》,《深圳市勘察设计许可证》,《深圳市基桩工程质量检测许可证》,《深圳市工程地震承担资格许可证》等各类勘察,测量资格证。

公司拥有注册资金801万元;员工120人,其中具有高级职称人员19人,中级职称人员26人,初级职称21人。公司各类仪器设备齐全,拥有GPS卫星定位仪,全站仪,红外测距仪,地下金属管线探测仪,工程绘图仪,工程检测仪,旁压仪等各种测绘,测试贵重精密仪器和钻探设备。

公司积极推进信息化建设和计算机的广泛应用,大力推广各类高新技术,已构筑公司内部的计算机网络,实现资源共享;工程勘察,工程测绘和各种形式的资料处理工作已完全实现微机化,公司还成功实现了GPS测量及全野外数字化成图新技术,大大提高了控制测量及其成图精度。

公司重合同,守信用,自觉维护勘察市场秩序,坚持合法经营。以质量取胜,加强售后服务,在深圳树立了自身良好的形象和品牌。

自进入深圳以来共获得优秀工程国家奖3项(银质奖1项、铜质奖2项),省部级奖17项(包括3项QC小组成果奖),市级奖43项。

长勘25年的成长发展历史,是深圳勘察设计25年发展的一个缩影,他伴随着深圳经济特区的腾飞而不断得到发展壮大。在建设和谐深圳,效益深圳的今天,长勘也将适时调整自己的目标,长勘的明天前程似锦,她将在一个和谐的环境里,创造出自身更好的经济和社会效益。

深圳市长勘勘察设计有限公司也同全国各行业一样,技术创新及技术装备在这20多年也得到了高速发展。

**(一)计算机应用及网络建设**

1980年长勘测量队刚进深圳时,测绘技术人员的配备就是一块图板加上当时还算先进的简单功能计算器,白天在野外作业所记录的数据,晚上回到工棚才有时间输入计算器进行简单的手工计算,然后再记录在计算表格中,最后标志在图板上,由于手工操作过程繁杂,难免出现这样或那样的错误,常见的情景是测绘人员在灰暗的灯光下不断地擦擦改改,在经过无数次的修改后,才能完成一幅测量送审的草图,测绘人员的劳动强度大,出现错误的机会多,测绘工作繁琐。

1982年前后,公司陆续给每个测绘专业队配备一台可编制BASIC程序的日本夏普产PC-1500袖珍计算机,而测绘作业人员一般也换成具有40步编程功能的百灵BL-815计算器,因计算机数量只一台,况且由于计算机容量和能力以及软件等的限制,大量的计算工作仍靠计算器来完成,BL-815能编制简单的测量公式,在一定程度上缓解了测量工作的计算困难。

从1985年起,公司开始试购美国苹果计算机,到1990年引进286电脑,均属于研究试用性的,未能正式用于生产实践。直到1992年,公司花巨资购置了两台386电脑和一台美国惠普的HP Draft Master RX Plus大幅面笔式绘图仪(1年后又购买了另一台HP Draft Pro Exl笔式绘图仪),并成立微机室,编制电脑程序,研究、调试利用计算机进行数据处理和电脑成图,1992年底调试成功,1993年初长勘正式将计算机投入生产实践,但仅限于绘制和处理简单的工程地质剖面图和抽芯剖面图。

1992年底实验室购置了3台日本夏普PC-E500袖珍计算机,并结合生产,自力开发了用于室内试验数据及资料处理的BASIC程序软件,应用于日常生产实践,大大加快和简化了试验资料的计算处理工作,极大地提高了工作效率,取得了良好的效果。

1995年，长勘购进了3台拥有奔腾芯片的奔腾级电脑，并开始测量成图软件的开发，取得了长足进展；测量专业从此正式采用计算机成图，告别图板时代。

1996年8月长勘购进了先进的HP Design Jet 350C大幅面彩色喷墨绘图仪，该绘图仪绘图速度和质量比以往绘图仪有了质的提升，所有工程图纸均利用该绘图仪输出，宣布长勘手工描图成为历史。

从1998年初起，长勘加大投入，开始大量购买计算机设备，计算机普及工作由此时起全面展开。

2000年底，长勘组建了自己的局域网，并采用电话拨号方式连接Internet（2002年10月改接长城宽带），实现资源共享，从此长勘正式进入网络时代。

今日长勘已拥有各档次电脑60余台，大型彩色绘图仪（在用）2台，A3幅面彩色、激光打印机各一台，其他各类电脑打印输出设备十数台。另外还有扫描仪，大型数字化仪，大型工程复印机，过塑机等资料加工和处理设备多台。

现今的长勘计算机已得到普遍应用，无论是测量专业，工程地质专业，或者资料加工，财务，资料归档，室内试验，办公文件管理及发放全都用上了电脑，计算机应用遍布长勘的每个角落。

(二) 其他技术及成果

1987年3月——"深圳国际贸易中心大厦"工程勘察，荣获国家优秀工程勘察银质奖。

1991年3月——"深圳市前、后海蚝田1:1000海上地形图"，荣获国家优秀工程勘察铜质奖。

1992年——独家将旁压仪引入深圳，巨资购进美国产梅钠G-AM型旁压仪，用于在野外原位进行旁压试验。

1995年9月——基桩检测抽芯队，在深圳市长江广场工地，完整抽出了创深圳最长纪录的一根桩，桩长48.00m。

1998年12月——通过GB/T19001-ISO9001:1994标准质量体系达标认证。

2000年4月——"克服水平钻探成孔技术难关，保证隧道管棚施工质量"QC成果，获国家有色金属工业局颁发优秀QC成果奖。

**深圳市长勘勘察设计有限公司获得的部分荣誉证书**

2001年——测绘专业自主开发的"易管网","沉降观测内外业一体化软件包",经权威部门验收通过。

2001年4月——测绘专业"攻克GIS/Arcinfo数据入库技术难关"QC小组,荣获中国有色金属建筑协会颁发的优秀QC成果一等奖。

2002年12月——"深圳市罗湖、盐田区1:1000数字化动态测量(1999-2000)",荣获第八届全国优秀工程勘察项目铜质奖。

2004年3月——在深圳独家引入SCM-200a杂散电流仪和CMS-140A多功能土壤腐蚀速度测量仪;并首次在39公里的特区内次高压管线(燃气)沿线进行了杂散电流等土壤腐蚀性参数的测量。

2004年3月——引入先进的莱卡TCA-2003全自动观测机器人(0.5″-1+1ppm全站仪);并成功投入水平位移监测和高精度测量。

(三)总结

二十几年来,在深圳市主管部门和上级的直接关怀和领导下,经历年来全体长勘人的艰苦创业和共同奋斗,长勘公司的技术力量、技术装备和技术创新能力均有了很大的提高。从当年最经典的经纬仪到今天的全自动的全站仪和GPS定位系统;从功能简单的计算器到今天的P4笔记本电脑,技术装备已经发生了革命性的变化。

时代在进步,社会在发展。深圳市长勘勘察设计有限公司将紧随时代步伐,不断学习新知识,掌握新技术,增强自己的技术创新能力;加大投入,不断更新技术装备,以适应现代勘察技术发展的需要。在社会主义市场经济的大潮中顽强拼搏,继续发展前进。

## 五、深圳市工勘岩土工程有限公司简介

深圳市工勘岩土工程有限公司(原名深圳市环宇岩土工程公司),1991年成立,1996年为深圳市首批公司改制单位。目前公司持有国家建设部颁发的工程勘察综合类甲级资质和地基与基础工程专业承包壹级施工资质,持有国家国土资源部地质灾害治理评估、勘查、设计、施工等四个甲级资质,还有土石方等配套资质。主

要从事工程勘察、岩土工程(设计、监测、监理、治理)、各类地基与基础施工、土石方施工、环境地质评估、地质灾害治理、水文地质、工程测量、工程检测与物探、土工试验、科研开发、技术咨询等业务。已通过质量管理、环境管理、职业健康安全管理体系认证。公司注册资金1800万元,资信等级AAA,资产总计达8541万元,其中净资产2254万元。施工机械装备优良、齐全。公司现有从业人员380人,各类工程技术、管理人员130多人,其中高级工程师17人,工程师33人;博士2人、硕士15人;一级项目经理6人、二级项目经理9人;注册岩土工程师9人;注册造价工程师4人。技术力量雄厚,人员结构合理。

公司历经十六年的发展,所完成的工程覆盖深圳、广州、佛山、中山、珠海、东莞、江门及惠州等地,共承担了1000多项施工项目,其中包含100多项大中型国家、地方和外资的重点项目,如深圳福田保税区(地基处理)、深圳国际机场(地基强夯)、松坪山住宅区(地基强夯)、和记观澜仓储区(地基强夯)、世界之窗舞台(基坑施工22m深)、广州新白云机场(西站楼桩基工程)、中山雅居乐(地基与基础)、珠海港区(地基处理)、大亚湾南海石化(地基强夯)、龙岗文体中心(桩基工程)、华侨城栖湖花园(地基与基础工程)、深圳南山滑坡(治理工程)、民俗文化村凤凰广场(基坑、土石方与基础工程)、新银座大厦(基坑、土石方与基础工程)、朗钜地产朗园项目(基坑与土石方工程)、华南国际工业原料城项目(土石方平整及地基处理工程)、中山雅居乐集团凯茵新城项目(土石方平整及地基处理工程)、深港西部通道软基处理设计、深圳宝安创业路软基处理

设计与施工等。

受深圳市建设局委托主编的《深圳地区地基处理技术规范》及参编的《深圳地区建筑深基坑支护技术规范》已于1996年7月1日正式颁布实行。公司曾多次荣获了建设部、广东省、深圳市优秀工程奖。其中，深圳市赛格广场大厦岩土工程勘察及基坑支护获全国第八届优秀工程勘察项目金质奖。公司坚持"精心策划、精心施工、敢于创新"的宗旨，竭诚满足国内外客户的需求，为用户提供合格的产品和满意的服务。

**深圳市工勘岩土工程有限公司部分荣誉证书**

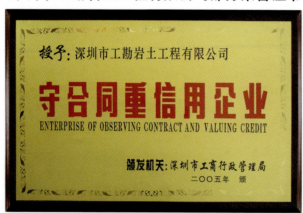

## 六、深圳市大升高科技工程有限公司发展历程(SHENZHEN DASHENG ADVANCED SCIENCE & TECHNIQUE ENGINEERING CO, LTD.)

深圳市大升高科技工程有限公司成立于1992年，注册资金1150万元。持有国家建设部及广东省建设厅颁发的工程勘察专业类岩土工程甲级、工程测量乙级、工程勘察劳务类及地基与基础施工资质证书。

公司经营范围包括工程勘测、设计、岩土工程、工程测量、雷达探测、浅层地震探测、地下管线探测、路面探测；环保及水源调查；珠宝鉴定；地基与基础施工，探地雷达设备及软件的技术开发；智能测控技术开发、设计、安装及产品销售等。公司成立十多年来，在社会各界朋友的关爱下，逐步走上了持续健康发展的道路。特别是2000年6月公司新的董事会和经营班子组建以后，经过清理整顿、股权改制和业务重组，公司实现连年盈利，持续保持平均年利润增长50%的速度。工程技术服务和产品代理销售成为公司主营业务。

公司运用世界最先进的探地雷达设备在珠江三角洲地区和香港开展了百余项探地雷达检测项目，获得了良好的声誉，并被作为深圳市建设局1998年度建设科技成果推广项目。近年来公司承担了深圳市盐坝高速公路、盐排高速公路、深圳湾公路大桥、深圳地铁一期和二期、深圳市三九医药生产基地、盐田港填海工程、观澜高尔夫球会会所、华南国际工业原料城、深港西部通道口岸旅检大楼、广深沿江高速公路广州段、广州市东二环公路、珠江黄埔大桥、东莞市东深一级公路、湖南常吉及怀新高速公路、惠州市综合管网、佛山市燃气管网、东莞市茶山水厂地理信息系统、株洲市城市综合地理信息系统、梅州水厂及海丰水厂自动化改造等大型工程的勘察、设计、监测和施工安装项目。

公司已于2004年8月正式通过GB/T19001-2000 idt ISO9001:2000标准质量管理体系认证，岩土检测试验中心已于2004年5月通过了国家计量认证（CMA），所承担的工程项目实现合格率100%，优良品率85%以上。在深圳市第九届、第十届、第十一届优秀工程勘察设计评奖活动中，荣获一等奖1项，二等奖2项，三等奖5项、表扬奖1项；2005年荣获广东省第十次优秀工程勘察二等奖1项。公司2004年3月被评为"中国市场诚信品牌"，2005年1月被评为"中国深圳行业(勘察设计)10强企业"，公司质量信誉、管理水平、技术实力以及市场综合竞争能力都得到全面提升。

本公司的使命是"超越时空，超越自我；做全球工程界的智者；创造价值，福惠众生"。

公司以"真诚、精心、专业、智慧、勤奋、奉献"为企业精神，"精诚创造价值"为核心价值观和"做一个项目，树一块品牌，交一方朋友、留一片信誉、长一节智慧、增一块利润"为项目方针；要用全球化的视野和跨越式的发展在中国现代化进程中，为振兴中华民族、造福全人类，奉献我们的全部身心。

**大升高科技工程有限公司部分证书**

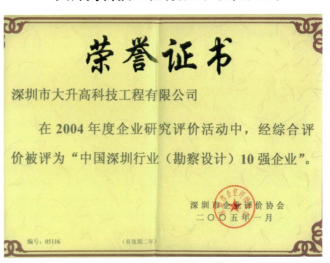

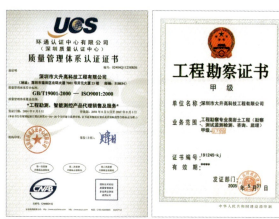

**工程项目获奖情况**

| 序号 | 获奖项目 | 获奖时间 | 获奖等级 | 备注 |
|---|---|---|---|---|
| 1 | 江门市文昌沙水质净化厂长堤集污渠探地雷达检测 | 2005.06 | 省二等奖 | 第十次接 |
| 2 | 深圳市盐田港2期工程1号泥塘中心区雷达探测 | 2000.12 | 市一等奖 | 第九届 |
| 3 | 广州自来水管道漏水调查 | 2003.01 | 市二等奖 | 第十届 |
| 4 | 江门市文昌沙水质净化厂长堤集污渠探地雷达检测 | 2004.12 | 市二等奖 | 第十一届 |
| 5 | 大连市自来水公司漏水调查工程 | 2000.12 | 市三等奖 | 第九届 |
| 6 | 深圳地铁天岗区间建筑基础结构轮廓无损探测 | 2003.01 | 市三等奖 | 第十届 |
| 7 | 珠海三灶工业园二期填土(石)雷达探测 | 2003.01 | 市三等奖 | 第十届 |
| 8 | 深圳市机荷高速公路K36+360~K36+650段滑坡工程地质勘察 | 2004.12 | 市三等奖 | 第十一届 |
| 9 | 深圳地铁一期罗湖站地下综合管线复测 | 2004.12 | 市三等奖 | 第十一届 |
| 10 | 东莞观澜高尔夫球会会所岩土工程勘察 | 2004.12 | 市表扬奖 | 第十一届 |

## 七、中国建筑西南勘察设计研究院

**在深从事岩土工程的主要业绩**

中国建筑西南勘察设计研究院是直属于中国建筑工程总公司(CSCEC)的惟一综合甲级勘察单位，专门承担国内外建设工程及国家重点工程项目的工程勘察、岩土工程任务。在深圳建立特区之初，中国建筑西南勘察设计研究院就来到深圳，加入到特区建设的行列。从1982年至今，一直在深圳从事岩土工程业务。二十多年来，在深圳地区承担的工程勘察、岩土工程等项目有数百项之多，其中有深圳第一批高层建筑海丰苑、中央银行大厦等的地基勘察。近年来，随着深圳建设规模的发展，中国建筑西南勘察设计研究院承担了更多的高层建筑岩土工程勘察任务，如海王大厦、中海华庭、招商银行总部大厦、南山区政府办公楼等项目，同时在岩土工程设计、岩土工程施工及岩土工程监测等领域也有很大的发展，先后承担了深圳(亚太)国际学校边坡支护、蛇口半山海景别墅区边坡加固、安岚苑场地加筋土挡墙、南山人民医院基坑支护及天景山庄地基强夯处理等工程任务。

在建设深圳过程中，根据工程需要、地区特点和技术发展要求，中国建筑西南勘察设计研究院在深圳地区进行了一系列的科学研究和新技术实践。如在破碎岩中的取芯技术、花岗岩风化分带、残积土承载力与变形研究、高边坡稳定分析与评价、人工回填土边坡治理等项目研究与应用。

二十多年来，中国建筑西南勘察设计研究院在深圳完成的项目获得了中建总公司、深圳市的好评。如《喷锚支护在深基坑与边坡中的应用》获中国建筑工程总公司1998年度科技推广二等奖、《深圳(亚太)国际学校边坡支护》获中国建筑工程总公司1998年度优秀岩土工程二等奖、《深圳中央银行大厦工程勘察》获中国建筑工程总公司1992年度工程勘察一等奖、《亚都国际大厦基坑支护》获中国建筑工程总公司1995年度岩土工程三等奖、《长虹人才大厦桩基压浆技术》获中国建筑工程总公司2000年度岩土工程二等奖。还有一些工程获得深圳市的奖励，如《安岚苑人工边坡加筋土墙支护设计》获

2004年度岩土设计优秀奖,《金港豪庭岩土工程勘察》获2004年度岩土勘察优秀奖,《益田花园岩土工程勘察》获2002年度岩土勘察三等奖,《皇达东方雅园基坑支护设计》获2002年度岩土设计三等奖,《金城大厦岩土工程勘察》获2000年度岩土勘察二等奖,《中海华庭岩土工程勘察》获2000年度岩土勘察二等奖,《南山区府二办岩土工程详细勘察》获1998年度岩土勘察二等奖,《华厦新城D座岩土工程详细勘察》获1998年度岩土勘察三等奖,《南山中心区2B块初勘》获1995年度岩土勘察三等奖,《海王大厦工程勘察》获1994年度岩土勘察二等奖,《国企大厦工程勘察》获1994年度岩土勘察三等奖,《海珠城岩土工程勘察》获1994年度岩土勘察表扬奖,《PW植物胶取芯技术》获1992年度岩土勘察二等奖。

二十多年来，中国建筑西南勘察设计研究院在深圳完成的代表性项目见附表。

中国建筑西南勘察设计研究院参与了深圳的建设、见证了深圳的发展，更希望在深圳明天的建设中做出贡献。

## 八、我们，与深圳携手奋进

——冶建总院深圳分院（中国京冶深圳分公司）25年历程回顾

1980年，深圳特区带着与众不同的历史使命正式成立；

1980年，我们的同志带着满腔热情由北京整装进入深圳；

2005年，深圳已成为初具规模的国际化都会；

2005年，我们已成为建筑企业中的明星单位。

深圳，以前无古人的速度领跑中国经济的腾飞，25年的历程，温酒之际，谈笑之间，小渔村已经摇身而变，由一无所有到经济重城，缔造了世界城市发展史上的一个眩目奇迹。25年来，深圳在我国改革开放和现代化建设的历史进程中发挥了窗口、试验田和排头兵的作用，为中国特色社会主义建设做出了重要贡献，而改革开放走过的这20几个年头，也正是中国民族企业逐渐崛起和腾飞的过程。在这个大浪淘沙百舸争流的激情时代，民族企业不断经历着挑战与磨砺，冶建院只是众多企业中的沧海一粟，但我们也在用自己独特的方式用辛勤的汗水在我们的历史上写下浓墨重彩的一页。回头看看我们脚印，一步紧接一步，每步都是那么的坚定与执着，勇敢与果断。我们在风雨飘摇中由小到大，由弱到强，逐步成长，再回首，创业的艰辛、成长的喜悦，一切宛若昨天，历历在目。

**成立前期**

我们总部——冶金工业部建筑研究总院成立于1955年,是我国建筑业及环境保护领域的大型综合性研究开发机构，独立开发的新技术、新工艺和新产品，在工程建设中得到了广泛应用，取得了显著社会效益和经济效

### 中国建筑西南勘察设计研究院在深圳完成项目

| 项目名称 | 规模 | 建设单位 | 完成时间 |
|---|---|---|---|
| 海丰苑 | 27-40层 | 中国海外建筑工程有限公司 | 1984.06 |
| 深圳国际饭店 | 25层 | 中国国际旅行社澳门有限公司 | 1984.10 |
| 沙头角外贸大厦 | 20层 | 沙头角城建服务公司 | 1985.03 |
| 兴隆大厦 | 28层 | 深圳市房地产公司 | 1985.05 |
| 深圳中央银行大厦 | 13层 | 中国人民银行深圳分行 | 1986.04 |
| 深圳中建大厦 | 28层 | 中国建筑工程总公司深圳办事处 | 1987.10 |
| 龙华联合大厦 | 15层 | 龙华投资有限公司 | 1990.04 |
| 海王大厦 | 33层 | 深圳蛇口海王企业公司 | 1991.07 |
| 海福广场 | 20层 | 中国海外建筑(深圳)有限公司 | 1992.01 |
| 鹏程大厦 | 30层 | 深圳宝安区住宅公司 | 1992.09 |
| 碧湖花园 | 25层(2栋) | 南山建设开发实业公司 | 1992.07 |
| 海珠城 | 24层(3栋) | 中国海外建筑(深圳)有限公司 | 1992.11 |
| 深圳万丰发展中心 | 28层 | 宝安区沙井镇万丰股份公司 | 1992.12 |
| 国企大厦 | 29层(3栋) | 深圳融发投资公司 | 1993.02 |
| 深圳皇城广场 | 36-41层 | 天津市房地产公司 | 1993.05 |
| 华厦新城 | 33层(4栋) | 福田旧村改造开发公司 | 1993.08 |
| 深圳南山区政府二办 | 32层 | 南山区建设局 | 1994.09 |
| 金城大厦 | 30层 | 深圳金城房地产开发公司 | 1995.06 |
| 世界贸易中心广场 | 52层 | 深圳东海爱地房地产有限公司 | 1997.02 |
| 益田花园(小区) | 8-33层 | 深圳赛格高技术投资发展有限公司 | 1997.10 |
| 中海华庭 | 12-33层(9栋) | 中国海外建筑(深圳)有限公司 | 1998.03 |
| 金港豪庭 | | 恒基泰实业有限公司 | 2000.11 |
| 龙岗国税局办公楼 | | 深圳国税龙岗分局 | 2001.03 |
| 中航苑 | | 深圳中航物业发展有限公司 | 2002.05 |
| 新安湖新望阁、海望阁 | | 深圳新安湖房地产公司 | 2003.08 |
| 福田医院外科大楼详勘 | | 福田区建设局 | 2004.08 |

益，有力地推动了相关行业的科技进步，并在产业化、工程化、国际化方面取得了很大成绩，在中国的建筑业当中享有盛名。80年代初的深圳，只是改革开放的总设计师邓小平同志看好的一块地理环境优越的宝地，划好的一个圈，名字叫做深圳特区，其他一切都是未知数，展眼望去，满目荒凉，除了黄土，就是黄土上搭建的杂乱无章的草棚、铁皮房，沙漠变绿洲需要成千上万的拥有开荒牛精神的有识之士，我们的队伍正是在这样的环境中怀着建设深圳的热情踏入这片热土的。1980年，我院应深圳市有关领导的邀请，支援深圳紧缺的高级建筑人才，由北京调出20多位技术骨干和大量的仪器设备，支持深圳组建了深圳市质量监督检验站，驻深的同志们和建设工人一样，住着草棚，啃着馒头，晚上蚊叮虫咬，白天酷热煎熬，条件异常艰苦，与北京的繁华舒适形成对比，同志们信心百倍，兵来将挡，水来土淹，挺挺腰也就坚持下来了，因为有了昔日的坚持，所以也就有了今日的辉煌。

### 正式成立

周国钧、陆贻杰、杨志银、蔡巧灵、刘毅、钟映东等一批知名专家就是在这样的环境中成长起来的，我们的企业也是在这样的环境下成立的。1985年，随着质监站向深圳市政府的交接，外派的同志在蛇口浅龙湾成立冶建院深圳技术部，主要推广应用岩土工程和钢结构工程新技术。当时我们的预应力锚杆、喷锚支护、旋喷桩工法、深层搅拌桩工法、强夯工法、土钉墙等技术均是深圳最早最先进的。深圳烟厂边坡加固是喷锚支护技术在深圳的首次应用，深圳特区报等报刊特意对此进行了专门的报道。随着深圳建设的发展和工程的扩大，小规模的经营范围已经不能满足市场的需求，1988年，冶金工业部建筑研究总院深圳分院成为总院在外地设立的第一个分支机构。分院在南山区南油地段买下19套房作为办公用房和员工住房，由几个人的小技术部发展到20多人小公司，经营范围由钢结构设计扩大到岩土工程设计、施工、检测，建筑结构的检测、鉴定、设计、施工及环保技术的推广应用。同时，分院分管赤晓、南星、彩虹共3家我院控股公司，形成了区域性的外驻分支机构。

### 发展阶段

深圳发生翻天覆地变化的25年也正是我们稳步发展的关键时刻，各类建筑如雨后春笋拔地而起，这给我们提供了一个充分展示才能的舞台。深圳机场、国贸大厦、地王大厦、福田保税区、地铁工程、宝安大道、皇岗口岸、西部通道等重点工程均留下了我们的足迹。20多年来，共计完成基坑支护、边坡工程、桩基工程、地基处理等岩土工程设计、施工、检测项目600余项，完成建筑结构的检测、鉴定、设计及施工项目300余项，钢结构工程的设计、施工、检测项目100余项。为适应建筑市场急剧向前的步伐，分院再次对现有体制进行了改革和完善，1999年冶金工业部建筑研究总院深圳分院施工部分改名成中国京冶建设工程承包公司深圳分公司（2004年设计资质又划归给中国京冶总公司）。2000年，分院由龙城花园迁往后海大道后海办公楼，搬迁后，分院（分公司）开始对各部门的工作量化、细化、制度化，由原来的两个主要工程部分为五个部门：岩土一部、岩土二部、检测部、结构工程部、钢结构部，每个部门有条不紊，既分工，又合作，秉着"科学、准确、公正、及时"的企业文化理论，稳步向前。

### 持续发展

深圳给予我们的是机遇与挑战，我们付出的是艰辛与奋斗。2001年到2005年是我院（公司）持续发展的关键五年。根据总院的改革精神，2001年深圳分院从一个管理经营的窗口单位转变为独立的经营实体，实行统一管理、统一经营、统一核算。面对激烈的市场竞争，不断引入新的管理理念，健全公司组织机构，内抓改革，外抓信誉，主抓经营指标，在搞好企业管理的同时，对人员进行合理配置，对人员的结构进行优化。目前，分院（分公司）人心稳定，团队精神增强，经营规模大幅度提高，2003年合同额达到了8000多万元，超额完成了公司和总院下达的各项任务指标，出现了良好的发展趋势。

同时，为更好地开展我们的工作，构筑新的经营平台，我们努力使各种资质到位。目前，中国京冶建设工程承包公司深圳分公司具有设计资质：岩土工程（勘察、设计、测试、监测、检测、咨询、监理）甲级，建筑鉴定加固和轻钢设计甲级；施工资质：地基基础专业壹级，钢结构专业壹级，预应力专业贰级，结构补强加固专业承包。冶金工业部建筑研究总院深圳分院具有资质：变形监测、锚杆试验、监测、地基及桩基检测、混凝土结构、砌体结构、钢结构检测，既有建（构）筑物鉴定等。通过努力将承包公司多项专业一级资质在深圳建设局登记领证，将岩土工程设计资质在深圳规划国土局登记领证，满足了招投标的需要，为开展经营工作创造了条件。2003年，分院（公司）通过一年多的准备和努力，取得了国家实验室认可证书和广东省计量认证证书，使检测及相关工作更加规范化，为经营工作创造了有利的条件。

随着业务量的不断扩大，目前我们的队伍已壮大到员工50余人，其中专家、教授5人，高级工程师18人，工程师15人，国家各类注册工程师11人。冶建分院（分公司）已成为能独立开发、研究、开展各项专业施工、检测和设计的经济实体。在专业技术领域，在深基坑支护、地下工程、边坡支护、混凝土结构检测评价和加固、桩基检测、岩土工程检测、监测和钢结构设计、施工等方面有独到的技术优势。在深圳及周边地区，承担了大量的地基基础工程、岩土边坡治理、地下工程等大中型工程项目，积累了处理各类复杂地基问题的丰富经验。获多项国家、省、部科技进步奖，主编和参编国家和行业标准、规程，在当地工程界具有较高的知名度。

**企业文化**

一个企业的兴衰成败、活力动力、工作作风、团结凝聚力等，与其自身的企业文化是分不开的。作为总院（总公司）的外派机构，受其近50年的文化熏陶，组织培养，我们已形成了深厚的文化底蕴和传统，这就是坚持"以人为本"为核心；营造"团结拼搏、奋发向上、平等互助、宽松和谐"的工作氛围；贯彻"技术先进、质量一流、服务周到、信誉至上"的服务宗旨，通过创新意识不断提出创新理念，争当企业文化先锋，并取得了一系列的优秀成果。同时，我们也注意为员工发展创造良好平台，重视人才的使用和培养，注重选贤荐能，用其所长。出台多项制度，创造条件，支持和鼓励专业技术人员积极参与科研活动。根据各个时期的工作需要，组织职工参加各类业务培训和对外技术交流，提高他们的综合素质，争取追求企业与员工的共同进步与成长，并以此促进和推动企业的发展。

主要成绩：

1997年，"动力试桩法在深圳地区的研究应用"获深圳市科学技术进步二等奖；

1999年，"预应力锚杆技术推广与应用"获国家冶金工业局科技进步一等奖；

2001年，"赛格大厦基坑支护工程设计"获深圳市第九届优秀工程勘察设计二等奖；

2002年，"复合土钉墙技术的研究与应用"获冶金科学技术二等奖；

2003年，深圳市长城畔山花园（盛世家园）一期工程基坑支护设计在"广东省第九次优秀工程勘察"中被广东省建设厅评为三等奖，这一项目同时也获得了深圳市第十届优秀工程勘察设计二等奖；

2003年，深圳市建筑施工企业专业承包类综合实力百强企业中评比排名第十四；

我院参编的《深圳地区深基坑支护技术规范》获深圳市科技进步二等奖；

我院参编的《深圳地区地基处理技术规范》和《深圳地区桩基检测技术规范》均获得深圳市科技进步三等奖；

深圳分院专家主编和参编的规范手册、著作达30多本，在国内外学术会议论文集和杂志发表学术论文100余篇。

社会主义建设是一个曲折而漫长的过程，毫无疑问，在激昂澎湃的改革开放大潮中，25年对于深圳来说是一个逗号，深圳还得为他的精彩，为他的辉煌，为他未完成的历史使命振臂呐喊，虽有点"同志们，冲啊"的憨劲，却能振奋人心，催人上进。是啊！"革命尚未成功，同志仍需努力"，路漫漫其修远兮。当今世界的形势有如逆水行舟，不进则退，深化改革、扩大开放，加快铁路、空港、海港等重大基础设施的规划建设，加快资本市场的规范和发展，调整和优化产业结构，转变经济增长方式等都是深圳的当务之急,而我们的当务之急是要以"三个代表"重要思想和十六大精神统领全院工作,以新的发展观统筹安排各项工作,求真务实,团结一心,扎实工作,创新知识,为全面建设小康社会、加快推进社会主义现代化做出基础性的贡献。

"同在一方热土,共创美好明天",站在新的历史起点,回顾艰苦创业的岁月,展望光辉灿烂的前景,我们要继续保持特区创业时期"拓荒牛"的艰苦奋斗本色和敢闯敢试精神,继续与深圳同心同德,携手共进,微笑面对挑战,继续高举改革创新的旗帜,开拓奋进,继续为同一个目标——建设和谐深圳、效益深圳和国际化城市,义无反顾勇往直前,豪情壮志不懈奋进!

## 九、深圳蛇口华力工程有限公司简介

深圳蛇口华力工程有限公司,于1983年由香港保力钻探有限公司与招商局蛇口工业区合作在深圳注册成立(注册号:200250),是国内第一家中外合作的工程地质勘察公司。随着深圳的发展,得以提高和壮大。公司技术力量雄厚、设备先进、管理规范,已通过ISO9001质量管理体系认证和广东省质量技术监督局的计量认证。

岩土工程勘察:集深港两地的优势于一体,充分引进先进的设备和工程地质勘探的工艺,是深圳地区第一家采用双管单动的岩芯管钻取岩样,用薄壁真空管取软土土样的公司,将较先进的工程勘探技术带入深圳地区并推广,为提高当时的深圳地区的勘探技术、基桩钻芯检测技术起了积极作用。此技术至今仍保留领先位置。获深圳市优秀工程勘察设计二、三等奖四项,获广东省第十次优秀工程勘察二等奖一项。

岩土工程施工:1989年在蛇口集装箱码头第一期工程,围海造地建造30万m²堆场,采用排水固结法(插排水板堆载预压法)进行软土地基处理(如此大面积是当时国内少有的),我们精心组织,精心施工,达到比预期更好效果,是非常成功的案例,为1991年深圳福田保税区的几百万平方米的造地工程,软土地基采用排水固结法提供了很好的宝贵经验,此工艺日逐成熟,现在已成为软土地基处理的主要方法之一。由此我公司便建立起一支设

备齐全,施工经验丰富的施工队伍,在深圳西部通道建设,软土地基处理施工中,公司参与施工的人员积极配合、努力创新、不畏辛苦,创下日完成塑料排水板施工180000延米,月完成460万m的历史记录,为几个标段的工程进度起了积极的作用。

随着社会的发展,我公司在岩土工程施工方面,与广大设计院及有关部门的岩土工程技术人员探讨,试验不断得以提高。在为富士康公司观澜镇厂房的地基加固工程个案中,创下月完成钻孔18000m,注浆用水泥5000t的记录,质量优良。

先进的技术设备,真诚合作的团队,勇于创新的精神,诚信为本的信念,是我公司发展的保障!

真诚为客户服务是我公司的宗旨,欢迎发展商、总承包商的委托,你的满意度一定达到100%!

欢迎同行的指导,为整个行业的水平的提高做出积极的贡献!造福社会。

# 附录七：深圳市岩土工程勘察大事记

一、1980年广东省地矿局在深圳成立"广东省深圳水文工程地质公司"1981年10月改为深圳市地质局。

二、1980年冶金部建筑研究总院抽调20多名技术人员和仪器设备，支持深圳组建深圳市质量监督检验站。

三、1981年冶金工业部长沙勘察公司抽调部分人员来深，与国内其他设计单位和深圳建委组成了深圳市勘察设计联合公司勘察经理部。此后，在勘察设计联合公司勘察经理部基础上成立了深圳市勘察测量公司（简称深勘）。

四、1983年10月10日，国务院中央军委以国发[1983]157号文件命令基建工程兵912团进驻深圳。

五、1983年12月23日，深圳市人民政府以深府[1983]249号文件命基建工程兵912团集体转业改编与勘察测量公司合并。

六、1984年初勘察设计联合公司分家后，"长勘"，在深成立长沙有色冶金勘察公司深圳经理部（后更名为中国有色金属工业长沙勘察设计研究院深圳分院）。

七、1984年12月5日，经市府党组第四十四次会议研究决定（深府复[1984]690号）把勘察测量公司按原建制分成两个单位。原912团单独成立深圳市工程地质勘察公司（简称工勘）。"工勘"、"深勘"均隶属于深圳市人民政府基建办公室。

八、1986年，香港地质学会在李作明会长的带领下与深圳地质学会一起考察深圳地质。

九、1987年中国工程勘察情报网中南片会议在深圳召开。

十、1988年中国勘察设计协会思想政治工作研讨会在深圳成立。

十一、1988年3月18日，根据深圳市人民政府办公厅深府办[1988]298号文，成立深圳市岩土工程公司。

十二、1989年12月，召开深圳市第一次优秀工程勘察设计评选会议，进行优秀工程勘察设计评选。评选委员会主任委员：陈义林，副主任委员：黎克强、丁明往、吴书领。工程勘察评审组，组长：梁炳泉，副组长：姜云龙。

十三、1991年8月29日，根据深圳市人民政府办公厅深府办[1991]672号文，成立深圳市环宇岩土工程公司（1996年12月17日根据深圳市体制改革办公室批复，改制更名为深圳市工勘岩土工程有限公司）。

十四、由深圳市建筑设计研究总院、深圳市勘察研究院、深圳市电子院设计有限公司、深圳市勘察测绘院等单位发起，经市建设局批准，深圳市勘察设计协会于1991年12月28日成立。

十五、1992年12月3日，根据深圳市人民政府办公厅深府办复[1992]1790号文，批准成立深圳市大升高科技工程有限公司。

十六、1993年3月"软土地区土工和抗震国际会议"在深圳召开。

十七、1994年6月27日，深圳市机构编制委员会深编[1994]82号文件，"为规范事业单位名称，深圳市勘察测量公司更名为深圳市勘察测绘院；深圳市工程地质勘察公司更名为深圳市勘察研究院"。

十八、1995年1月日本大板土质所来深举行"日本地铁施工新技术讲座"。

十九、1995年经深圳市建设局批准，成立深圳市协鹏工程勘察有限公司。

二十、1995年11月24日，深圳市勘察设计协会以深勘设协字[1995]015号文，发布《关于制止不正当压价竞争的决议》。

二十一、1995年11月27日，深圳市建设局深建字[1995]224号、深圳市规划国土局深规土字[1995]684号联合发布《关于制止不正当压价竞争的通知》转发深圳市勘察设计协会文件。

二十二、1996年1月8日，建设部办公厅建设办

[1995]193号《关于转发深圳市建设局、规划国土局制止不正当压价竞争的通知》。

二十三、1998年5月,建设局以"关于印发《深圳市勘察设计单位实施质量管理基本标准》的通知"(深建技[1998]16号),正式发布《基本标准》,在通知中规定:"凡在深注册的甲、乙级勘察设计单位必须贯彻执行本标准,丙、丁级单位可参照执行"。

二十四、1998年全国城市工程勘察行业体制改革研讨会在深圳召开。

二十五、1998年12月26日,根据深圳市国资委[1998]17号《关于深圳市勘察研究院、深圳市勘察测绘院划归深圳市建设投资控股公司的决定》,将勘察研究院和勘察测绘院由市建设局划归建设投资控股公司领导。

二十六、深圳市勘察设计协会根据深圳市具体情况编制了《深圳市工程勘察、工程设计收费标准》,于1998年12月出版。

二十七、1999年元月,深圳市勘察设计协会第三届第四次理事会和深圳市勘察设计协会第三届第二次会员大会通过《深圳市勘察设计行业制止不正当压价竞争公约》。126家勘察设计单位法人代表在公约承诺书上签字。

二十八、1999年10月27日,根据深建控[1999]241号《关于深圳市勘察测绘院划归深圳市勘察研究院的决定》,深圳市勘察测绘院整体划归深圳市勘察研究院。

二十九、深圳市勘察设计协会根据《工程勘察、工程设计收费标准》的执行情况,于1999年12月出版了《深圳市工程设计、岩土工程勘察收费标准》(99年修订版)。

三十、根据深圳市编委深编[2001]62号文件,将工程勘察、规划、建筑设计行业的规章制度和发展规划的拟订、资质管理和市场管理的职能划归市规划与国土资源局。(2004年规划与国土局分开后,勘察设计管理职能划归市规划局)

三十一、2002年5月"第三届全国工程勘察总工程师论坛"在深圳市西丽湖召开。

三十二、根据深圳市国资办[2002]330号《关于深圳市勘察研究院改制的批复》,深圳市勘察研究院和深圳市勘察测绘院于2003年12月29日完成改制,分离为两个独立的有限公司,深圳市勘察研究院有限公司和深圳市勘察测绘院有限公司。

三十三、2005年4月12日,深圳市勘察设计协会第四届理事会第十一次全体会议通过深圳市勘察设计单位《诚信公约》,140多家勘察设计单位签署了《诚信公约》承诺书。

日本地铁施工技术讲座

体制改革研讨会

总工程师论坛

**附录八：**

## 参编单位名单

深圳市勘察研究院有限公司

深圳市勘察测绘院有限公司

深圳市地质建设工程公司

深圳市工勘岩土工程有限公司

深圳市长勘勘察设计有限公司

深圳市大升高科技工程有限公司

深圳市岩土工程公司

冶金部建筑研究总院深圳分院（中国京冶深圳分公司）

中国建筑西南勘察设计研究院深圳分院

深圳蛇口华力工程有限公司

# 编 后 语

张一莉

25年，弹指一挥间，深圳从一个边陲小镇变成世界瞩目的现代化城市，创造了沧海桑田式的奇迹。

建筑是城市发展的里程碑，是历史的博物馆。勘察设计工作是城市建设的先行者，哪里有建设，哪里就需要勘察设计。一批批的创业者，为改革开放事业奉献出青春和热血。

在"人在床上睡、水在床下流"的艰苦岁月里，深圳的勘察设计者们，凭着"杀出一条血路来"的闯劲和勇气，在这块热土上，创造了许许多多个"第一"和"现代奇迹"。25年来，深圳创造了230多项全国改革之最，其中许多就是出自这些勘察设计的创业者之手。追昔抚今，继往开来。今天我们编撰《深圳勘察设计25年》，就是要铭记创业者的功勋，传承深圳改革创新的精神，激励大家满怀热情地投入到新一轮改革创新中去。

《深圳勘察设计25年》编撰工作始于2005年5月，历经组建队伍、拟订篇目、搜集资料、编写大纲、撰写初稿、总撰合成、评审修改几个阶段，数易其稿，不断总结，逐步提高。

《深圳勘察设计25年》涉及建筑、市政、园林、岩土勘察等专业，资料浩瀚，专业性强，编撰有很大难度。为此，编撰委员会组织了全市主要勘察设计单位的领导、专家、工程技术人员百余人参与此项工作。由深圳市建筑设计研究总院的总建筑师孟建民任《建筑设计篇》编撰主任，深圳市市政工程设计院的陈宜言院长任《市政交通工程篇》的编撰主任，深圳市勘察研究院有限公司的朱荣根书记任《勘察与岩土工程篇》的编撰主任，深圳市北林苑景观及建筑设计有限公司的何昉院长任《风景园林（景观）篇》的编撰主任。分篇各章的总论、大事记、工程实例、附录等由各勘察设计单位所派出的人员，按专篇组成四个编撰委员会负责编写。通过查阅文献、档案、典籍，摘录有关史料，调查采访及座谈，搜集汇编数十万字的文字资料，大量的图纸、照片，使《深圳勘察设计25年》的编撰有了丰实的资料基础。

在《深圳勘察设计25年》的专辑中，以设计理念的创新为主线，概括论述和提升深圳各个时期设计的理论和风格。以工程实例为主体，实事求是地记述了各勘察设计专业在不同历史时期所完成的勘察设计任务，从中也反映了各个时期的设计标准、规模、技术水平和随着时代步伐及科学技术进步而发展的轨迹。本专辑主要反映了深圳勘察设计人员为深圳市和外地所做出的主要业绩，也部分地包含了外地和国外勘察设计机构在深圳市完成的若干代表作品。

为了编撰好《深圳勘察设计25年》，各参编单位以编撰工作为己任，在人力、物力、财力上大力支持。各篇编撰主任、主编和编辑呕心沥血，辛勤耕耘，终于完成书稿。书稿的撰成，凝聚众人的智慧和血汗。在此，我谨向为本专辑作出贡献的勘察设计单位和个人，致以真挚的谢意。

在《深圳市勘察设计25年》编撰和审改期间，得到许多顾问、专家、各院总工程师、特别是李荣强博士后、张旷成大师、沈孝宇教授等的热情帮助，悉心指导，在此，一并表示衷心的感谢。

编撰《深圳市勘察设计25年》是一项开拓性的工作，既强调设计理论的提升与创新，又要记载历史，突出成就，而且涉及的范围广，有公共建筑、住宅建筑、工业建筑；有勘察与岩土工程、水文地质与工程降水、城市与工程测量、工程物探、环境地质与地质灾害；有道路桥梁、机场、港口；有隧道、地铁；有供水、供电、燃气、还有邮电通信等。虽然我们谨慎其事，殚精竭虑，但由于缺乏经验，水平有限，疏漏错讹之处在所难免，恳望读者批评指正。

2005年10月于深圳

勘察与岩土工程篇全体编撰人员